現代語縮訳

特命全権大使 米欧回覧実記

久米邦武＝編著
大久保喬樹＝訳註

前書き

本書は岩倉《いわくら》使節団の公式記録『特命全権大使　米欧回覧実記』の抜粋現代語訳と註釈です。

岩倉使節団とは特命全権大使・岩倉具視《ともみ》（右大臣《うだいじん》）を団長、木戸《きど》孝允《たかよし》（参議《さんぎ》）、大久《おおく》保《ぼ》利通《としみち》（大蔵卿《おおくらきょう》）、伊藤博文《いとうひろぶみ》（工部《こうぶ》大輔《たいふ》）、山口尚芳《やまぐちなおよし》（外務小輔）を副使として、以下、書記官、理事官、随行員（新島襄《にいじまじょう》など）、さらには留学生（津田梅子《つだうめこ》、山川捨松《やまかわすてまつ》、中江兆《なかえちょう》民《みん》など）を含め総勢百七名からなる一行が明治四年から六年にかけて一年半余りの長期にわたりアメリカおよび欧州諸国を歴訪、外交交渉と各国事情視察にあたったものです。

この岩倉使節団の欧米への派遣は、それまでの鎖国封建体制から開国近代体制へ大きく転換しようとしていた日本にとって二つの意味で重要な事業でした。

一つは幕末に慌ただしく、不利な条件で結ばれた欧米諸国との条約を改正し、対等な立場で国際社会に打って出るための下交渉を図ることです。これは、それまで江戸《えど》幕藩体制の外敵に対する防御壁として固守してきた鎖国という制度から一大転換して西欧諸国などと交渉するための前提条件でした。

そしてもう一つは、対等に渡り合うための条件を整備する参考として西欧諸国の近代的社会制度、産業技術などを視察、吸収することでした。一刻も早くこの条件を整えない限り、世界という土俵に出ても対等どころか弱肉強食の掟《おきて》に従って多くの非西欧諸国のように植民地化されかねないような状況が差し迫っていました。

こうした切迫した必要に押されるようにしてこの壮大な計画は構想され、実行されたのですが、振り返ってみれば、これは当時の日本にとって一か八かというような危うさをはらんだ冒険だったと言えます。明治四年から六年と言えば、一応、維新を経て開国、近代化に進み始めたとはいえ、その実態はまだ混沌《こんとん》として体をなしておらず、種々の方向に進もうとする勢力がぶつかり合い、下手をすれば内側から国家分裂、崩壊に進みかねないような有様でした。そうした状況を残したまま、岩倉、大久保、伊藤といった新政府の中心的な指導者が一年半余りも国を空けてしまい、何事かあっても容易に帰国することもならず、連絡さえ満足にとれないといった冒険に乗り出したのです。

そのことの危険は岩倉たちも当然承知の上だったでしょうが、案の定、この間に、日本では朝鮮との関係をめぐる征韓論問題という国内を二分するような政治事件がおこり、その結果として、西郷隆盛《さいごうたかもり》の政府離脱、不平士族の反乱、西南《せいなん》の役など深刻な政治危機を引き起こす事態に至ったのです。

では、それほどの代償を覚悟してまで決行されたこの企ては、それに見合うほどの成果をあげたのでしょうか。

条約改正については、最初の訪問国アメリカで交渉に必要な天皇からの信任状を持参しておらず、日本へ取りに戻るというように外交交渉に不慣れなこともあって、各国それぞれ利害錯綜《さくそう》する国際政治状況で容易に進展するものではありませんでしたが、ともかくも交渉の第一歩は踏み出し、やがてはそれなりの達成に到《いた》る道筋を進み出したと言えるでしょう。

一方、近代化状況の視察については、十九世紀後半に差し掛かったこの時期、欧米では、市民社会、産業革命、資本主義経済などの急速な発展によって各国が競い合うように近代化を進めている途上であり、溢《あふ》れるほど見るべきもの、学ぶべきものがありました。その一つ一つを精一杯、一行が視察し、考察し、吸収しようとしていったことはこの回覧実記のどのページをめくっても見て取れることです。執筆に当たった久米邦武《くめくにたけ》は後で紹介するように、元々は伝統的な儒学、漢学を学んだ武士でしたが、岩倉使節団の一員として欧米諸国を視察し、その内容を報告記録するにあたっては、それまでの前近代日本社会とはかけ離れた近代欧米社会のあり方を可能な限り正確に理解し、伝えようと努めるのです。一口で言うなら、それは公正（フェアー）な態度と言えるでしょう。むやみやたらに賞賛するのでも排斥するのでもなく、実態を把握したうえで取るべきは取り、捨てるべきは捨てるという姿勢であり、そうした方針に従って自分の見聞をこれからの日本社会の進展に供しようとするのです。

では、ここで久米邦武という人物の簡単な紹介をしておきましょう。

久米は天保《てんぽう》十年（一八三九年）に佐賀《さが》藩士の家に生まれ、藩校で儒学などを学んで藩主の近侍《きんじ》としてつかえ、明治維新後は廃藩置県を機に明治政府に出仕、岩倉使節団の使節紀行纂輯専務心得《さんしゆうせんむこころえ》（資料収集、記録係）を命じられて同行することになりました。帰国後、視察報告書作成に従事、明治十一年、『特命全権大使　米欧回覧実記』全百巻として完成したのです。

その後、太政官《だじようかん》（内閣府）において国史編纂《へんさん》にあたった後、新設された帝国大学教授として史学講座を担当するようになりましたが、「神道は祭天の古俗」という論文が国家の主柱である神道の正統性を侮辱するものだと神道家などから非難されるという筆禍事件を起こして辞職、早稲田《わせだ》大学に転じて長く日本古代史などの研究、教育に当たりました。その生涯にわたる業績、資料などは現在、目黒にある久米美術館に保存、展示されています。

久米は上に触れた筆禍事件にもうかがわれるように歴史家として合理的、客観的な立場を貫いた人物であり、そうした姿勢が『米欧回覧実記』にも貫かれていると言えるでしょう。米欧各国の実情を冷静に観察して、理にかなうものは評価し、かなわないものは批判する姿勢です。

こうした岩倉使節団の業績、その報告である『米欧回覧実記』は、その後の日本の近代化に大きな影響を及ぼすことになりました。そして日本近代史の最重要なテーマの一つとして専門家による多くの研究、評価がなされてきました。この研究、評価は日本国内にとどまらず、たとえばアメリカにおいて詳細な注を付した英語による全訳が刊行されるなど世界的な広がりを見せています。

しかしながら残念なことには、専門家ではない一般読者にとっては必ずしも近づきやすいものとは言えませんでした。

原本は明治十一年に五冊組み全百巻として刊行され、昭和五十年には復刻版（全五巻、宗高書房）が、さらに昭和五十二年から五十八年にかけて田中彰《たなかあきら》氏による校訂注釈を施した岩波文庫版全五巻が、ついで平成十七年には水澤周《みずさわしゅう》氏による現代語全訳（全五巻、慶應義塾大学出版会）が刊行されました。このうち田中、水澤両氏による版は、それぞれ綿密な校訂、註釈《ちゅうしゃく》、あるいは訳と訳註を施し、また安価で（水澤版は平成二十年に別巻総索引を加えた普及版を刊行）、この二つの版によって『米欧回覧実記』は一般読者にも近づきやすいものとなりました。

しかし、さらに一般読者の立場からすると、各巻それぞれ四百ページ近い分量のものを五冊通して通読するのはかなりの努力を要することではないでしょうか。また、その内容のうちには種々の統計や制度の紹介、施設や技術の説明などが国ごとにくりかえされるなどして大量に含まれています。これらは視察報告としては当然の内容ながら、専門家とは違い、一般読者にとっては必ずしも通読を要するとも言えない、割愛しても十分に全体的な展望は得られるだろう、むしろ、その代わりに久米という明治開国当時の開明的な知識人が西欧文明のどういう面にどういう関心を抱いて観察し、考察したかという点に絞って原文から抜粋し、その意味を現代の読者に考えてもらいたいと思い、この現代語縮訳版を刊行することとしました。

「縮訳」という耳慣れない語を付したのは、単に量的に抜粋するというのではなく、原著のエッセンスをちょうど果物の濃縮ジュースのように圧縮して味わっていただきたいという意味をこめてのネーミングであり、この意図を補うために必要に応じて引用箇所の状況や意義を補足説明し、また、省略した行程の概略などを紹介すべく註釈、解説を組み込みました。久米の原文と区別して＊印をつけた箇所です。

一方、原文では旧暦から新暦への切り替えなど日付の混乱や名称の誤記、説明の誤解等々が散見されますが、一般読者の通読の便を考えると煩瑣《はんさ》となるので、特に重要なものでない限り、いちいち註記することはしませんでした。

また、久米の記述にはアメリカ原住民など人種に関わる記述や各国の文明程度についての評価など、差別的な偏見と感じられる箇所が少なからず見受けられますが、これについては現在とは違う時代状況を反映した記述としてそのまま訳出しました。

地図、挿絵などについては、本文内容に応じて適宜抜粋掲載しました。このうち特に挿絵は、まだ写真技術が未発達だった当時、各地で入手した資料などをもとに銅版画として彫りおこしたものですが、どれも精緻《せいち》であると同時に古雅な味わいがあり、紙幅の許す範囲で収録しました。

最後に本書の訳出にあたっては、田中、水澤両氏それぞれによる前掲書およびヒーリー、ツヅキ氏らによる英語版全訳を大変、参考にさせていただきました。また、快く資料の提供を許可してくれた久米美術館など諸施設、本書の出版を引きうけてくれたKADOKAWAとあわせ厚くお礼申しあげます。

本書を通じて近代日本の誕生期に日本人がどのように西欧文明と対峙《たいじ》しようとしたか考える機縁としていただければ幸いです。

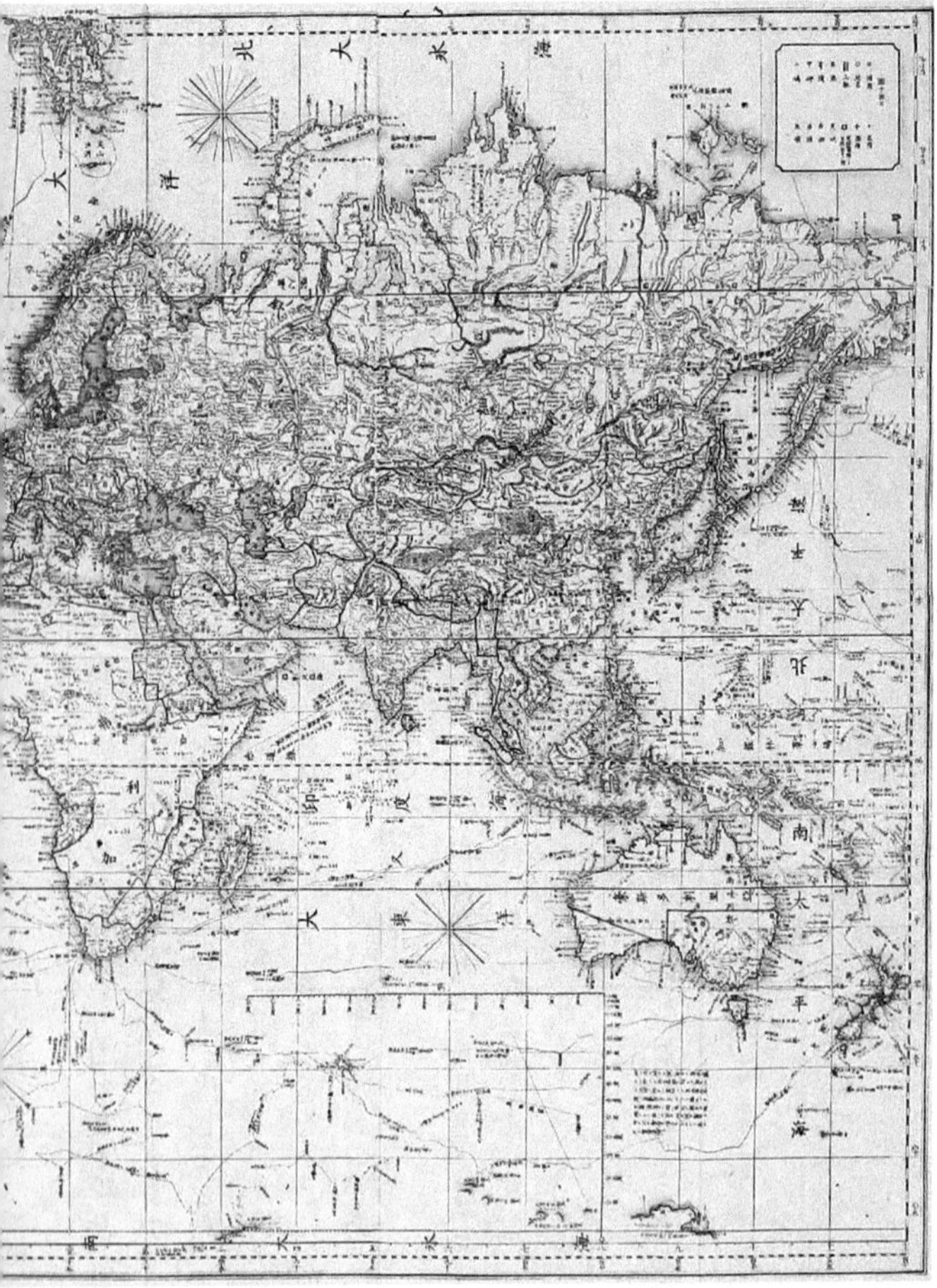

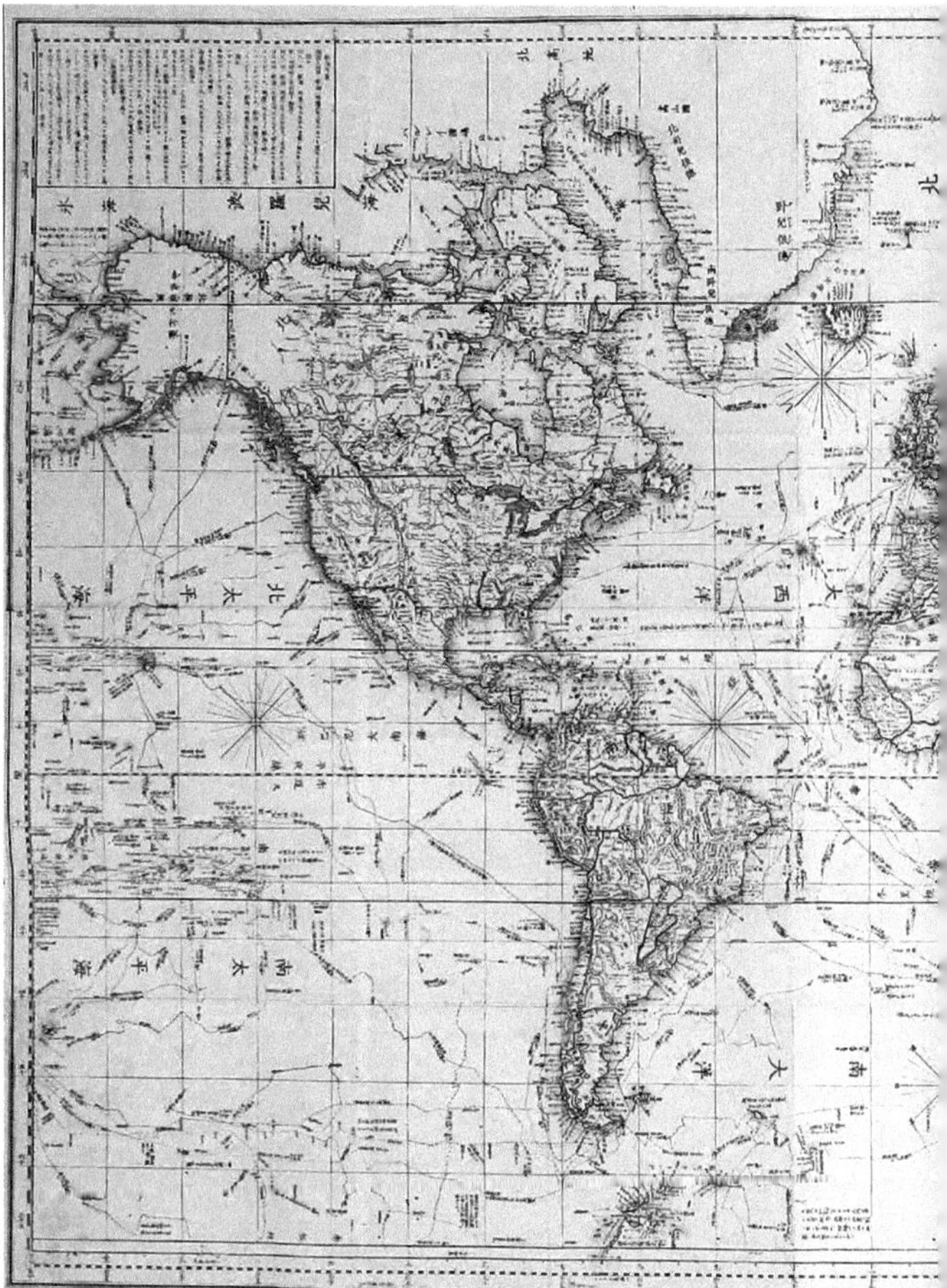

万国航海図（1862年／早稲田大学図書館蔵）

現代語縮訳

特命全権大使

米欧回覧実記

目次

第二編　イギリスの部

第四編　欧州大陸の部（中）

第五編　欧州大陸の部（下）

帰航日程

特命全權大使
米歐回覽實記

米欧回覧実記

序　文

一　本書はアメリカおよびヨーロッパ諸国に派遣された特命全権大使一行が東京から出発して太平洋を渡りアメリカに滞在した後、大西洋を経てイギリス、スコットランド両国をめぐり、欧州大陸に入ってフランス、ベルギー、オランダ、プロイセン、ロシア、デンマーク、スウェーデンの奥地まで踏破してひき返し、ドイツ各地、イタリア、オーストリア、スイスを歴訪、南フランスから地中海に入り、紅海、アラビア海、インド洋、シナ海を渡って東京に帰着するまで日々見聞きしたことを記録したものである。

明治四年十一月十日に出発し、六年九月十三日に帰着する（すなわち西暦一八七一年十二月十二日より七三年九月十三日まで）、あわせて一年九ヶ月二十一日におよぶ歳月を費やしてアメリカ、ヨーロッパ両大陸の主要な都市はおおむねめぐった。（＊これら日付や日数については、出発時には旧暦、帰国時には新暦という変更などがあって

多少混乱がある）

二　大使の歴訪に従って書記官は命じられた公務にかかわる文書を編纂《へんさん》し、大使の書類、公式日録、謁見記録を作成した。また各省から派遣されて同行した理事官は各国政治、教育、軍備などの有様を細部まで視察してまわり、その報告書は膨大なものとなった。

これに対し、本書は大使公務の合間、また各地巡訪の途上で見聞した実情をあまさず記録した。そこで「回覧実記」と名付けることとした。したがって使節の本来の任務である外交のやりとりや政治交渉については逆に省略した。別に詳細な文書があるからである。

三　ヨーロッパでは全権大使を「アンバサダー」と呼んで、これを派遣するのは異例の特典とされ、きわめて尊重厚遇される使節である。我が日本からこのような使節を派遣したことは全く前例のないことであって、それはとりもなおさず現在の情勢がいかに異例の事態に遭遇しているのか、かえりみるべきだということに他ならない。

明治維新は古今未曾有《みぞう》の大変革であり、大きく分けて三つの要点がある。まず将軍の統治権力を取り上げて天皇親政に戻したことであり、次には藩ごとに委《ゆだ》ねられていた分権体制をひとつにまとめて中央集権体制としたことであり、三つめには鎖国体制を廃して開国に転じたことである。この改革のうちのひとつを成し遂げるのさえ容易ではないのに三つをあわせて大転換させせようとするのだから、これはほとんど天のなせる業であって人の業を超えるものだ。

そのようなことがどうして実現されたのかじっくり考えてみると、世界情勢の変化にうながされておこったと言う他ない。鎖国体制は廃されるしかなかったのであり、開国となれば統一政治に転じる他なく、統一政治体制に改めるなら将軍権力を取り上げるしかない。ドイツの連邦体制でもイタリアの法王権でも、いずれも時勢にうながされて数々の改革が行われ、危機を乗り越えて落ち着いたのであり、我が国の現在の改革も同様である。

それ故、内政の基本が固まったところで外交の基本を定めるべく異例の特典としてこの事業を挙行したのである。これからは、このことをよく心得て、政府で仕事をする者は国運の隆盛に励まねばならない。国民もまた同様である。

大使が各国を歴訪するにあたっては、政府に対して交渉締結の責務を負い、国民に対しては諸国の事情を伝える義務を果たそうと、日々多忙で休む暇もなく、寒さ暑さをしのいで、遠方も厭《いと》わず、辺ぴな地まで足をのばした。田舎では農業や牧畜、都市では工業や技術、市場では交易の様子を視察し、暇を見つけては名手、達人などと交際した。文人墨客や諸国遍歴の僧などが気の向くままに漫遊し、見聞を楽しむ旅などとは違うのである。

西洋では政府は国民の公共機関であり、使節は国民の代理人であるとされている。各国の官民が我が使節を迎えて親しく接してくれたのは、とりもなおさず、我が国民に懇親の気持ちをあらわし、その生業の様子を見せてくれたのは好意をもってもらいたいからに他ならない。

そうであればこそ岩倉《いわくら》大使はこうしたもてなしを深く尊重し、我が使節が見聞したことをできるだけ国中に伝え広めなければならないとして、書記官畠山義成《はたけやまよしなり》（当時は杉浦弘蔵と称していた）および久米邦武《くめくにたけ》のふたりに命じ、常に随行して見聞したところを問いただし、記録させたのである。

これが本書編集の主旨であり、第一の公務に他ならない。個々の随員がそれぞれ私的に見聞したことについては非常に国益に資するものでないかぎりいちいち記録することは控えた。

四　各国で回覧した所は、皇帝および皇后のお招きによるもの（スウェーデン、イタリアの離宮などは皇帝の、ベルリンの病院は皇后のお招きといった具合）、政府による接待（北米巡覧など）、接遇委員による歓待（イギリス、スコットランド巡覧など。旅程の半ばはこの種のものだった）、訪問地の市民による歓迎（英米にこの種のものが多い）、工場の招待によるもの、あるいは貴族や名士の厚意によるものなど種々あり、また人々が協力して招いてくれたこともあった。

　最初の上陸地サンフランシスコでは市中の官民、男女こぞって連日歓待してくれ、次の地への出発が早すぎることを惜しんでくれた。またサクラメントとシカゴでは、十分な滞在が必要だとして数日旅程を延ばすよう求められ、ワシントンでは様々な都市や企業から招待状や使いが押し寄せてきてほとんど空いている日がない有様だった。さらにニューヨークにいたっては、滞在を延ばせと恨み言を言われる始末だった。

　イギリスでは方々からの招待状が束をなし、十中八九は辞退して訪問を省略したが、それでもイギリス、スコットランドのほとんどは回ることになった。フランスを離れる際にはベルギーから急使が派遣されてきて工場や名所など百あまりの箇所をあげて視察を要望した。ほかの国も大体同様である。

　それで汽車が訪問地に到着してホテルに荷をおろす間もなく早速、回覧が始まる。昼は車輪や汽笛の騒音が鳴り響く中、鉄の匂いや煤煙《ばいえん》を突き抜けて走り、煤《すす》や埃《ほこり》を満身に浴びて、やっと夕刻になり宿にもどっても衣服をはらう暇もなく、もう宴会の時間が迫っている。威儀を正して食卓に向かい、あたりの様子に気をつかい、ようやく夜中になって寝床に入るが、朝になって目がさめると、もう工場からの迎えが待ち構えている。

こんな具合であるから珍しいものをあふれるほど見たり聞いたりし、盛りだくさんのご馳走《ちそう》を厭《いや》というほど口にしても、心身ともに疲れ果ててしまい、せめていささかなりともくつろぎを得たいと思っても、それで国家の親善の礼を欠くようなことになったとしたらどうであろうか。

さらには寒暑の変化が尋常でなく、虚弱な者はほとんど耐えることができない。イギリス人は最も遠洋航海に慣れた民族だが、我々がその北部を回った時に送迎に出てきてくれた人々は口々に我が一行の頑健、勤勉さを祝ってくれた。さらにロンドンに戻った後、接伴にあたった人々の中には病気になった者もいたのに対して、我が一行は平気だった。接待委員のアレキサンダー氏は常に健康を維持する法を説き、また、諸君はこれからさらに十数国をめぐって暑さ寒さにさらされれば何人が健康を保って帰国の途につけるだろうかと心配したものだった。

その後、我々はフランス、ベルギー、オランダで凍《い》てつくような寒さを体験し、ドイツ、ロシア、スウェーデンでは氷雪を突破し、そうかと思えば、イタリア、オーストリア、スイスでは突然の暑さに出会い、アラビア、インドの炎熱を経ても、天の慈しみのおかげで一行全員健康を保ったまま帰着して任を終えたのである。

今この報告をふりかえってみれば、日々、珍しい事物を見聞きし、秘境をめぐり、合間に暇な日があれば宝の山に入って手持ち無沙汰《ぶさた》のような思いをしたものである。

かつての苦労はいまやほんの夢のようにかすかなものとなり、当時の困難は記憶から跡形もなく消え去ったようで、こうした感慨は遥々《はるばる》と遠くまで旅した者となってみなければ了解できないものであろう。

五　本書では日々の記録の形式をとって、できるかぎり実際に見たものを記し、聞いただけの話で体裁を整えるようなことはしない。それで工場の話からいきなり王宮庭園の話に転じたり、風景の美しさを讃《たた》える途中で突如として物産貿易の計画についての話を交えるなど雑然として統一がないのは、ありのままを記す結果なのである。

第一編では外国へ向う最初にあたり、まず目新しい風物に多くの記述をあて、第二、三編では工業生産をくわしく論じ、第四、五編になるとそれまでの記述との重復を避けて新たな発見を多く記し、また修正補足に力をいれた。それだから、訪問記録を省略したところにも特筆すべき美点がなかったという訳ではないのだ。

たとえば木綿の製造はアメリカのボストンやイギリスのマンチェスターで何度も見たのでグラスゴーは省略し、ヨーロッパ大陸ではベルギーで視察した後はフランスのアルザス、ドイツのベルリン、ザクセンではすべて訪問した訳ではない。白銅製造はドイツの得意とするところだが、イギリス、フランスで何度も見たので訪問しなかったといった具合である。

幸い、旅程の最後にオーストリアのウィーン万国博覧会を見学することができ、そこに陳列されている物品に接して各国の工業技術をほぼ論評し、この回覧記録の結びとすることができた。本書を読んで自らこうした旅程を試みようとする人があれば、この雑然としたところにかえって実際の記録としての現実味を感じることができるだろう。

六 様々な工場や施設について記述した部分はその視察の際に実際に質疑応答した記録によっている。このやりとりにあたっては畠山氏がまことに意を尽くしてくれたが、それでも中には誤りや欠落がないとは言えない。そうなった理由は七つある。

①工場の持ち主が秘密にして明かさない部分がある。

②そこで働く人々もよく知らないところがある。西洋の工業技術は分業によるところが多く、ある箇所を受け持って操作する者もただ自分の担当箇所についてのみ詳しいにすぎず、その結果、何にせよ、全体を統括する主任に聞かないかぎりわからないのである。そこで工場内の各所でそれぞれの作業について詳しく説明するのを傍らから聞き取って記録することが多かった。

③強力な機械を動かす工場では作業の騒音がひどく会話が困難だったことによる。

④詳細な説明については報告書を送ってもらったが、皇居が火災にあい(＊明治六年)、焼失してしまったことによる。

⑤時間に追われ、くわしく視察する余裕がなかった。

⑥西洋では順序だてて説明をおこなう。急ぐからといって要点をかいつまんで示すということを好まない。そこで性急に説明を求めても返答は前置きの半ばまでも達しないうちに時間切れとなって退出せざるをえないことが多かった。

⑦工業技術の仕組みは専門家でなければよく理解できないものであることによる。しかしながら、この報告に記したことがすべて無用であるとは言えないのには理由がある。すなわち実際に目撃し、耳で聞いたことを記しているのであって、現地の生きた現実であり、書物で説かれる理論を具体化するものだからである。

技術というものは東洋と西洋では、そのありかたに違いがある。西洋では知られていないことが東洋ではすでに当たり前であったり、逆に西洋では常識であることが東洋では発明となるようなことがある。たとえば、農業で人糞《じんぷん》や魚を肥料とするのは我が国では常識であるが、フランスの博士はこれが農業に進歩をもたらすものであると称賛する一方、織機に歯車を取りつけ、巻き取るのは西洋では広く普及しているが、我が西陣《にしじん》の職工はこれを見て長年の苦労の種がこれで解決したという具合である。

西洋の学芸では理論と実地を分けている。理論はどこでも通用する普遍的な原則であるのに対し、実地はその場の状況に応じて修練熟達するものであって、そのいずれに偏ってもいけない。この報告は実記と称するように主としては実地の有用性を重視しつつ、一方では理論をも大切にしている。我々が見聞したことに誤りがある時には、読者は理論によって修正してもかまわない。

七　本書では報告とあわせて記者の解説、感想を述べた。なにしろ異国を回るのであるから日々目にし、耳にするのはことごとく物珍しくないものはなかった。目についたことについてはその理由をたずね、たずねたことによってさらに推察、考察を深めるというのが視察の実情であり、有益なやりかたであった。

記者邦武はこれを記すにあたって畠山氏と意見をかわし、余裕があれば人に質問し、書物にあたるなどして可能なかぎり詳細な記述をこころがけたが、如何《いかん》せん、旅程にほとんど空いた日がなく、朝出て夜帰る、その合間に鉛筆で心覚えを走り書きする暇さえないことが多く、鉄道による移動などの場合は猛烈な速度で重要な土地を通過してしまい、つい質問も疎《おろそ》かになりがちだった。

帰国後、再三校訂をおこない、物理、化学、機械諸学、統計、公式記録、歴史、地理、政治法律などの書物を参照し、また、同行理事官の行程報告から一部抜粋し、あるいは、各訪問地で有識者たちから親しく聞き取った話などもあわせて検討した。関連する考察を加え、時には様々な書物に述べられていることを自分の言葉でつづりあわせたりしたところも多い。無論、いずれも架空の憶測などからでっちあげたものではないのであって、その中の珍しい話なども少なからず全体を補足するものとなっているであろう。

八　歴訪した各国および各首都については必ず初めに総説を述べた。その形式は地理の本にならっており、そこに記したことはすべて実際に訪問視察したものとは限らない。これも実記とは言えやむを得ないことである。

日々に記すところはその土地を訪れるにあたって特に記録すべき事柄だけであって、その国土を踏み、人々に交わり、暮らしや風物に接し、各都市に滞在中、車や馬を走らせて市中や近郊で見聞したことなどことごとくを列挙することはなかった。

だが、これら全般にわたる体験は最も我々に印象深いものであり、その効果は当然ながら大きなものだった。そこで、こうした全体的な印象を総説に組み入れるべきとした。各人がそれぞれ見聞きした話などもその中に入れたが、それでも十分とは言えないのが惜しまれたので、結びとしてヨーロッパ総論五巻を加え、申し述べた。無論、限られた紙面では条約締結各国の概況をも十分に伝えることはできないが、いささかでも要点はあげることができたのではあるまいか。これを読んでさらにくわしい事情を知りたいという読者はそれぞれの専門書に従って学ぶことができるだろう。

九　国名、地名の呼び名、外国語の漢字表記、度量衡、通貨換算、数詞などの記述方

針（＊詳細は省略）

十　本書は五編百巻として編成した。その目次は以下のようである（＊各巻名は省略）。

第一編　北アメリカ合衆国の部　第一巻より第二十巻
第二編　イギリスの部　第二十一巻より第四十巻
第三編　ヨーロッパ大陸各国の部　上　第四十一巻より第六十巻
第四編　ヨーロッパ大陸各国の部　中　第六十一巻より第八十一巻
第五編　ヨーロッパ大陸各国の部　下　および帰航日程　第八十二巻より第百巻

十一　本書にはおよそ三百点あまり（＊本訳書では百八点）におよぶ銅版画を収録した。いずれも各地、各都市の注目すべき風景や建築などであって、これは文明諸国の一部なりとも我が同胞たちに見せたいと思ったからである。

その多くは旅程の間に現地で購入した画像を模写し、中には銅版画を復刻したものもある。画像を正確に模写するにあたっては視点をずらしたり、遠近を調整したりせねばならない場合もあった。この点を読者はよく心得ていただければ幸いである。

順にめぐった国々の地図については、世界を一周した行程をそのまま示そうとすると、全体図では簡略に過ぎ、と言って、各部分図では煩瑣《はんさ》で適切なものがなく、結局、旅程の折々に特に必要な場合のみ部分図を作成して各巻に付した（＊本訳書ではその一部を抜粋収録）。それ以上は一般の地図を参照していただきたい。

機械の仕組みを説明する際にはその図を示さないとはなはだ不十分なことになるが、如何《いかん》せん日々大急ぎで視察したところを記録するのに追われて図まで写す余裕がなく、後になって類似の図版で代用したりすれば大きな誤りをおかすことになりかねないことを恐れて多く省略することになった。

十二　世界情勢は車輪が回転するように刻々と移り変わっていき、人々の浮き沈みも波の動きのように激しい。明治四年十一月から筆をおこして六年九月に帰国するまで、この記録を書いている間でさえ、すでに多くの変化がおこった。

スコットランド、グリノックの製糖工場が火災で焼失し、ソルトレークのモルモン教徒が失踪《しっそう》した事件などは記録の中に記した（＊本訳書では省略）が、その後の編集作業にも数ヶ月を要し、さらにまた再三にわたり校正、増補をほどこすなどしてほとんど三年の月日がたってしまったのであり、その間におこった変化も少なくない。

まして商業情勢などにかかわることは一週間もたたないうちに変わってしまう。イギリス、フランスの生糸産業の盛んなことを記録したが、その後、年々価格が下落し、また英領インド、アッサムの茶産業が伸びて茶の価格が変動したりしたことは日本にも大いに影響をおよぼす出来事である。

スペインのドン・カルロス党による反乱もようやくおさまり、トルコの革命も本記録の記述を変更するほどまでには至らなかった。どの列国も安定を維持し、文明開化を進めれば、この五年の間にもさらに発展を遂げていることと想像されるのである。

明治九年一月　　　　権少史久米邦武

第一編　アメリカ合衆国の部

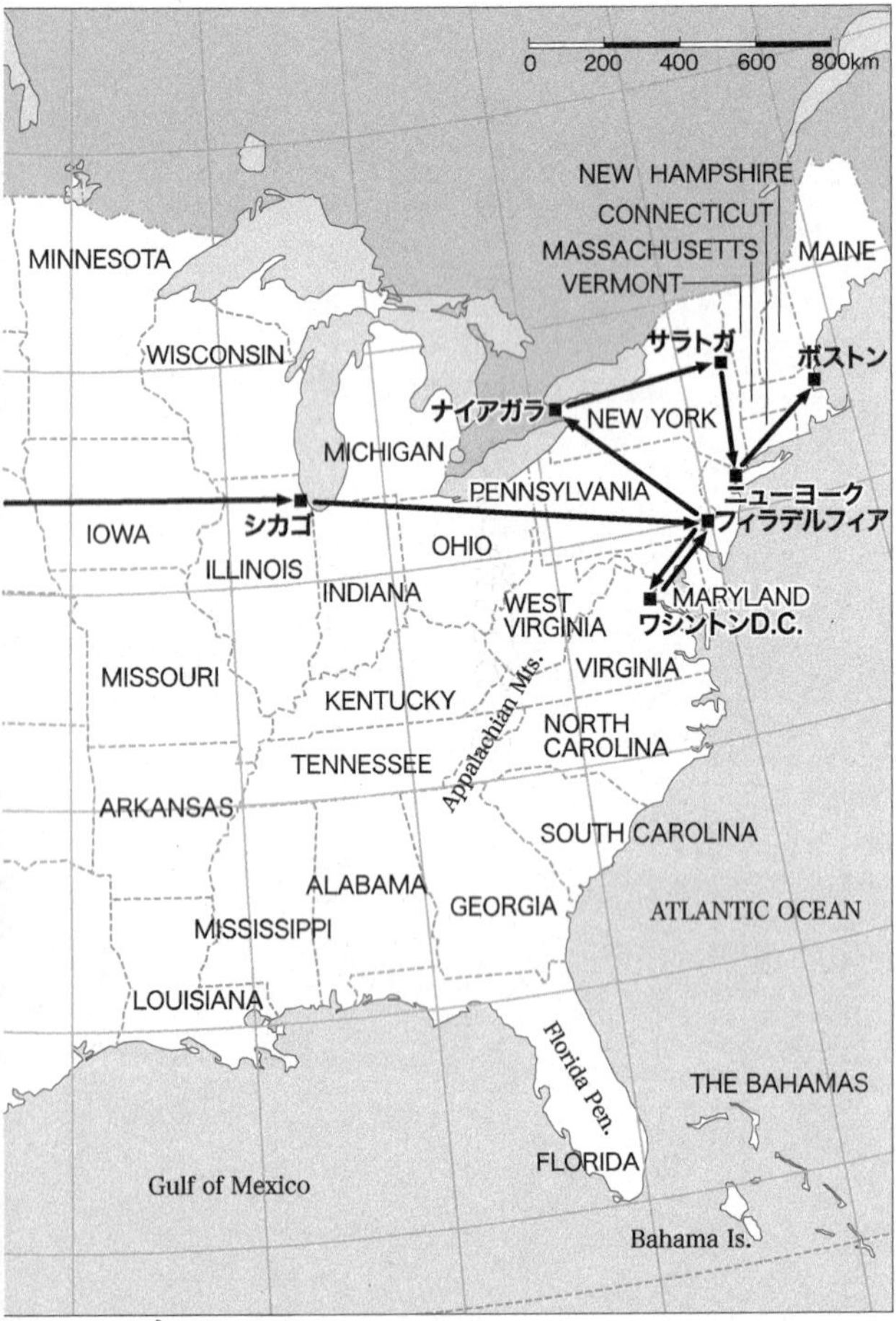

0 200 400 600 800km
NEW HAMPSHIRE
CONNECTICUT
MASSACHUSETTS
MAINE
VERMONT
MINNESOTA
WISCONSIN
サラトガ
ボストン
ナイアガラ
NEW YORK
MICHIGAN
ニューヨーク
PENNSYLVANIA
シカゴ
フィラデルフィア
IOWA
OHIO
ILLINOIS
INDIANA
WEST VIRGINIA
MARYLAND
ワシントンD.C.
MISSOURI
VIRGINIA
KENTUCKY
Appalachian Mts.
NORTH CAROLINA
TENNESSEE
ARKANSAS
SOUTH CAROLINA
ALABAMA
GEORGIA
ATLANTIC OCEAN
MISSISSIPPI
LOUISIANA
Florida Pen.
THE BAHAMAS
FLORIDA
Gulf of Mexico
Bahama Is.

CANADA
WASHINGTON
Mt. Rainier
MONTANA
NORTH DAKOTA
OREGON
IDAHO
Rocky Mts.
SOUTH DAKOTA
WYOMING
サンフランシスコ
サクラメント
Sierra Nevada
ソルトレークシティ
NEBRASKA
NEVADA
UTHA
Mt. Elbert
COLORADO
KANSAS
Mt. Whitney
CALIFORNIA
UNITED STATES OF AMERICA
OKLAHOMA
ARIZONA
NEW MEXICO
TEXAS
California Pen.(Baja California)
Golfo de California
Sierra Madre Oriental
PACIFIC OCEAN
MEXICO

第一巻　太平洋渡航　（明治四年十一月〜十二月五日）

〈旅立ち〉

明治四年十一月十日　冬至　西暦一八七一年十二月二十一日

アメリカおよびヨーロッパ派遣特命全権大使岩倉具視《いわくらともみ》、副使木戸孝允《きどたかよし》、大久保利通《おおくぼとしみち》、伊藤博文《いとうひろぶみ》、山口尚芳《やまぐちなおよし》、随員および各省理事官、総勢四十八人はいずれも東京《とうきょう》を出発して横浜《よこはま》に到着、宿泊した。

十一日　晴

この日は東京の親戚《しんせき》友人が遥《はる》かな旅路への出発を見送りに訪ねてきて別れの宴を張った。夕方六時からは裁判所において各国公使、書記官にディナー（正式の食事で夜に供されるコース料理をいう）を供し、旅立ちの挨拶《あいさつ》とした。

十二日　晴　夜雨

このところ晴天が続き、寒さもそれほどでなかったが、今朝は特別に明け方の霜が繁く、我が日本国に昇る日の光もとりわけ澄み渡っているように思われた。朝八時までに一同は県庁に集合し、十時に打ち揃って馬車で波止場《はとば》まで赴き、小蒸気船に乗船した。これを期して砲台より十九発の砲声が鳴り響き、使節の門出を祝した。さらにまた十五発が発され、アメリカ公使デロング氏の帰任を祝った。

　使節一行およびこの船で欧米諸国に向う留学生、華族、士族五十四名、女子留学生四名はそろって乗船し、部屋を決めたり、荷物を整理するなどしばらくはひどい混雑だったが、十二時には出船の号砲が一発鳴らされ、ただちに錨《いかり》があげられて外輪が回り始めた。港内にひしめく軍艦では水兵たちが皆、甲板に整列、脱帽して敬礼した。見送りのために船を仕立て、港を出た数マイル先までついてきて別れを惜しむ者たちもあった。


〈船中紹介〉

今回乗り込んだ郵船はアメリカ号といい、第一等の立派な船である。全長一一〇メートル、出力一五〇〇馬力、総積載重量四五五四トンという規模で、上等客室三十、二等客室十六、収容客数九十二人で、乗員は船長トーン氏をはじめ百三人、蒸気機関によって動く外輪船である。

　船内規則は以下のようなもので欧米郵船一般に準じる。
一　夜十一時消灯。

二　船内の部屋、客室では禁煙。
三　飼い犬などペット類を室内に入れてはならない。
四　賭け事は禁止。夜十一時以降のトランプゲームなども禁止。
五　出船後、食卓席順を知らせる札を渡すので、その順に着席すること。
六　水または酒を希望する乗客は食事の鈴が鳴る前に給仕に注文すること。
七　乗客は外輪の囲い、甲板の欄外に立ち入らないこと。当直士官に話しかけることを禁じる。
八　許しなく発砲することを禁じる。
九　遭難の事態となった際には船長以下乗員一同が力の限り乗客の生命は無論、荷物なども保護するので、騒いで自ら危険を大きくするようなことをしてはならない。
十　図書室の本を借りようとする人は船医に申し出ること。
十一　客室に貴重品を置く乗客は特に注意すること。
十二　朝十一時には係員が部屋部屋を巡回するであろう。時には合図を鳴らして消火訓練をおこなうことがあるであろう。その時にはあわてることのないようあらかじめお知らせしておく。

横浜からサンフランシスコまでの一等運賃は二七五ドル半、二等はそれより一〇〇ドル安い。

　この日、房総《ぼうそう》（東京）湾を出て伊豆《いず》、相模《さがみ》の洋上を走るにつれ夕日の下に富士《ふじ》の雪、箱根《はこね》足柄《あしがら》の峰々などが緑にかすむ眺めの美しく、名残惜しく見送るかと思えば、夜も月の輝きが冴《さ》え渡り、海上の眺めはこれ以上ないものだったが、これを日本との別れとして十一時には皆、客室に入った。夜半から雨が降り出し、にわかに風や波が騒いで船の揺れが激しくなった。

＊　こうして始まった太平洋横断航海の旅程はとりたてて天候異変などもなく平穏無事に進んで十一月十七日は明治天皇の大嘗祭《だいじょうさい》（天皇即位後最初におこなわれる新嘗祭《にいなめさい》だが、維新前後の混乱のため遅れて挙行された）を祝って乗客一同にシャンパンがふるまわれ、岩倉大使が直垂《ひたたれ》姿で口上を述べた。
　ついで日本暦十一月二十一日は西暦一八七二年一月一日にあたるということから、その前夜にはやはり乗客一同集まってポンケ（パンチ）とよばれるカクテルで年越しの祝杯をあげるなど最初の社交の機会となった。

　途中、日付変更線を通過し、全行程約二十四日を費やし、サンフランシスコに入港、最初の訪問国アメリカでの旅程が始まることになる。

第二巻　アメリカ合衆国総説

＊　コロンブスによるアメリカ発見から始まり、植民開拓、イギリスによる支配、独立運動、合衆国樹立の歴史的経過、大規模な山脈と平原からなる国土概説、運河と鉄道を軸とする交通輸送網（馬車を走らせる道路はまだ十分整備されていないとしている）、地域による激しい気候の差、農産牧畜の状況、石炭・鉄・銅などの鉱業生産、綿と羊毛を中心とする紡織などについて統計資料などを引用しながら紹介したうえで、アメリカとヨーロッパ諸国それぞれの国民性を反映した産業特質、貿易状況について次のように指摘する。

〈アメリカ産業の特色〉

この国民は活気にあふれていることから機械の発明も盛んであり、機械技術では自分たちが世界一だと誇っている。この国で製造された機械を見てみると、その運転速度は速く、デザインは驚くほど斬新《ざんしん》でうれしくなるようなものが多い。ヨーロッパ諸国をまわって様々な機械を見た中で、その仕組みが巧みでアイデア抜群のものに出会うたびにどこの発明かと聞いてみると多くはアメリカのものだった。

ただし、その欠点は粗っぽい傾向があることで、ドイツ製の緻密《ちみつ》、イギリス製の精巧、フランス製の優美に比べると粗野の感は免れない。そこでヨーロッパの人々は自分たちの文化の洗練されていることを誇り、アメリカについては垢抜《あか》けていないとことごとく軽蔑《けいべつ》するわけだが、アメリカ人の方ではかえってその方をめざしているのであって、ヨーロッパの洗練などというものは浮薄の別名であり、物の役に立たないと笑うのである。

貿易とは農業、鉱業および工業産品に値段をつけて利益を得ることだから欧米の人々は商業活動の盛衰を農業国で豊作不作に注意を注ぐのと同じように重視する。一都市、一港の不景気であってもその影響は全国におよぶので切実な関心事となる。

アメリカは国土が広大で天然産品に富みながら人口は一時滞在者をいれても五千万人に達しないことから貿易に励んで外国に輸出しないかぎりあらゆる生産物が腐敗してしまうことになるだろう。それでヨーロッパとの交易が始まって以来、オフンダの牧畜はアメリカの秣《まぐさ》を購入して生産量を倍増し、イギリスの織物業はアメリカの綿花を原料として盛んになったのであり、また、アメリカの煙草や糖蜜《とうみつ》を享受し、穀類や家畜を得ることで辺鄙《へんぴ》な地まで人口が増加した。

このようにアメリカとヨーロッパの貿易はきわめて盛んであるが、その大勢はアメリカから一次産品を輸出し、ヨーロッパの工業製品を輸入するというものである。それでアメリカの政治家は国内の工業生産を奨励して盛んにするために外国の工業製品には差をつけて重税を課す。これを保護関税というが、そのせいでアメリカでは服飾品、什器《じゅうき》、雑貨、おもちゃなど工業製品は、いずれもヨーロッパ各国より値段が高い。

＊これに続いて貿易統計の品目、数字をあげた後、南北戦争によって経済、貿易がしばらく疲弊したが、現在は立ち直ってきてニューヨークなど大都市では巨大企業、資本家が政治に影響を与えるほどの勢力をもつようになっていると述べる。

ついで人種構成に話題を転じ、もともとイギリスを主とするヨーロッパ諸国からの移民によって入植が始まり白人支配の社会体制が定着したが、やがて広大な土地を開くためにアフリカから黒人奴隷を輸入し、各国からの移民を大量に受け入れて複雑な人種構成になり、また、ごろつきや下層民などまで流入して風紀なども乱れるようになったと指摘する。

また教育制度については国の介入が少なく、普通教育に力が入れられ、小学校が多く、新聞の発行部数が多いことなどが述べられ、さらに民衆の宗教心が全般的に篤《あつ》いこと、通貨、度量衡の単位が紹介されて概説を終える。

第三～四巻　サンフランシスコ――最初のアメリカ体験

（十二月六日～二十一日）

＊　三週間あまりの船旅を終えて使節団一行は十二月六日早朝、最初の訪問地サンフランシスコに入港、十五発の礼砲をもって迎えられ、グランドホテルに旅装を解いた。

〈壮麗なホテルに驚嘆〉

グランドホテルは五階建てで街路の上に通路が懸けられふたつの街区にまたがっている。きわめて見事な造りでカリフォルニア州では滅多《めった》に見られないような大建造物である。食堂の広さは百二十坪もあり、三百人がそろって食卓についても十分余裕があるほどだ。建設されてからまだ日が浅いので客室を飾る絨毯《カーペット》や椅子はきらきらと目がくらむほどに光沢を放っている。一階は大理石張りでよく磨きあげているので靴が滑るほどである。浴場、理髪店、ビリヤードなどがそなわり、この階は事務局《オフィス》のほかはすべて賃借店《テナント》としていて、酒や果物、薬、煙草、衣服に装身具等の必需品などを扱う者が場所を借りて店を開け、ホテルの客の利便に供している。二階から上はすべて客室に分かれ、その数は三百におよぶ。

これら客室のうち大きなものは居間、寝室、浴室、便所がすべて備わっており、大鏡は水を張ったよう、絨毯《じゆうたん》は花を敷き詰めたよう、天井からはガス灯がつり下げられ、昼は装飾ガラスが反射し合って虹《にじ》のようにきらめき、金メッキと照らし合い、夜になってネジをゆるめ点火すると白玉のような光がぐるぐるとめぐって灯《とも》る。窓にはレース（レースとは薄絹のように花模様を織り出した布である）の幕をかけているのがまるで霞《かすみ》をすかして花を眺めているようだ。

小さめの客室でも日本の八畳間ぐらいはある。寝床は鉄のスプリングで浮くようにしてあり、蒲団《ふとん》はやわらかで体にさわらず、衣類を片付けるのに衣装箱や箪笥《たんす》が備えられている。顔を洗うための水盤があり、蛇口をひねれば新鮮な水がほとばしる。客室係を呼ぶには電線があって、指先で軽く触れると百歩離れた先までベルの音が響く。机が備え付けてあって書いたり読んだりすることができ、身なりを整えるには鏡がある。石けん、タオル、マッチ、コップ、ストーブ、水差し、室内便器にいたるまで各客室ごとに備わっている。

西洋のホテルの様子はここに記したような具合で、ほかでも同様であると思ってほしい。

＊　翌七日からサンフランシスコ訪問見学の日程が早速始まって、知事、軍士官、各国領事、

財界名士などとの挨拶《あいさつ》が続き、夜ホテルにもどってからも路上に集まった市民たちから歓迎され、これに大使自ら答礼のスピーチをおこなうなど官民あげての交流に日本にはないアメリカ流の社交文化を実感する。九日には馬車製造と毛織物の工場を見学した帰りにウッドワード公園を訪れ、次のようなくわしい報告と感想を記している。

〈公共文化と実体科学〉

（ウッドワード公園は）市の南のはずれにある。入場料はひとり二五セント。動物園、植物園、博物館、また美術館をもあわせた施設である。中央に噴水、丘の上には大きな舞台がある。ここで踊り（ダンス）や見せ物（ショー）などを催し、日曜などはとりわけにぎやかだという。

門をくぐると展示館があり動物を集めている。鳥獣、虫、蝶《ちょう》、卵などがいずれも乾蔵法で処理された状態で分類され、棚に整理されている。乾蔵法とは鳥獣あるいは魚類などの皮膚をはぎ取り、その姿を生きている時のように加工するものである。虫類などはアルコールに漬けてガラス瓶に保存している。この展示館に集めた生物の種類は全体の一部にすぎないながら、それでも場内にあふれかえっている。

展示館の周囲には温室が設けられており、鉄製の骨組みにガラスをはめこんで天井や壁としているので屋内の庭園は自在に温度調節することができ、日蔭《ひかげ》となることも

ゴールデンゲートとブラックポイント風景

ウッドワード公園

ない。草木の成長には光と温度が必要であるため、屋内は常に真夏の状態に保たれ、日光を遮らないようにして熱帯植物が植えられ、バナナが実り、コルクの樹が蔭を作り、彩り鮮やかな鳥が樹上でさえずり、花々が芳香を放っている。大小の展示室がいくつも連なり、中央の部屋には数十の名画が展示され、また鉱石、貨幣、卵、蝶、繭《まゆ》などを集めている。

奥の方には池や石があって、池には水鳥が飼われ、草地には駝鳥《だちょう》や孔雀《くじゃく》が走っているのが見える。最奥の一画には動物園があって様々な動物が飼われているが、その中でも最も目を引くのは大虎である。また、その他にも豹《ひょう》、狼、穴熊、貘《ばく》など、どれも良い体格で野生のままのようである。その中に牛が一匹いるが、その肩からは余計な足が一本垂れ下がっている。また剝製《はくせい》動物の中には二匹の羊が一体となって生まれてきたものがある。生殖過程の間違いでこういうものが生まれてくる場合があるという。

東洋と西洋では風俗や性格がことあるごとに違ってまるで反対になることがある。西洋人は社交を好むが、東洋人はこれをはばかる。これは鎖国の影響が残っているからというばかりでない。そもそも資産をふやすということに関心が薄く、商取引に意を注ぐことが少ないからに他ならない。西洋人は外に出て人々と交際することが好きであり、それだからこそ小さな町にも必ず公園が設けられているのに対し、東洋人は自宅でくつろいでいるのが好きなのであって、それで自宅に庭を設ける。これは土地が豊かかどうかによる気質の違いなのだろうか。

西洋人は実体を追求する学を好むのに対し、東洋人は実体のない抽象的な思弁を好む。両洋の国民の貧富の差はこの違いに由来するのではあるまいか。西洋の都市にはどこでも植物園や動物園がある。これは、規模の差は別として我が国に植木屋や鳥獣屋があるのと見たところは似ているが、その本来の目的は全く相反する。西洋でこうした施設を設けるのは、それによって人々に関心をおこさせ、知識を実のあるものにして産業をおこし、学識を普及することを目的としているのであり、莫大《ばくだい》な費用を惜しまないのも、それに見合う利益があるからに他ならない。

このウッドワード公園などは動物園、植物園、博物館、美術館をもあわせた施設で、各種鳥獣から虫魚のような小さな生き物にいたるまで、卵が孵《ふ》化《か》し、脱皮して蛾となり、あるいは巣で子を育てるなど様々な生態をあまねく調べ集め、分類して展示するのであって、これは我が国の見世物小屋で珍奇な動植物を並べて見物客を驚かせるような趣向とは別物なのである。また実物とあわせて図面を展示しているのは、動植物の有様を観察し、実物を手本として写生するための便宜をはかっているのである。

アメリカ大西洋沿岸およびヨーロッパの主要大都市ではどこでもこうした専用の施設があって実に整備されているが、市民たちがそれに費用をかけるのは、具体物に基づいた科学を進歩させることにより産業に実益をもたらして繁栄を招くために他ならない。具体物に即して一木一草を観察研究することを軽視し、あるいは物珍しさを誇示してその場かぎりの利益をかすめ取ろうとするような東洋の非実学的な態度と混同してはならない。

このように東洋と西洋では風俗が相反し、見かけは似ているようでも目的とするところは異なる場合がよくある。文化風俗を観察する者はよく注意しなければならない点である。

＊　引き続き使節団はサンフランシスコ市内、近郊の訪問、視察を精力的に続けた。行く先々で官民あげての熱烈な歓迎をうけ、これに応《こた》えるように一行は朝早くから夜中までほとんど休息もとらずに日程をこなした。造船所、鉱山機械製造工場、郊外の富豪邸宅、鉄道会社、電信局、各種学校（小学校、兵学校、盲聾学校、大学）などで、学校見学では、授業内容のほかに人員配置、教員給与、運営予算なども細かく記している。

十四日の夜には市民主催の三百人におよぶ歓迎パーティーが開かれ、伊藤博文《いとうひろぶみ》副使が英語による答礼スピーチをおこなって好評を得たりしたが、この民間人によるパーティーの方式について久米《くめ》は次のような注釈を加えている。

市を訪れた賓客をもてなす宴会を催すにあたっては幹事が経費を計算して参加人数

で割り、その金額の券を作って参加者を募るのである。参加を希望する者はその金額を出して券を購入する。ホテルは宴会の用意をし、参加者から券を受け取って、それを金に換える。交易の地では金集めのやりかたも商取引と変わらないのだ。

＊　サンフランシスコ近郊は気候風土が適していることからワイン製造が盛んだが、訪問した醸造工場でフランスから輸入した空き瓶、スペインやポルトガルから輸入したコルクを用いていることの感想として久米は次のような考察を記している。

〈商品ブランドの重要性〉

ワインを詰める瓶は粗製ガラスから作る。これは銅や鉄を精錬する際に出る屑《くず》から簡単に得られるものであるからアメリカで製造できない訳ではない。にもかかわらず遠くフランスから輸入するというのはどういう訳かと言うと、ワインはもともとフランスの名産品で、その評判は世界的に認められ、ボルドーやシャンパーニュ（＊シャンパン）という酒の呼び名はいずれもフランスの製造地の地名をそのまま用いているように酒瓶や包装まですべてフランスのブランドを借りなければ市場で評判をとれないからである。

貿易においてブランドは巨万の資本よりも重要なのである。すぐれたビジネスは年々このブランドを高めようと努める。目先の利益にこだわらないのはブランド価値を資本に積み増すためなのである。これに対し下手なビジネスは小利を得ようとしてブランドを失ってしまう。数年間の範囲で見れば優劣に大差はないように見えるが、長年の間には天と地ほどに貧富の差が開いてしまうことはよくあることだ。ワインのブランドのお陰で瓶までが価値を得ているということをよくよく心に留めておかねばならない。

我が日本国は近年になって初めて外国と交わるようになり、従来の国産品で米欧人に珍重される産物は数えきれないほどであるにもかかわらず輸出利益があがらないのには三つの理由がある。一つは輸出量が少量で外国の需要を満たせないからであり、二つめは輸出が継続的でなく、外国市場できちんとした評価が定まっていないことで、あり、三つめは目先の小利益を求めてブランドを広めず、それぱかりかすでに得ていた評価まで失ってしまうことによる。

世界中にブランドを広めることによって需要を拡大し、莫大な利益を積み上げることができるのはコルクの栓によっても証明されるだろう。これはコルクという木の皮で（ウッドワード公園の温室にも植えられていた）スペイン、ポルトガルの産物である。アフリカのアルジェリアではフランスにより一四万ヘクタールの土地にこの木が植えられ、毎年一〇〇〇万フランの利益をあげている。ただの瓶の栓のもたらす利益ですらこれほどになるのだ。なんと盛んなことではないか。

＊　こうした貿易振興に対する久米の関心は非常なもので、翌日、乗船してきた太平洋郵船《パシフィック・メイル・ライン》会社を訪れた際には貿易事業をすすめるために必要な港湾設備、両替など金融機関、保険制度等々について述べ、日本ではこうした商業活動の仕組みの重要性が理解されず、欠落していると指摘する。

さらにカリフォルニア州一帯について、かつては未開の地として放置されていたのが金鉱開発（いわゆるゴールドラッシュ）などによって近年急速に発展し、アメリカ東部やヨーロッパと日本や清《しん》（中国）などアジア諸国の中間に位置することから東西交易の要《かなめ》として今後さらに重要性を増し、横浜《よこはま》や上海《シャンハイ》、香港《ホンコン》の景況にも活気をもたらすだろう、こうした相互の競い合いによる繁栄をめざさねばならず、そのためには将来に向けての確かな見通しと計画をたてることが必要だと力説する。

一方、こうした発展を支える安価な労働力として大量の清国人が流入し、下級職務に従事しているが、彼らは現地の習慣になじまず、また白人の雇用を圧迫することからしばしば軋轢《あつれき》をひきおこし、社会問題化して清国人追放論までおこってきたことについて次のように述べている。

〈移民労働者への対応〉

州政府ではその方策について協議したが、民主国家本来の理念からすればこうした差別的な方策を実施することはできず、他方、それでは企業者の事業活動に支障をきたすといった具合にあれこれ紛糾したまま歳月が過ぎてきた。

この下級労働者雇用の問題は新開地においては極めて重大な問題である。以前、奴隷売買禁止の問題をめぐり南北間で六年におよぶ流血の戦いが行われたのにも、それぞれに深い事情があってのことだったということが、これによっても理解できるだろう。西洋の法律はどれでもすべて人々の財産や生活を考慮し、それを保護するという主旨を失わないことを根本にしているために事情がはっきりしていても簡単には実施できないことがあるのであり、それによって富や力を保つことが可能なのである。

第五〜九巻　大陸横断鉄道の旅　（十二月二十一日〜正月二十一日）

＊　こうして最初の訪問地サンフランシスコ滞在を二週間ほどで終えると一行は大陸横断の途についた。当時ようやく完成したばかりの大陸横断鉄道に百人あまり（使節団、留学生、アメリカ駐日公使デロング一家）が五車両に分乗して首都ワシントンまで五〇〇〇キロあ

まりの行程を一ヶ月かけて走破したこの旅は寒気厳しい冬のさなかで足止めをくらったり、荒々しい野生の自然に接したり、それを克服して開拓を進めようとする人々の営みを見聞したりするなど起伏に富んだ体験で、その強い印象をくわしく久米《くめ》は記している。

十二月二十二日（西暦一八七二年一月三十一日）　曇り小雨

朝七時にグランドホテルを出発、蒸気船でオークランドの長い桟橋の波止場《はとば》に到着、カリフォルニア太平洋鉄道の蒸気車に乗り込んだ。

〈寝台車と平等社会〉

アメリカでは昼夜通して走る蒸気車に寝台車という車両が設けられており上等の旅客はこれに乗る。車両の両側をそれぞれ六つの客室に分け、各室にはふたりずつ旅客が入る。一車両で合計二十四人を収容し、中央には通路、両端には広いスペースが設けられ、ここでストーブを焚《た》き、洗面台、用水タンク、便所が備えられている。日中は各客室のまん中にテーブルをしつらえる仕掛けがあり、それをはさんで長椅子が相対する。床にはカーペットが敷き詰められ、はなはだ快適である。相客はテーブルをはさんでそれぞれ書いたり読んだりし、夜には長椅子を継ぎ合わせて寝床とし、また、上方の鉤《かぎ》をはずすともうひとつの寝床が降りてきて上下二段の寝台となる。蒲団《ふとん》、枕が備えられ、カーテンを降ろして就寝する。車内の装飾は天井に花模様を描き、金や塗料で装飾され、華やかで輝かしい。ガラスのランプが吊《つ》り下げられて夜でも照らしており暗くない。実に便利な車両である。

＊　このように久米は初めて出会った寝台車の設備に感嘆する一方、続けて以下のようにヨーロッパとの差をも指摘する。

ヨーロッパにはこのような車両はない。こうした車両が便利でないからという訳ではなく、ヨーロッパは君主制をとっており、身分に貴賤《きせん》の区別があって日頃から礼儀を重んじ、身分違いの者が雑居することを嫌うのである。それで、こうした車両を作っても礼儀が乱れることになるとして乗りたがらず、田舎風だと卑しむのである。

〈ロッキー越えの難行、ゴールドラッシュ、インディアン〉

＊　この日はほぼ半日をかけて二二五キロを走り、サクラメントで下車、ホテルに宿泊し、翌日はこのカリフォルニアの州都で機関車工場や州議会議事堂を見学、訪問、夜には市の招宴で夜更けまで歓待された後、ゆっくり休む暇もなく、深夜三時には再び汽車に乗り込んで、いよいよシエラネヴァダから始まる山越えの難所にさしかかる。

それまでの平地から一転、巨大な壁のようにそそり立つ山腹を汽車は蛇行するように迂《う》回《かい》しながら登っていき、たちまち海抜一〇〇〇メートルを超える山中に達するが、そこにも砂金採取を生業とする小村が点在しているのに久米は注目し、くわしく金の製法、世界における金需要事情について論じる。この地方の中心都市ソルトレークなども金銀鉱山の採掘によって発展したのであり、その担い手となったのは諸国から集まった移民などだった。

引き続き、汽車は高度をあげるにつれて雪もよいから霙《みぞれ》、本格的な降雪へと変化していく天候の中、機関車を増結し、トンネルやスノーシェッド（雪崩《なだれ》よけ）をくぐり抜けるようにして夕刻、海抜約二一〇〇メートルに達する最高地点のサミット駅に到着、ここでラッセル車を連結してから下りに転じ、暗夜を疾走して翌朝、海抜一三〇〇メートルほどの平原に入った。ここにはもう雪はなく、一面に枯れ草ばかりが生えている荒れ野の中にあちらこちらインディアン（アメリカ原住民）の原始的な竪穴式《たてあなしき》の住いが点在し、これを見た久米は白人社会の先進文明度との極端な落差に驚くと同時に、これら原住民が後からやってきた白人種と衝突して鉄道建設を妨害し、衝突したことを記し、また、インディアンと日本人の間には容貌《ようぼう》、風俗、文化などの面で似た点が色々と見られることから元は東アジアから渡来したのではないかというような説があることを紹介している。

さらに同地にはインディアンのほかにもやはり同様の貧しい暮らしぶりの清国人移民が

ブルーマー切り通し

スノーシェッド内部

シエラネヴァダ山岳鉄道のスノーシェッド

ハンボルト荒野のインディアン住居

住み着いていることに目を留め、こんな僻地《へきち》にまで白人社会から疎外されるようにして移住が広がっていることに驚いている。総じてインディアン原住民にせよ、清国人移民にせよ、これら非白人種と白人種との間の極端な社会的格差に久米は非白人の立場から複雑な思いを感じていることがうかがわれるのである。

〈大雪による足止め、未開地開拓の条件〉

ネヴァダからユタに入り、ソルトレーク湖岸を走ってソルトレーク市に到着した一行は時ならぬ大雪で震え上がり、教えてもらった郊外の温泉で一息ついたものの、そのままここで二週間以上も足止めをくらうことになる。行く手のロッキー山中が雪で埋もれてしまったからである。やむなくここで年越しとなったが東部や西部の都会から遠く離れた田舎町で見るべきものもほとんどない。その中で唯一際立っているのはこの町創設の元となったモルモン教にかかわる事柄である。キリスト教の一派でありながら一夫多妻など特異な教義からアメリカ国内でも異端として迫害され、それを逃れてこの人里離れた地に壮大な聖堂を中心とする町が開かれたのである。

やっと鉄道が復旧し、一行は移動を再開、荒涼たるロッキー山中、高原を三日間昼夜兼行で二〇〇〇キロ近く走破し、ミズーリ河畔のオマハに到着、ようやく人間世界に戻った思いをした。そして、それまでの行程をふりかえり次のような感想を抱く――これらの土地が開発もされずに放置されてきたのは資源価値がないのでも、開発のための資本がないからでもなく、人手が足りないからだ。といってその人手も相応の教育をうけ、知識がなければ役に立たない。アメリカでは宗教を土台として道義心を養い、実用的な基礎教育をほどこすことにより殖産の担い手となる人材の育成をはかるが、翻って東洋ではどうかというと、上層階級の教育や知識といえば空理空論ばかり、中流階級は目の前の利益を追い回すにとどまり、下層階級にいたってはその日暮らしに終始する有様で、およそ国益に資するところがない。古来二千年にわたって続いてきたこうした情けない有様を猛省して今後いかなる国家利益増進の道を開くか考えねばならない……。

このように西洋と対比してこれまでの東洋文明の怠惰なありかたを批判する久米の姿勢はくりかえし強調されるものである。

〈東部平野地帯の田園風景〉

シエラネヴァダからロッキーへと続いた山岳地帯あるいは荒野をひた走る苛酷《かこく》な行程から打って変わってオマハからシカゴへの行程は穏やかに進んだ。ミズーリ川に沿って走る車窓からの眺めを久米は次のように記している。

山や丘に四方を囲まれるようにして平原がひろがっている。所々に見える村落を包むように茂る木立が丘まで覆っている。それら樹木は楓《かえで》、櫟《くぬぎ》、楡《にれ》、栗などのたぐいだが、もう落葉した後なので入り組んだ枝々が透けて見える。村の家々が点々として白壁がまぶしい。中には山荘風の瀟洒《しょうしゃ》なものもある。何日か無人の荒野を走ってきた後でこの地に至ると行き交う車は華やかになり、野の眺めは美しさが増して、見るもの聞くもの俄然《がぜん》興趣をそそる。野には牧場が点々とし、果樹園も見える。耕された土地にはトウモロコシを収穫した跡が多い。ミシシッピー川やミズーリ川沿いの湿地は土質がトウモロコシ耕作に適している。このあたりの土地の主たる産物はこの穀物なのだ。

＊　こう観察したうえで久米はトウモロコシについて、その起源、栄養や消化面の特質、それに基づいた食事法、農産物としての経済性、アメリカからイギリスへの輸出高などをくわしく紹介し、その利点をあげて、日本ではこれまであまりこの穀物が普及していないが、欧米では重要な貿易農産物となってきていることを強調するのである。

その後も、ひきつづき、ゆるやかに起伏する土地に村々や牧場、畑などが点在するのどかな田園風景を眺めながら久米はほんの三十年前まではここらもロッキーの荒漠とした原野と同様の未開の地であったろうと感慨をめぐらす。汽車は夜を徹して走りつづけ、やがてアイオワ州からイリノイ州に入る境界となるミシシッピー川の長橋にさしかかると久米はこのアメリカ一の大河の規模、管理方法などを紹介し、水田を主とする日本の農業と畑作によるアメリカ農業では水利のありかたが異なることに注意したうえで欧米式の河川管理法による水害防止施策を研究し参考とすることを勧める。

＊〈アメリカ開拓の歴史〉

イリノイ州に入ってからは一層豊かな田園穀倉地帯が続いた後シカゴに一行は到着、その大都会の活気に圧倒された。山越えで日数をとられ先を急いでいたために滞在はまる一日ほどの限られたものだったが、それでも前年の大火による市街中心部の壊滅的な損害からたくましく復興しようとする様子、ミシガン湖からの導水システム、化学薬品による消防法実演、小学校、活況を呈する商品取引所などをあわただしく見てまわって再び夜汽車に乗り込み、一路、目的地ワシントンをめざしてインディアナ、オハイオ、ペンシルヴァニアの各州を走り抜けた。

その間、ペンシルヴァニア州の工業都市ピッツバーグを通過した際には線路際に石炭が山のように積み上げられ、煤煙《ばいえん》で空が暗く濁っている様子に驚いたりして、サンフランシスコ出発以来見聞してきた鉄道沿線各地域の変化の様子にアメリカ開拓進展の過程を重ねあわせ次のような総括的考察をおこなっている。

使節団一行の汽車がサンフランシスコを出て海岸沿いに続く山脈のトンネルを抜けるとカリフォルニア平原が天まで茫漠《ぼうばく》と広がっていた。その様子に一同は誰もアメリカ開拓の有様を実感して、川を見れば漕運や灌漑《かんがい》に、平野を見れば田地や道路に、山中を走れば木材や鉱業に、村々の駅を通過すれば集落の暮らしぶりに注目するというように目にするものことごとくについて開拓の状況を談じてやまなかった。

ネヴァダ、ユタでは貴金属のもたらす利益について、ロッキー山中では荒れ野と鉄道を、ミシシッピー川を渡った際には水路運輸を、オマハではトウモロコシと移民を論じ、その他にも、橋梁《きょうりょう》設備や道路の整備のこと、モルモン教徒が塩分を含む土壌を開墾し、羊毛を紡ぐことなど、いずれも荒野を開拓するにあたって種々の示唆をうけたのだった。

いまやシカゴを発《た》ってこのペンシルヴァニア州まで到達してみると田地は整備され林は豊かに茂り、人口稠密《ちゅうみつ》、すでに洋々たる文明開化に達している。そこで、それまでの状況と比べて文明進化の段階を述べてみる。

そもそもアメリカ合衆国は最初、大西洋側の平地から開拓を始め、独立後、ミシシッピー川沿いの平地に進出し、ほぼ三十年ごとにだんだん東へ（＊西の誤記）広がっていったことはすでに第五巻（＊第四巻の誤記）の最後にサンフランシスコについて述べた際に触れた。

かの港町を出発してからここまで来る途上で見聞した状況は合衆国発展の歴史を順に目撃してきたとも言えるものだ。カリフォルニアは新たに東洋との交易の門を開き、サンフランシスコは急激に繁盛しつつあるが、州内の各地は依然として未開のままである。そこから東に進んでネヴァダ、ユタの広漠たる地では鉄道、鉱山のそばにわずかな村落があるばかりだ。さらにロッキーを越え、大草原《プレーリー》の荒れ野に至るまではコロンブスやアメリゴ（*ヴェスプッチ）が初めて足を踏み入れた当時と変わらない様子であり、そこから進んでネブラスカ州にまで至ってようやく開け始め、アイオワ州まできてさらに開け、イリノイ州からオハイオ州まで進んで一層繁盛するが、そこからペンシルヴァニア州境まで達するとオハイオ州もまだ十分に開発されていないと知らされるのだ。

＊　続いて、これら各州別の人口数が一八六〇年から七一年にかけてどれだけ増大したか表示し、また一八六〇年時点の家畜（馬、牛、羊、豚）の頭数、それら家畜から生産される製品（バター、チーズ、羊毛、食肉）の量数を表示して「この三つの表を見れば、ミシシッピー川沿いの諸州はまだ大西洋岸地域ほど開拓植民は進んでいないものの牧畜業においては凌駕《りょうが》するほどの勢いであり、土地が肥沃《ひよく》であることがわかる」と注記してさらに考察を進める。

ネブラスカ州より西のロッキー、ネヴァダなどの広大な荒れ地を人々に所有させて田畑や牧場に変え、ミシシッピー川沿い諸州の繁栄をもたらすに至る行程を最初から順にたどるなどということは無論、容易になしうることではないが、カリフォルニアのサクラメント市で州内の荒れ地を売り渡す手続きを役人に尋ねたところ、おおよそ鉄道線路沿いで運搬の便が良い土地は一エーカーにつき一ドル半で売り渡し、やや線路から離れて不便な所は一ドル、それ以外の遠く離れた原野はまだ値がつかず、開拓しようという人があれば無償でも払い下げるということだった。

その後ソルトレーク郡庁でも聞いたところでは、開拓すべき荒れ野に公有地払い下げの役所を置き、道沿いや水際などの整備すべき土地を所管の係が実測して区画整理する。六マイル平方ごとに線引きして「タウンシップ」と名付けるのは我々の「大区」(町村)のようなもので、その「タウンシップ」を縦横六等分ずつに線引きすると三十六区となり、これを「セクション」と呼ぶ。我々の「小区」のようなものだ。一「セクション」は一平方マイルで、これを二、四ないし八分割して、一「エーカー」につき一ドルで払い下げるが、十年後にこれを検査して、もしまだ開拓に着手しておらず、その効果があがっていない場合は、ふたたび公有地払い下げ局に回収する定めになっている。

土地を払い下げるにあたってはその地方の長の名で証書を与え、買い受ける者はこれを受け取って払い下げられた土地の所有を示す境界を定める。方々の野原に木の柵《さく》をめぐらせてあるのはその境界である。であるから地価が甚だ安くてもまず木柵境界に費用をかけ、それから人を雇い、開拓にとりかかる。大抵の開拓地では農夫や牧夫の賃金は大変に高く、したがって開拓に従事する者は財産に余裕があり、農業に熟達して、器械を使用することにより労賃を節約するのでなければ利益をあげられないという。

＊　続いてネブラスカ、アイオワ、イリノイ、インディアナ、オハイオ、ペンシルヴァニア各州ごとの小麦、裸麦、燕麦《えんばく》、大麦、とうもろこし、蕎麦《そば》、えんどう豆、空豆、じゃがいも、さつまいもの収穫量を表示したうえでアメリカにおける器械を利用した農業生産のありかたについて次のように述べる。

現在、アメリカの総人口数は我が国とほぼ同じぐらいしかないにもかかわらず数十倍の広さの土地があって、その開墾によく成功しているのは実に驚くべきことと思われる。一方、それらの土地を通過し、見聞してみると、かえって我が国の怠慢さこそ驚くべきではないかと思われてくる。西洋人はかつてこう言った――アラビアの土人は粗悪な農具をやせ馬にくくりつけて十時間もかけながら一六〇立方ヤードの土地を掘り起こし、九百歩の田畑を耕すのが精一杯であるのに対し、西洋人がすぐれた鋤《すき》を良馬にひかせるなら、その三倍ははかどる。十時間かけるなら一町の土地を耕すのが普通で、さらに蒸気器械を使用すれば十倍も能率があがる。すなわち一町の広さもわずか一時間で済むのである。これを我が国の農夫に比べるならどれほどの開きであろうか。昔から利用厚生（＊中国の書経《しょきょう》の語――人々の暮らしの便をはかって暮らしを楽にする）と言われているが、民の暮らしを楽にするには器械を利用することが必須《ひつす》であり、世の東西を問わず為政者が一致して言うことだ。

一八五〇年、ミシシッピー川一帯が開けるにしたがいイギリス人はその土地が肥沃で水利の便も良いと聞き、競って移り住み、開墾に従事した。まるで池の魚が大海に放たれて泳ぐかのように広大な田畑をむさぼり耕したが、苅《か》りとりの時期を逸して収穫の利益を失うことが多かった。

そこでマクエル氏が麦苅り器械を発明し、ウール氏が草刈り器械を発明した。また、それより前にイギリスで使われなくなっていたスコットランドのパトリック・ベル氏による麦苅り器械も重宝された。こうしてアメリカの農業はとかく大雑把で、狭い所を丁寧に耕す代わりに器械で広大な土地を掘り起こし、一面に穀物の種をばらまくようなやりかたばかりで面積あたりの収穫量はきわめて少ない。十年前に南北戦争が起こった時には農民を徴兵し、耕作にあたる者が減少したが、それでも耕作を続け、開墾を進めることができたのは全く器械の威力がその効をあらわしたのだと言う。器械の利用はもとより重視しなければならないことである。だが、農業というものはただ器械の力に頼るだけでも十分ではない。

第十巻　コロンビア特別区

＊　ピッツバーグを夕刻出発した一行は翌朝ついに大陸横断を遂げて東部の主要都市のひとつフィラデルフィアに到着した。その感激を久米《くめ》はこう記す。

〈東部大都会の光景に感激〉

ちょうど朝日が高く昇ろうとするまさにその時、車窓左手にひとつの大都会が見えてきた。連なる甍《いらか》の間から日の光がきらめき、市中の煙がもうもうと立ちのぼって雲をも蒸すようである。高くそびえ立つ煙突は天にまで達するかのようだ。高低様々な建物が川岸に立ち並び、何本もの鉄橋が川に連なっている。それら巧みを極めた様子に一体いかなる名高い都会なのかと尋ねると、これぞかの有名なフィラデルフィアであって、今まさにスクイケル川の西岸を走っているのだった。

＊　しかしフィラデルフィアに実際に足を踏み入れるのは後日にまわして一行はまず先を急ぎ、デラウェア州、メリーランド州を抜け、ボルチモアを経て雪の降る中、アメリカ訪問の主目的地ワシントンに到着したのは横浜出発から数えて二ヶ月余りを経た明治五年一月二十一日（西暦一八七二年二月二十九日）の午後三時だった。駅頭にはアメリカ政府接待役および駐米弁務使（現在の公使に相当）森有礼《もりありのり》（後に初代文部大臣）が出迎えた。

ワシントンでの行程を報告するに先立って久米はまずアメリカ合衆国と首府ワシントンの成り立ちを紹介する。

〈合衆国と首府の成り立ち〉

ワシントンはアメリカ合衆国三十六州の首府であって独立行政区となっており、その全体を総称して「コロンビア特別区」と言う。

そもそも合衆国として連合することを取り決めた際、三十七州が合議して約定を取り決め、経費を集め、代表を選出して連合政府を樹立した訳だが、この連合政府とは法典、規則のもととなる機関であって、それぞれの土地人民は各州の支配下にあり、連合政府の所有するところではないのである。とは言え、連合政府を設けた以上、この政府はその支配地に存在するのでなければ他の州に借地することになって不都合である。そこで合衆政府を取り決めるに際し、おいおい土地を提供して連合政府の領分とすることにした。それによってこの特別区ができることになったのである。

　そもそもこの特別区に連合政府を置くまでは定まった首都というものもなく、最初に十三州がイギリス支配を拒絶して独立し、連合政府を樹立した時には議論百出、政府の土地などということはもとより、経費の調達なども現在とは違い、各州から租税を徴収する権利なども全くなかった。各州からの代表が国会に集まっても、その運営費用は乏しく、時には私費を出しあって急場をしのぐようなことさえあった。政務を協議しても実権はなく、政府は仮住まいの地に置かれ、かつてフィラデルフィアで国会を開いた際にはイギリス軍が進攻してきて包囲されたためにペンシルヴァニア州政府の権限に従うことを余儀なくされ、あわててプリンストンに立ち退き、さらにはアナポリスまで退却したことなどもあった。

　そこで国会は必ず自らの支配下にある土地と人民が存在する所に設立されなければならないとして戦争終了後、合衆国憲法を制定するにあたり、会議後にメリーランド州からジョージタウンとワシントンの二郡を、ヴァージニア州からアレキサンドリアの地を譲り受け、連合政府に付属する土地とした。これをあわせてコロンビア特別区としたのである。

＊　こうした連邦制度の特殊なありかたから生まれた首都ワシントンの成り立ちについての説明がなされた後、具体的なその様子――面積、人口、人種構成、市中概況、市街区分などが紹介され、とくに街路がコールタール舗装などの技術を駆使するなどして整備されていることが強調され、これに関連し、次のような考察がなされる。

〈道路整備と運輸能力〉

西洋では荷物を人がかついだり、馬に負わせたりすることがない。それでいて重い荷物を運搬する能力は我ら日本人の数十倍にもなる。一頭の馬で三〇トンもの重量を運搬する能力を発揮するのである。こう言うと怪しまれ、にわかには信じられないかもしれないが、実はこれははなはだ簡単な理屈で、少しも驚くほどのことでもない。どういうことかと言うと、車輪の造りが精巧で、道路が整備されているからである。おおよそ一トンの重量は人がかつぐなら二十人分の荷であり、馬なら七頭分に相当するが、これを出来の良い車で運搬するなら良馬一頭で足りるのであり、これを鉄路に走らせるならわずか八ポンドの力で足りるだろう。

このように荷物を運搬するのに車輪が大変役にたつということは、今は日本のどこでも、いくらかなり知識のある人なら誰でも知っていることだろうが、それでもうまく動かないことがある理由を知らねばならない。車輪が滑らかに動かない場合、その原因はふたつの障害によるのである。

ひとつは車輪が回る際に生じる摩擦であり、もうひとつは車輪と道路の間に生じる摩擦である。そこで車輪の造りを精巧なものにし、硬く頑丈な鉄の車軸を歪《ゆが》みのない円形に削り磨いて油を塗り、滑らかに回転させれば前者の障害を減らすことができ、道路を平らにしっかりとならせば後者の障害を減らすことができるようになって必要な力も減るのである。道路の整備状態は車両輸送の労力にかかわり、様々な物資の運搬が人々が暮らしをたてるのに必須《ひっす》であることは穀物や肉などが生きていくのに不可欠であるのと同様である。

西洋では一般的に車輪を使用し、どんな無知な者であっても道路整備の大切さを熟知しているのでその費用を惜しまない。（中略）その国の道路の整備状況を見れば政治の安定度、人々の貧富など歴然と了解されるのである。

＊　これに続き市道にレールを埋め込んで走らせる乗り合い馬車についてくわしくその利便性を紹介するが、これはやがて日本にも鉄道馬車として導入されることになる。

＊　ワシントンはシカゴやニューヨークのような商業都市ではなく政治都市であるため活気には乏しい代わり大統領官邸など壮麗な建物が整然と配された美観を誇っており、街路樹

に囲まれた住宅地では役人や学者などが文化的な暮らしを楽しんでいると評する一方、場末に行くと黒人たちの暮らす不潔きわまる貧民街地区があると述べて、こう論じる。

〈社会格差と貧民街〉

およそ各国の都市で多くの商品が流通し、地価が上がって商店やホテルなどが立ち並ぶような地域は市街地の二、三割にすぎず、その他は上から下までそれぞれの社会階層に応じた個人住宅と「ボーディング」とよばれる貸家が多い。狭くるしく、ごたごたした地域には貧民が入り交じって暮らしている。これら西洋の下層民は愚かで不潔に甘んじ、牛や馬と大差ない。黒人の居住地だけが不潔なのではない。

＊　一方、こうしたワシントンの紹介から外れて、このコロンビア特別区総説の末尾ではアメリカ滞在全般を通じてこの北米大陸の気候が寒暖差が激しいと感じたことを述べ、対比して日本の気候の特徴を次のように指摘する。

〈日本の気候特質〉

西洋を巡り歩いた結果、我が国の気候の特徴として気がついた五つの点がある。ひとつは梅雨だが、これは中国でも江南《こうなん》地方に見られるもので特に変わったものと言う訳ではない。二つめは大気に湿気が烈しいことで、霜や露が著しいこと、鉄製品が錆《さ》びたり朽ちたりしやすいことなど、西洋の比でない。三つめは春夏秋冬が均等であることで西洋の四季の不規則さと同様に考えると大間違いである。四つめは朝昼夕晩で寒暖の変化が烈しいことである。真夏の昼時の暑さも夜になれば十度以上も下がり、早朝には爽《さわ》やかな涼しさとなるというようなことは西洋では見られないことである。五つめは雨風が大変に烈しいことで、これは世界一広々とした太平洋に面しており、また、北側はシベリアの極寒の荒野の影響をうけているからだろう。

第十一〜十三巻　ワシントン——条約改正交渉待機の日々

（二月二十一日〜五月四日）

＊　ワシントン訪問の主目的は国交開始の正式な挨拶《あいさつ》と幕末に暫定的に結んだ不平等条約を改正するための予備交渉にあったが、まだ外交に不慣れだった使節団は交渉に必要な国家元首の信任状を持参してこなかったため、急遽《きゅうきょ》、大久保《おおくぼ》および伊藤《いとう》の両副使を日本まで天皇の信任状をとるために往復させることになり、その結果、予定していたワシントン滞在期間を大幅に延長せざるをえなくなった。

合衆国国会議事堂

その間、一行はホワイトハウスで大統領に謁見し、連邦議会を訪問するなどの外交日程をこなしていった。議会訪問の記述では、久米《くめ》は連邦政治の仕組み、合衆国憲法制定までの経過などを紹介し、欧州諸国の君主制と対比したうえでアメリカ国民がいかに熱烈に自国の民主主義制度を誇りとしているかを記している。と言って、この制度が完全無欠という訳でもなく、どの政治体制が良いかということは一概には言えない、政治学の専門書などを研究して慎重に判断すべきだと冷静な態度を保っている。

その後ひきつづき、国務省訪問、ホワイトハウスでの招宴、日本側から市内有力者を招いたレセプション（ちなみに大統領の謁見式では使節大使および副使は衣冠、書記官たちは直垂《ひたたれ》という伝統日本式正装で臨んだのに対し、このレセプションでは日本側全員ディナー・ジャケットの礼装を着用したという）など一連の外交、社交行事を終え、大久保、伊藤たちが日本へ出発すると、その後は彼らの帰還を待つばかりで実記の記述も天候を簡単に記す程度のものが続き、めぼしい事柄は少ない。その中で目をひくのは黒人学校を訪問した際の次のような記述である。

〈黒人の社会進出〉

アメリカ、イギリスでは黒人を「ネグロ」と呼ぶ。アフリカ州に生まれる人種で容《よう》貌《ぼう》の醜いことははなはだしい。頭髪は巻き縮れてまるで黒いできものかと疑われるほどだ。肌は真っ黒に焼け焦げた土のようである。唇は厚く突き出し、目玉は黄色がかっている。手のひらばかりが普通の肌の色をしている。その生まれ育った故郷の地はもともと密林にけだものが跋扈《ばっこ》しているような所で、手づかみで物を食うような暮らしをしている。外国船がその土地にやってくると驚いて逃げ出し、怒れば襲いかかってくる。森や草むらに潜んで猿のような暮らしぶりである。

＊　続いてヨーロッパ民族がこれら黒人種を捕獲し、奴隷として虐待、売買してきたが、アメリカではこうした奴隷制の可否をめぐって南北戦争が勃発《ぼつぱつ》、北軍の勝利によって奴隷解

放となったいきさつを紹介したうえでこう結ぶ。

これによって黒人は初めて人間の仲間入りをしたが、まともなつきあいもなければ教育もない愚民であることから白人は仲間に入れようとせず、依然として人種間の隔ては歴然としている。ただし、中には早くから自立した黒人もいる。現に下院議員に選出された傑物もいれば、巨万の富を築いた豪傑もいる。皮膚の色は知性と関係ないことも明らかだ。それで志ある人々は教育に尽力し、学校を設立するのである。思うに十年余りもたてば黒人からも英才が輩出し、白人でも学のない者は使役される側にまわることになるだろう。

＊大久保、伊藤両副使の帰着を待って三ヶ月近くワシントン滞在を続けた一行はその間、特許庁、中央郵便局、印刷局、海軍造船所、ワシントン大統領旧居、天文台、財務省、造幣局、陸軍通信局、農業振興局、海軍兵学校、アーリントン墓地などをまわって日々をすごした。その中で久米が特に注目し、コメントしたものを抜粋する。

まず、特許庁では、特許権を与えられた新発明のおびただしいことを記し、この新興大国では発明が非常に盛んで、その中でも特筆すべきものとして電気と蒸気船の発明についてくわしく記している。

ワシントン大統領旧居

中央郵便局では、郵便システム、また、それを補うものとしての宅配便のシステムをくわしく紹介して、これらのシステムが商業活動の活性化に大きく寄与している、とりわけアメリカのような広大な国ではその効用はめざましく、さらに国外との取引も容易なものにしているとして次のように述べる。

〈物品配送システムの発達〉

欧米の都市で市中の商店から品物を買う場合、話がまとまれば届け先の「アッドレス」（「アッドレス」とは居住地を記す名札である）を尋ねる。荷作りして本国に送ってくれるよう頼むと、必ず承知し、横浜《よこはま》に届けるべきか、長崎《ながさき》に届けるべきかを尋ね、汽船便か帆船便のいずれを選ぶか意向を聞いてくわしく運賃を算出し送ってくれる。買い主から郵便か電信でこれを本国に知らせておけば日数はかかっても家に届くはずである。日本人は西洋というと天の川かなにかのように遠い別世界のように想像するが、西洋の商人は世界をひとつの都会のようにみなしている。なんと意気盛んではないか。

＊　また農業振興局を訪問した際の感想として久米はアメリカの主要産業は農業であり、その従事者は未開拓地の開墾に最も力を注いでいると指摘したうえで次のようにこうした開拓、開墾意欲がアメリカという国の根本精神となっていることを説く。

〈アメリカの独立精神——自主と共和〉

アメリカは欧州人民の開墾地である。自主精神のたくましい欧州人で何物にも縛られない自立した智力《ちりょく》を働かせて新たな事業を起こそうと志す者が、有り余る広大なアメリカの原野に立ち向かって開墾を試みるというのがこの国が開けることになったそもそもの始まりなのだ。（中略）イギリスの植民地であった時からすでにこの国は自主的な市民が移住して事業をおこす場であり、欧州の自主の精神が特にここに集まり、その働きぶりもおのずと自由闊達《かったつ》、気力横溢《おういつ》したものとなった。ところがこのことをイギリス人は理解せず、インドの弱劣な民衆と同様に見なして搾取しようとしたのだから敗れたのも当然である。それ以来、合衆連邦の制度にしたがって独立した民主国となり、州、郡、村、市、社会において自主の力を自在に駆使し、ますます欧州人民が事業をおこす地となった。これこそ開墾事業を進展させ、急速に隆盛に達することになった理由である。

自主や共和という論は欧州でも盛んにされたが、その多くは机上の論であって国の実情にそぐわないのに対し、アメリカのみは純粋に自主の民衆が集まって真の共和国としている。こうなったのも、もともとは建国の根本理念に発しているのだ。アメリカを観察、理解しようとする者はこの点に着目しなければならない。合衆国が初めて独立した時、欧州はまだ封建の夢からさめておらず、自律の精神が不十分で、土地は王侯貴族に占有され、農業は小作人の従事する卑しい仕事とみなされていた。その時にアメリカ独立の戦いはおこった。いまからわずか九十六年前のことであり、当時はまだ十三州、人口三百万にすぎなかったが、欧州が農業に注目するようになったのもこの頃なのである。

＊　このようにアメリカ発展の理由を自主共和の精神とそれに基づく農業開拓に求めたうえで、久米はアメリカにおける移民人口および耕地面積の増加の数値をくわしく述べ、それを追うように近年では欧州諸国でも農業が進展してきたと紹介する。そしてあらためて開

拓農業によるアメリカの発展を比類ないと称賛し、この成功のもとは自主の精神にあるとくりかえしたうえで次のようにつけ加える。

欧州からの移民は、素性から言うなら、夜逃げの輩《やから》や無法者の群れとも言えるだろうが、中には財産、見識ともに人並み優れながら本国の暮らしは狭苦しく、政治はかたくなだとして嫌い、アメリカの広大な土地と自主の気風の中でその卓越した資質を存分に発揮しようと志してやってくる者もいる。これらの人が無頼の連中を教育し、束ねて開拓に力を注ぐことにより非常な成功をおさめたのである。こうした成り行きからアメリカは欧州の自主民の開拓地だと言える。アメリカで共和政治が行われ、その成果があがっているのもこうした事情によるのである。

＊　一方ワシントン近郊アナポリスの海軍兵学校を訪問視察した際には、歓迎レセプションで男女数百人がダンスなどして盛況であったことを述べたうえでこんな感想を記している。

〈レディー・ファーストの文化に驚く〉

アメリカでは公式の場に女性を入場させることを禁じていない。陸海軍学校でも女性が集まって観覧し、訓練が終われば舞踏場に移動して男女が手をとりあいながら踊り、楽しむのが共和政治社会の慣《なら》わしである。

東洋と西洋では、最初から互いに通い合うことのない、かけ離れた土地柄だったからか、その習俗や気質のことごとく相反すること不思議なほど細々した点にいたるまで徹底している。我々一行は横浜でアメリカ客船に乗り込んで以来、全く別の文化の世界に入ったのであり、こちらの挙動は向こうの注目するところとなるように向こうの挙動も我々には不審なものと怪しまれたのである。そのいちいちを述べる余裕はないが、中でも最も奇怪に思われたのは男女の関係である。

夫婦関係では、日本で妻が夫の両親に仕え、子が父母に仕えるところを西洋では夫が妻に仕えるのである。夫は妻に明かりを掲げ、靴をはかせ、食べ物をとってやる。衣装のほこりを払ってやり、昇り降りを助け、座る際には椅子をすすめ、歩く際には荷物を持ってやる。いささかでも妻を怒らせた時には愛や尊敬の念を捧《ささ》げ、身をかがめて詫《わ》び、それでもなお聞き入れられず、部屋の外に追い出され、食事を許されないこともある。

男女が船や車に同乗する時には、男は立って席を譲り、婦人は遠慮なく着席する。婦人が入ってくると一同起立して礼をし、同席している間は立ち居振る舞いを慎み、声を潜め、何事についても婦人に先を譲る。これに対し、婦人はあえて遠慮したりせず、婦人が席を立って退出すると一同はほっとする。もしこうした儀礼を日本にもっ

アーリントン墓地

てきて親孝行の儀礼と差し替えたらさぞ孝養の道も改良されることだろうか。

こうした慣習はおおよそ西洋一般に見られるものだが、ことに英米に顕著である。イギリスは（ヴィクトリア）女王を元首とする国であるから増長され、アメリカは共和制であるが故に男女同権の論がゆきわたっており（スイスは共和国だが、こうした風潮については簡素である）、近年では婦人にも参政権があるべきと論じられ、ある州ではすでに公認されているともいう。ワシントン在住のある女医は山高帽にズボンという男性の服装で歩き回り、心ある婦人たちの顰蹙《ひんしゅく》を買っている。

つまるところ男女の義務はおのずから別なのである。女性が国の防衛の責任を負えないことは明らかである。東洋の教えでは女性は家の中を治めるのであって外にまで出て行くことは任でない。男女の別にはおのずから摂理がある。見識ある者は慎重に考えねばならない。

＊その後はアーリントン墓地でおこなわれたメモリアルデー（戦没将兵追悼記念日）の行事に列席し、南北戦争の故事などをしのんで感動したことをくわしく記している以外はあまり特筆すべき出来事がなかったせいかめぼしい記事はなく、大久保たちの帰還を待つばかりの無聊《ぶりよう》の日々をすごしていたことがうかがわれる。

第十四～十六巻　北部巡覧の旅　（五月五日～十六日）

〈名所観光駆け足旅〉

＊こうした状況にアメリカ政府は同情したのか、使節団を東海岸各地に招待することになり、一行はアメリカ側案内者および森《もり》弁務使らと共に二週間弱の日程で各地をまわった。

まず夜行列車でニュージャージーまで北上し、そこでフェリーに乗り換えてハドソン川を横断、対岸のニューヨークに到着した。ブロードウェイに面したホテルに宿をとり、三

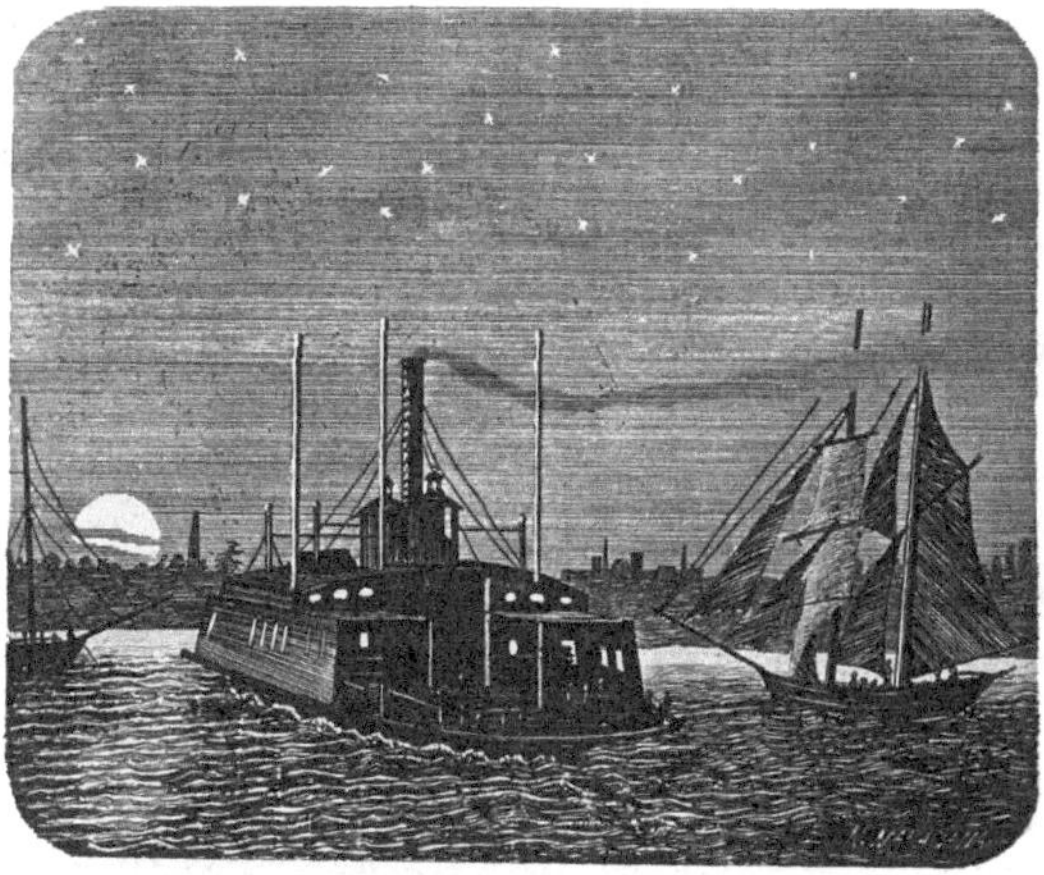

ニュージャージーからニューヨークへのフェリー

ニューヨークの高架鉄道

ワシントン市場の賑わい

日ほどのあわただしい滞在だったが、精一杯この繁華をきわめた都会をかけまわり、見物した。シティーホールや様々な商業ビル、露天市場などをまわり、すさまじい人混み、騒音、スピードに圧倒され、そこから一時の休息を求めるようにセントラルパークをそぞろ歩き、夜はブロードウェイにもどって観劇という具合で、その間に得た感想、考察はワシントンにもどった後の章でまとめて述べられるが、このニューヨーク訪問のしめくくりには、ハドソン川を北へ八〇キロほどさかのぼったウェストポイントに設けられた陸軍士官学校を訪問し、二泊して同行した国防長官らとともに各種演習を見学した。

ウェストポイント滞在を終えると鉄道

会社が日米両国の国旗を飾るなどしてしつらえた専用列車に乗り込んでさらにハドソン川沿いに二〇〇キロほど北上し、ニューヨーク州都オルバニーを経て今度は西に向かい、シラキュースを経て五〇〇キロほども走り、ナイアガラに到着した。無論、滝見物のためでアメリカ人が世界一と誇るその偉容を久米はくわしく記しているが、その規模の大きさに驚きはするものの、美しい景色というなら日本の瀬戸内海《せとないかい》の海と島々が織りなす風景こそ世界一だとかつて旅した思い出をしのんでいる。単なる郷愁あるいはお国自慢というのではなく、アメリカ人と日本人の美的センスの相違を感じている様子がうかがわれる。

ナイアガラ見物を終えると一行はもと来た道筋をひきかえし、途中、避暑地として知られるサラトガでは千を越す客室数を誇るリゾートホテルに宿泊して、その規模に驚き、薬鉱泉に入って、また日本を思い出したりした。

サラトガからはバーモント州山中を抜けて大西洋岸に向けひた走り、ボストンに到着した。アメリカ入植の最初の拠点となったこの町はさすがに他の新興都市に比べて成熟した落ち着きを感じさせたが、それでも市街地を少し出ると新たな地域拡張の計画に基づき強力な土木機械を駆使して造成工事をやっている。そのダイナミックな光景に接して久米はあらためてこの新興国家のエネルギーに圧倒される思いを記している。

〈平和祈念音楽会のスケールに圧倒される〉

到着翌日の午後には、折よく催された世界平和祈念音楽会に招待された。これは南北戦争や普仏戦争など内外の大きな戦争が終わって戻った平和を祝う催しで、そのために五万人収容の大ホールを新造し、一五〇〇人の演奏家、一万六〇〇〇人の合唱団を集めたという大々的なもので、この機会に接した感激を久米は次のように記している。

午後三時に演奏が始まった。楽団が奏する調べは流れる雲もとどめるような喨々《りょうりょう》たる響きで、万を越す合唱団が一斉に声をあわせると白雪を思わせるような美しさである。ついで盛装した歌姫が登場し、宝飾をきらめかせながら聴衆に向い一礼すると満場の聴衆は手をたたいて歓呼するうちに演奏が始まり、歌いだす。その声は玲瓏《れいろう》として弱音は切々と、ゆるやかなところはごうごうと、曲調が急に速くなると鶴の鳴き声が空を渡るかのよう、かと思えば、滑らかなところは鶯《うぐいす》が花から花へ飛び移りながらさえずるようである。玉が盤を転がり、金や宝石が鳴り響く。高らかな歌声は金の琴をかき鳴らすようにゆるやかに余韻が続いていくかと思えば一転して玉を振るような響きとなって鳳凰《ほうおう》が来臨したかと思わせる。その発声を聞いていると歌い手の喉《のど》に楽器を仕込んでいるのではないかと思われる。満場の聴衆は手をうち、足を踏み鳴らし、賛嘆してやまない。西洋の歌謡は、人の声でもって楽器の響きに替えるのであり、歌声の節々が楽器の奏でる響きに和して融けあうところに妙がある。ふだんの声そのままを発するのは下手な歌唱だという。

＊

このように久米《くめ》はいかにも漢学者らしい美辞麗句を駆使して歌唱の様子を記述するが、興味深いのは、超人的な声の響きの印象として喉に楽器を仕込んでいるのではないかと思われるという一節で、それは続く大オーケストラの演奏で実際にホールの外に準備した大砲から電線でつないだスイッチを指揮台の上から指揮者が押すと大太鼓を模したように爆音が二度、三度と鳴り響き、さらに市内各所の教会から一斉に鐘が鳴り響くという大仕掛けの趣向に驚かされるのも同様だが、アメリカ文化における様々な人工的機器の使用に強い印象をうけている様子がうかがわれるのである。

さらに久米は客演したイギリス近衛《このえ》兵《へい》軍楽隊が聴衆のアンコールの要望にこたえて独立戦争当時のアメリカ愛国歌を奏したのに満場が手拍子、足拍子で熱狂した様子を述べたうえで、どの国民にも人情の自然として愛国心があり、それが忠誠心の根元であって、文明開化もそこから出発する、欧米諸国ではまず自国の歴史を教えることから教育を始めるのであり、それによって愛国心が養われると強調し、この音楽会の報告のしめくくりとするのである。

その翌日には午前中ボストン湾を蒸気船でめぐって湾口の砲台から十五発の礼砲で迎え

られ、午後には再び平和祈念音楽会を聞いた後、気球に試乗した。久米の記述によれば一〇〇〇メートルほども上昇したというが、その上昇の原理を魚の浮き袋の仕組みにたとえたりするなどしてくわしく説明し、飛行船への応用などについても論じている。

　このボストン滞在を終えると帰途につき、途中の町で小銃製造工場を見学したり、ニューヨークでセントラルパークを散歩したりした後、ワシントンに帰着した。

第十七～二十巻　アメリカ出発まで

――フィラデルフィア、ニューヨーク、ボストン

（五月十七日～七月三日）

＊　ワシントンに帰着したものの大久保《おおくぼ》らはまだ日本から戻っておらず、アメリカ政府側も暑中休暇に入って避暑地にでかけてしまう者が多く、いよいよ使節団一行はなすべき公務もないまま暑さを避けて散歩するなどしてすごし、めぼしい活動の記録は少ない。その代わり、久米《くめ》はそれまでの見聞や資料閲覧などから得た知識をまとめた考察をおこなっている。

〈国際紛争、大統領選挙〉

＊　その中で特に注目されるのは、まず南北戦争当時、この内乱状況につけこむようにイギリスが南部での権益を求めて介入し、北軍と戦闘するなど熾烈《しれつ》な国際紛争がおこったことに触れている点である。近代に入って国際化が進むに従い、こうした状況に日本も無縁ではありえなくなることを久米も予感していただろう。

ついで翌年におこなわれる大統領選挙に触れて、共和、自由、民主の三党が税法と奴隷制度をめぐり激しく争っていることに注目している。各候補者がそれぞれの持論を掲げて有権者を獲得しようと努力する様にアメリカ的民主主義、競争社会のなまなましい有様を見てとって感銘をうける様子がうかがわれる。

六月十七日、ようやく大久保たちがワシントンに戻ってきたが、条約改正交渉は結局そのまま不調に終わって打ち切られ、五日後の二十二日、使節団は五ヶ月ほどにおよんだワシントン滞在を終え、次の目的地のイギリスに向うべくフィラデルフィア、ニューヨークを経てボストンに向った。途中、フィラデルフィアではその商工業の盛んな様に感心するが、そこで次のような観察、考察をおこなっている。

ひとつは紡織産業について、その生産品の大半がイギリス、フランスに輸出されると述べたうえで次のように指摘するのである。

〈貿易と舶来信仰〉

世間では繊維の紡織はイギリス、フランスの特技でアメリカもこの二国から輸入を仰いでいると言っているが、実際はそうではない。ただイギリス、フランスの紡織の評判が早くから世間に広まっていて人々は誰もすぐれた繊維製品は英仏製に限るとし、アメリカ人でも国産品は粗悪だと思い込み、欧州からの舶来品を有り難がる風潮があって、それで自国産の製品でも一度まずイギリス、フランスが輸入してその商標をつけたものを英仏製として逆輸入し、関税を上乗せして高価となった商品をアメリカ人はかえって舶来品として有り難がり、風になびくように買い求めては人に自慢する。

我々を接待してくれた人はこのように語ってアメリカ人の思慮が足りないことを嘆いた。アメリカ人は愛国心に富んだ国民と自負しながら工業製品を求めるとなると外国製品を尊び、自国製品を卑しむこと、こんな具合である。つまり見慣れたものは陳腐で、たまに見かけたものを珍しいと有難がるのだ。人々が新しいもの、珍しいものを求めて競うことにより文明は進歩するのであり、貿易を通じてブランドを高める目的は、自分の身近にある貴重なものを貴重と思わず、他人のところの珍しいものをほしがるというこうした習性によるのではないだろうか。

＊　また、フィラデルフィアは教育に力をいれ、図書館が充実していることにも注意をうな

がし、造幣局を見学した時には機械化が進んだ設備に注目して、中国や日本では従来、貨幣経済が未発達で市場流通が乏しく、明治開国となっても対外貿易ということに無知、無関心で多大な損失をこうむっていることを憂いている。

さらに市の外れに設けられたフェアモント公園を訪れた際には、その自然美を生かしたたたずまいを賞美するとともに公園の中央を分つように流れる川から大きな水車で水を汲《く》み上げ、貯水池を経由して市内に配水する上水道システムに注目している。

この公園訪問のしめくくりとして園内のレストランで市の招宴に出席した一行は厚いもてなしと友好的な雰囲気を楽しみ、宴が果てた後、さらに深夜の舞踏会まではしごし、ホテルに戻ったのは午前三時だったと記してこうつけ加える。

〈友愛、自由、自治の功罪〉

フィラデルフィアという市の名は友愛という意味だと言う。共和制の国民は友好的だというが、とりわけこの市の市民は他人と交際するにあたって温和であり、活気があって、アメリカ諸都市のうちでも際立って友愛に満ちた雰囲気はこの市の基本理念によるのである。（中略）その至れり尽くせりの友愛、歓待ぶりはまさに「ノィラデルフィア」の名に違《たが》わないと納得した。

＊　そして、これに続き、アメリカ諸都市の印象を比べて、サンフランシスコは新開地で世界各地からやってきた人々が雑然と暮らしているために人心が良くない、ワシントンは物価が高く、風俗も良くない、ニューヨークに至っては夜になると娼婦《しょうふ》が立ち並び、犯罪者が横行するなど驚くべき悪徳に満ちている、それに比してフィラデルフィアはアメリカ中で最も人心穏やかな都市であるとしたうえで次のように言う。

このように並べてみると、共和国は自由の弊害が多い。恵まれた人々が自由を享受して差別なく博愛の精神にあふれているのはうらやましいほどだが、下層の貧民の自由となるとわがまま放題、身分をわきまえることもなく、風俗は自《おの》ずと劣悪なものとなる。これに加えて、各国からの移民が入り交じって暮らすからである。

＊　その後フィラデルフィアでは、イギリスからの独立宣言を起草し最初の連邦議会議事堂とされたインディペンデンス・ホールや蒸気機関車製造工場、刑務所を見学した後、ニューヨークに移動した。

ニューヨークでは、何より、ここがアメリカ一の活気に満ちた商業都市であることを強調したうえで、アメリカの連邦制度について、自らの権利を重んじるように他人の権利を尊重するという自主、自治の精神を基本として各州が対等の立場でその生産力を競い合うものだとし、次のように述べる。

文明が進み自主の力が伸びた現在の世界において文明人が競うのは戦争という非常事態においてではなく、平時の利益においてであり、この平時の競争において勝敗を決するのは第一に交易が盛んであるかどうかにあるのであって、この交易が盛んかどうかはその都市の盛衰の有様を見れば明らかである。

アメリカでは、各州の商業都市は大抵、首府とは別の所にある。首府は政令が発される所であって州の中央を選んで設けられるが、商業都市は物産が出入りする所であるから便の良い港や交通の要所に発達する。自主精神に富んだ市民は政府の税金の出入りを目当てにして繁栄をはかろうなどとはしない。（中略）アメリカ中でとりわけ大規模で住民も多く、ビジネスが活発なことでは他に負けないのはニューヨーク州であり、それでハドソン川河口にニューヨークとブルックリンというふたつの大都市が生まれたのである。（中略）この市の貿易が盛んなことはイギリスのロンドンを除いては比類ない。年間輸出入高は総計七億ドルを下らず、大西洋を渡って東は欧州と交易し、南はパナマと行き来している。内陸に向けてはハドソン川から運河を利用してバッファローに通じ、五州の水上運送と連絡している。アメリカ交易の要《かなめ》と言える。

ニューヨーク・ブロードウェイの賑わい

＊　一方、ニューヨークの記述で力を入れているのは次のような宗教にかかわる論議である。

〈宗教の功罪〉

それから聖書協会に行った。信徒から寄付を募って教典を世界に広めるためにこの協会を設立し、当時すでに三十ヵ国語に訳して各国に売り出しているということで中国語訳のものをひとりずつに贈ってくれた。

この教典は、欧米人ならどの家でも誰でも必ず保有していなければならないばかりか、半月ほどの旅行の際にも必ず携帯せねばならないものであって、とりわけ女性はこれを大切に敬い、その財力に応じて製本も贅《ぜい》を尽くして金箔《きんぱく》に宝石をちりばめ、善美をきわめるのである。一方、貧しい人々にも手が届くよう簡素なもの、盲人のための点字本もある。商店の客間にもホテルの客室にも部屋ごとに必ず一冊ずつ備えてあり、刑務所や病院でもひとり一冊ずつ渡して熟読させる。これらは皆求めやすい値段で発売する。用紙の代金にもならないほどの安さで、これは金銭利益を得るためにではなく、教会の資金を使って教えを広めるためのものだからである。

ついでキリスト教青年会（ＹＭＣＡ）に行った。市内の青年男女が集まって道徳、信仰の道を考究する所である。その施設はほぼ学校に似ている。運動場があり、さまざまな種類の運動器具が備えてある。他にはさして見るべきものもない。こうしたキリスト教青年会はアメリカ中に三百八箇所あり、品行を正しくし、風紀を向上させる所である。

聖書は西洋の経典で人々の品行の基礎となるものである。これを東洋に比較するなら、民衆に深く浸透しているという点では儒教の四書のようであり、男女の別なく尊いものと見なしている点では仏典のようだ。欧米の人々に敬われ、深く浸透しているという点では東洋の比でない。

そもそも人々が神を敬う心は日々のつとめに励む大本であり、そうして品行を正しくすることが治安を保つ原動力となるのである。ここから国が富み、強力にもなるのだ。この敬神の心は、たとえて言うなら酸素のようなもので、姿は見えないながらあたりを漂い、きらめき輝く。それ自体は無味でありながら素晴らしい働きをする。酸素は人々が生きていくうえで瞬時も欠かせないものなのである。それ故、西洋では国柄、国民性を説く場合には必ずその宗教をくわしくただす。外国人がやってきた際には必ず、その奉じる宗教、拝する神を尋ねる。もし宗教をもたない人である場合には、まともな心を欠いた者、野蛮人であるとして用心し、交際しないようにする。すなわち従うべき道心がなければ法を守ることもないだろう、天を欺き、人を騙《だま》し、欲望のままにふるまうことになって実に恐ろしいこと、けだものと変わらない。

　世界にはきわめて多くの宗教があり、すぐれたものや愚劣なものなど様々だが、要は神をあがめ敬い、欲にまかせてふるまうようなことを抑えるということである。そうであるなら教義を高尚なものとしようとするよりはむしろ行いが正しいものであることを尊ぶのだ。

　西洋の人々はそれぞれの文明を競いあっているが、ではその奉じる新旧聖書なるものはどうかと我が目で確かめてみると、部分によっては荒唐無稽《こうとうむけい》な話ばかりである。天から声がして刑死者が生き返ったりするなど狂人のたわごとと言っても差し支えない。異端の説を唱えて磔刑《たっけい》になった者を天帝の子とし、泣き叫びながら伏し崇《あが》めているが、私にはその涙の理由が何なのか理解できない。欧米の各地には、至る所で、血だらけの刑死者が十字架に懸けられている姿を描いたものが会堂の壁や隅に掲げられており、まるで墓場を通り、刑場に泊まっているような思いをさせられる。これが奇怪でないとしたら何が奇怪であるか。ところが、西洋人は逆に東洋にこの像のないことを奇怪として物の分かった人までもこれを掲げるよう勧めてやまないのである。

一体、これはどういうことなのかというと、西洋人が心から神を敬う気持ちによって行いを正し、奮励努力して互いに協調するのはこの信仰に基づいているからである。それ故、宗教というものは、その形態や教義をあれこれ論議しても始まらないのであり、それがどう実践されているかを確かめることだ。東洋の儒教は修身道徳で、仏教は宗教である。両者は国を治める根本として長らく人々に浸透してきたが、現在、どれだけ人々がその教えを信じ、実行しているか、西洋のキリスト教と比べてどちらが熱心だろうか。

儒教経典が日本に伝わってきてから二千年にもなるが、これを読んで理解できるのは教育のある者たちにあってもわずかにすぎず、それ以外の者は聞きかじっただけのなま知識を政治や法律の威を借りて民衆に押しつけ、忠孝仁義などの名目を巷《ちまた》に流し広めるにとどまっている。その修身道徳の要点を碩学《せきがく》に問いただしてもほとんど要領を得ない。行いに実践されているかというと、そんな者は昔も今もただのひとりもいないと断言できる。なぜかというと、権力や財力、生活の方ばかりを顧慮して節操を失い、教えを曲げて時勢にあわせ浮き沈みするからである。

一方、僧侶《そうりょ》は仏典を拠《よ》り所としているが、全体的には儒者と違い教えに服して戒律を守り、規律に従っているとはいえ、わずかばかりの経典の内容すら理解している者は百人のうち二、三人しかいない。これではどうして人々に教えを説けるだろうか。ましして信徒ごときはただご利益欲しさに念仏呪文《じゆもん》を唱えるばかりである。

こうしてみれば教義そのものの善し悪しはさておいて人々の品行にどのような作用をおよぼしているか見てみるなら世界で最下等に位置づけされると言っても間違いなかろう。これに対し、キリスト教の教えには馬鹿げたものも多く、これらに論理をもって対抗するなら明敏の士ならずともキリスト教徒を屈服させることは難しくない。ただし、その教えを実行する篤信さという点では我々は恥じ入る他ない。

聖書が説く教えは王侯貴人から奴隷や幼子にいたるまで理解しており、毎週の礼拝日には身分にかかわりなく誰もがこれをたずさえて教会に参り、説教を受け、礼拝し、賛美歌を斉唱して帰る。親は子に教え、家の主人は使用人に勧め、宿屋でも客に案内して教会で聖書を学ばせる。その教えは生まれた時から乳を飲むように心身に沁《し》み込み、一生を通じてとどまり続けるのである。寄付金を集めて聖書を翻訳し、様々な外国語でも読めるようにし、子供教会を設けて物のわからない子供にも守るべき規律を教え込む。村々には教会があり、人々が集まれば講書の会が開かれる。高尚な議論がかわされるわけではないが厚く教えを守り、その教えが怪しいものであっても誠をこめて信じる。水火も辞せず、白刃をも踏むだろう。どれほど困窮し、憂え苦しもうともますます信仰を堅固にし、失うことはない。言い負かされることがあっても決してその信仰を奪われることはない。あきれて骨まで迷信にとりつかれていると嘲《あざけ》られても仕方ないほどだが、思うに、この頑迷さこそが篤《あつ》い信仰の要であり、最も及びがたいところではあるまいか。何故かと言えば、宗教で尊ぶべきところは実行にあるのであって弁論にはないからである。

宗教家たちの弊害をあげれば一、二にとどまらない。イタリアのガリバルジーは法王権を制限し、ドイツのビスマルクはイエズス会を追放した。スペイン人が金を乞《こ》うては僧門に寄進するなどという有様は救い難い国の頽廃《たいはい》である。他の国にもこれに類するような弊害をおよぼされることが多いが、にもかかわらずこうした教えを廃棄してもっと優れた別の宗教を創始する国は見当たらない。近頃欧州で学者が提唱する「モラルフィロソフィー（道徳哲学）」なるものも、その要点を言えば、キリスト教の抜粋にすぎない。西洋人民の品行を正し、風俗を上品にするにはキリスト教しかないというのは、東洋において儒教の徳目以外にはないというのと同じである。西洋人は近頃儒学書を翻訳して丹念に研究したうえで孔子《こうし》は誠実篤行の人である、その説く善行の教えはキリスト教の教えと重なるところが多い、他の宗教の及ぶところでないと言い、あるいは、これは「モラルフィロソフィー」だ、宗教とは違うが国の風俗に大きな益をもたらすなどと述べている。

これに対して東洋人はどうかと言うと自国でこれまで行われてきた教えはどれも捨てて顧みず、その一方、他国で守られてきた教えを羨《うらや》んで改宗しようなどと言っている。教えというものをまるで商店の品物を買うようなつもりで考えている。そんな調子で一体どんなご利益があるというのだ。

西洋人は熱心にその教えを我々に伝えようとしてくる。その中で最も成果があがっているのはロシア、トルコ、ギリシャなどの卑俗な民衆に普及しているギリシャ正教であるが、これは文明国では廃棄された宗教である。これに次ぐのはローマ・カトリックで、なかでもジェズイット宗が最も盛んだが、これはビスマルクによって追放された宗派である。これらに対し、プロテスタントは文明国でまさに信奉される宗派であるにもかかわらず我が国では普及していない。

ああ、我々が廃棄してしまった教えを向こうでは取り上げて評価し、彼らが廃棄したものを我々は取り入れて虜《とりこ》になっている。こんな調子でいけば、数十年後には東洋文明の精華はことごとく西洋に持ち去られる一方、西洋の廃棄物を東洋に集めることになる。識者はこうした事態をあらかじめ予期して熟慮せずにはいられようか。

＊　聖書協会、キリスト教青年会（ＹＭＣＡ）訪問の感想として記されたこの一節は、当時

の欧米、日本社会におけるキリスト教、さらには宗教一般のあり方を背景として久米が宗教と社会のあるべき関係をどう考えていたかを端的に示す箇所として興味深い。

まず当時の日本社会におけるキリスト教をめぐる状況だが、江戸《えど》時代を通じ長く鎖国およびキリシタン禁制が行われてきたのが幕末に至って開国とあわせキリスト教についても解禁を迫る欧米諸国からの圧力をうけ、明治維新後、このキリスト教解禁の問題は欧米との外交交渉の重要課題ともなり、岩倉《いわくら》使節団の主要目的である条約改正交渉にも障るようになっていたという事情があった。

そうした事情を背景として久米は近代社会における宗教のありかたを様々に論じるのだが、その立場は屈折したものながら明快、論理的かつ実際的なものとなっている。

まず基本的に現実的、合理的な発想、思考の持ち主である久米は宗教につきものの超自然性、非論理性を愚昧《ぐまい》、野蛮な心性の産物として批判する。聖書に記される超自然的なエピソードのあれこれやキリスト磔刑の像に対して奇怪きわまると断罪するのは、異文化に不慣れ、無理解であるからというより、そこに歴然としている非現実性、非合理性を冷徹に見抜いているからである。洋の東西を問わず宗教に内在するそうした要素を久米は近代的合理主義者として容赦なく切り捨てる。

だが、そのうえで久米は宗教に社会的効用の可能性があることについては認める。たとえ非合理的な教義であっても、信仰することによって道徳的な心性を養い、その結果として社会に良い作用をおよぼすだろうとして積極的に評価するのであり、これも久米の現実主義者、合理主義者らしい発想である。

こうして否定、肯定の両面にわたる宗教観に基づいたうえで、明治開国、文明開化の現時点において宗教に対しどのように対処すべきかを久米は論じる。一口で言えば従来の宗教から非合理的、迷信的要素を抜き去って、道徳的要素に純化した内容のものに進化させ、その社会的効用をはかるという発想であり、その具体的モデルとして当時、欧米で広まっていた「モラルフィロソフィー」という思想をあげるのである。

この「モラルフィロソフィー」とは十八世紀イギリスの経済学者アダム・スミスなどから出発して十九世紀欧米諸国に広く普及した公共道徳性を軸とする一種の社会進化論的な思想と言ってよいが、こうしたモデルを西欧にかぎらず中国の儒教などにも見られる普遍的な可能性として久米は提示する。だが現状を見ると、西欧側ではそうした観点から儒教などを研究して取り入れようとしているのに対し、東洋の側ではそうした足元の可能性を見過ごして、形骸化《けいがいか》したお題目を意味もわからずくりかえす一方、西欧の前近代的なキリスト教諸派による布教活動に無定見にふり回されていると指摘する。

こうした久米の論調は、まさにこの時期、廃仏毀釈《はいぶつきしやく》、キリスト教解禁など揺れ動いていた宗教事情を背景として、いかに近代化、国際化の流れの中で宗教を位置づけていくべきか思いめぐらす啓蒙《けいもう》知識人の姿勢——森有礼《もりありのり》、福沢諭吉《ふくざわゆきち》ら明六社《めいろくしや》に代表される当時の進歩的知識人と共通する――を示しているだろう。使節団内部でも、条約改正交渉にからんでキリスト教への改宗是非などをめぐり様々な議論があったという。

＊　聖書協会、キリスト教青年会（ＹＭＣＡ）訪問後、一行は身体障碍児《しょうがいじ》の機能回復施設、グランドセントラル駅、ブロードウェイの商業ビル、トリビューン新聞社、ウェスターン・ユニオン電信会社などを訪問、見学した。機能回復施設ではエレベーターや特製ベッド、商店ではもともと運輸事業から資本を蓄えて発展したという経営者の説明、新聞社ではその社会啓蒙的意義、電信会社ではモースによる発明以来の発達経過などを報告している。

翌二十七日にはデパートを見学後、フェリーでウェストリバーから大西洋に抜けて北上、二十八日の朝、訪米最終予定地ボストンに入った。

ボストンでも数日間にわたり各種施設を訪問見学したが、そのうち特に綿糸紡績工場では、欧米において綿紡績産業が発達して大きな富をもたらしているのに日本では未発達であることを嘆いてその生産工程を詳しく紹介している。

その他、市からの招宴、富豪邸宅訪問などで数日をすごし、いよいよ七月三日（西暦八月六日）、使節団一行はアメリカでの日程を終了して次の訪問地となる欧州へ向うべくイギリス客船オリンパス号に乗り込み、ボストン港を出発した。この出港に際しては砲台から礼砲が発され、ボストン市の下院議長をはじめとする百余名の市民が船に分乗して見送った。その様子をふりかえって久米は次のような感想を記している。

〈アメリカとは〉

アメリカ人は外国人に対しても家族のように接し、同国人のように親しむ。ことにボストン到着以来、五日の間、市中からも近郊からもこれまでにない厚いもてなしをうけた。出港にあたり港の出口まで送ってきてくれ、このように盛んなもてなしをしてくれたことは、実に東洋人としてこれまでのことを振り返り慚愧《ざんき》の念に堪えないほどである。ああ、この文明開化の時を迎えて我が日本国民は長く続いてきた鎖国の夢から醒《さ》め、国際友好の風潮に浴することをさしせまった課題として肝に銘じねばならない。

サンフランシスコに到着してよりボストンを出港するまでアメリカ各地を巡歴し、その実態を見聞してきた内容を要約すれば、この全土は欧州の文化に従いながらも、その自主のエネルギーと起業のための資本があふれるように流れこんできている。アメリカの国土は欧州全土の広さに匹敵するが、欧州は非常に荒涼とした土地柄で、文明が開けて繁栄している範囲は三分の一にすぎず、王侯貴族、豪商、大企業などが土地や財産、利権などを独占し、それぞれの国は慣習に縛られている。それで遅れて事業を起こそうとした人々はその自主自力の精神を発揮する余地がない。そこでこのアメリカという自由の天地を開拓して事業を起こす力を発揮したのである。

こうしてこの国は新たに造られ、新たに開かれたのであり、その国民は移住民であるとは言え、実は欧州において最も自主自治の精神たくましい人々が集まってきて率いているのである。これに加え、国土は広く、肥え、物産も豊かなので寛容な市場が開け、粗大なやりかたながら世界に覇を唱えてきた。これこそアメリカのアメリカたるゆえんであると言えよう。

第二編　イギリスの部

0 60 120 180 240km
ATLANTIC
OCEAN
SCOTLAND
North Sea
ハイランド地方
UNITED
KINGDOM
グラスゴー
エディンバラ
NORTHERN
IRELAND
ニューカッスル
ENGLAND
リヴァプール
Irish Sea
ブラッドフォード
IRELAND
シェフィールド
チェスター
クイーンズ
タウン港
WALES
バーミンガム
St.George's Chan.
ロンドン
ポーツマス
Celtic Sea
ニューヘーブン
Str.of Dover
ドーヴァー
カレー港
FRANCE

第二十一巻　イギリス総説

〈小国を克服した大国〉

＊　まずイングランド、ウェールズ、スコットランド、アイルランドの四国が連合して成立したこの国の成り立ちを紹介した後、面積や人口は日本に近いものの経済力や生産力では比較にならないほど豊かで世界一であり、さらには世界中に植民地を有すること、また、川や運河を利用した水運が盛んで、道路網も整備され、鉄道や海運も発達しているなど社会資本が充実していることが強調される。

ついで気候については霧が多いことを述べたついでに、ロンドンなどの都市では工業生産のために石炭が盛んに焚《た》かれるせいか霧や露などに煤煙《ばいえん》が含まれているらしく、建物がどす黒くなっていると記している。

農業については地質がもともとは肥えていなかったのを改良し、排水技術などを工夫することによって生産量を増大させたが、それでも十分に需要を満たすには足らず、アメリカなど世界各国から穀物を輸入していると述べる。牧畜は盛んで肉食も好まれるが、下層階級は貧しく、肉の代わりに塩漬け魚に甘んじていると貧富の差の大きいことを指摘する。農耕作業ではアメリカのように大規模な区画を粗っぽく耕作するのとは違い、小規模の区画を農機具を工夫するなどして丁寧に耕作し、風車や水車などを巧みに利用するとしている。

一方、イギリスの主たる資源は鉄と石炭であり、この二資源を用いて蒸気機関、汽船、鉄道を発明、駆使することにより世界を制覇する大国になったことに久米《くめ》は目を見張り、この工業生産の土台となる鉄と石炭の重要性を強調し、注意を促す。そして、これを利用したイギリスの主産業として諸外国から輸入した綿、羊毛、麻などを材料とする紡績産業をあげる。

こうしたイギリスの産業のありかたは、国土が狭く、痩《や》せている代わりに四方を海に囲まれているという地理的条件を踏まえて原材料を輸入して製品化し輸出するという貿易に活路を見出《みいだ》したことによるのであり、とりわけインドなど各地の植民地との交易によって莫大《ばくだい》な利益を得ていると指摘し、「イギリス人はちっぽけな島に蟻のように密集して暮らしながら大きな畑をインドに所有して年々その民衆の生き血をしぼって肥え太っている。まるでレモンのように力一杯しぼって一滴もでなくなるまでやめない」というアメリカ人の評を紹介して、まさにその通りだと述べる。

一方、フランスからは華美な流行品など加工品を、オランダからは食肉を、中国からは茶を輸入し、インドでは茶を栽培させるなど多様な交易をおこなっているが、日本との交易はまだ少額にとどまっていると指摘する。

次には人種構成の紹介に移ってイングランド、ウェールズ、スコットランド、アイルランドの四人種がそれぞれの地域、言語、風俗に分かれて連合していると説明し、そのうちゲルマン（ドイツ）から移住してきたアングロサクソン人種の系統をひくイングランドの言語が現在の英語でアメリカ人の英語にもなっていると述べたうえで次のように英米さらにはフランスをも加えたそれぞれの国民性の特色を論じる。

〈質実な国民性〉

英米両国はまさに母子の間柄であり、言葉や風俗も大同小異だが、アメリカ人は活発で大ざっぱであるのに対し、イギリス人は緻密《ちみつ》で綿密さを心がける。それでイギリスの製品はどれも造りが堅牢《けんろう》で長期の使用に耐え、精巧なことで世間に認められている。ある人はこれを評してイギリスの製品とフランスの製品を並べてみればフランス人が造るものはほれぼれするほど美麗で値段も安く、イギリス製の半額ほどだが、実際に使用するうちに具合が悪くなってしまい、そこで考えてみると、イギリス人が造るものは長年の使用に耐え、元の値段より高く払ってもよいくらいだと述べている。これこそイギリスの長所だが優雅洗練された細工という点となるといくら努力してもフランスには及ばない。

イギリス人の勇気というものも沈着、冷静な質のもので軽はずみで熱狂的なものとは違う点が常に勝利をおさめる由縁である。それ故、守りが堅い代わりに進取という点は乏しい。これを碁にたとえればイギリスは定石を守り、綿密に計算をたて、常に二、三目の勝ちで満足する。これに対し、フランス人はしばしば思いも寄らぬ奇手をうって圧倒的な勝ちをおさめようとはかり、人をあっと言わせたりする。イギリスは近年しばらく平和が続き、その兵力のほどを実際に使用してみせることがなかったが、先年フランスと連合してロシアをクリミヤ戦争で破った際には意外にその戦力は乏しいものだったという。

〈勤勉に支えられた繁栄〉

イギリス国内の繁栄ぶりは大体こんなものである。これらの報告を読めば、イギリス国中に黄金が咲き乱れ、品々があふれ、身分の上下を問わず満ち足りていると思われるかもしれない。それは当たっているともいないとも言える。そもそも安楽な暮らしは苦労の結果であり、富貴は勤勉の賜物《たまもの》なのだ。イギリスの富が世界に冠たるのは人々の働きが他国にまさっているからに他ならない。言ってみればイギリスに暮らす者はわずかの間も怠けてすごすことはならないのである。スペイン人は一日中寝るのが仕事だとも、あるいはイギリス人は足を止めることがないとも聞いたことがあるが、それ故、スペイン人は昼寝を短くするだけで勤勉な者だと称するに十分であるのに対し、ロンドン市中ではふつうに歩いていても怠けているように思われるのである。

〈反面の困憊、困窮、治安の乱れ〉

だが、その結果として人々は精力消耗し、生活困窮者も他国に比べて上回ることになる。イギリスの人口二千三百万人のうち救済を受ける貧民は百万人を超える。都会でも田舎でも生活は厳しく、家計の計算も細かくやっている。土曜の夜には夫婦で帳簿を合わせて一週間の計算をし、びた一文ないがしろにせず、蠅の頭のような細かな字でびっしり帳簿を埋めつくす。金を借りている貸し主に売り上げ帳簿を見せれば貸し主は眼鏡を拭《ふ》いて逐一点検し、自分の帳簿と照らし合わせ、少しでもおかしいところがあれば数字をあげつらって容赦しない。

こうしたあくせくとした暮らしぶりは我が国ならば卑しい貧民を思わせるものだ。街頭には人々が蟻のように群れ集まり、蜂のように飛び去り、生計をたてようと奔走するにもかかわらず手に大した技もない者に一日の稼ぎを聞くとわずか一、二シリングばかり賃金として支払われるにすぎないという。四つ辻《つじ》には裸足《はだし》の浮浪児がたむろして（チップめあてに）通行人の前を箒《ほうき》で掃いたりブラシで靴を磨こうとする。ロンドン市中の娼婦《しょうふ》は十万人を越すほどで、ちょっと人通りの少ないあたりに行くとごろつきがたむろしていて前から帽子を突き上げるかと思うと背後から懐中を探るなどして逃げていく。人混みの激しい所にはスリが群れていて数歩歩くか歩かないうちに金鎖や装身具などはかすめ取られてしまうし、少し淋《さび》しい所ではピストルを携え毒薬を懐にして通行人をおどす悪漢が徘徊《はいかい》している。鉄道車内には博打《ばくち》打ちや詐欺師がうろついていて田舎者を喰《く》いものにする。また、聞くところによるとロンドンには身投げの川というのがあって暮らしに行き詰まった男女で投身する者が絶えないという。また悪党のたまり場があって様々な無頼漢が集まっては博打に興じ、阿片《あへん》を吸い、あらゆる悪事の巣となっているという。

〈貧富の格差〉

この国では、年々入ってくる巨万の利益はすべて富裕層が独り占めして、それを保護する法制度も整備されており、財産が傾く者は少ない。いきなり事業をおこしたり、急に倒産することもあまりない。イングランド全土で土地所有者の数は年々減少していまや二万人にすぎないという。またアイルランドでも千家族余りの貴族の他には地主は八千四百十二人にすぎないという。これだけを見ても、裕福な者は日に日に富み、貧しい者は一生汲々《きゅうきゅう》と暮らして食べるだけで精一杯だとわかるだろう。国民の間の貧富の差はかくもはなはだしく、それ故、利益を求めて困難を乗り越え、遠路、アメリカに移住するイギリス人は年間十二万人におよび、さらに、カナダ、オーストラリアに移住する者をあわせれば、ほぼ三十万人におよぶという。アメリカへの植民はイギリスとドイツからの移住者によるのであり、移住者が多いということはその出身国で暮らしをたてるのが難しい証拠に他ならない。

〈学校制度の歴史〉

イギリスの学校ではケンブリッジとオックスフォードの二大学が最も立派でイギリスの学の殿堂とも言うべき所である。この地に学校が設立されたのはイギリスの歴史上、最も古く、その昔、ノルマン人による侵略がなされた時にはすでにあった。この時代からさらに後代にいたるまで学問は坊さんと貴族のみがするもので、フランス語とラテン語を用いて政治、法律、歴史、神学などを読み書きし、また、まだ製紙技術や印刷の発明もされておらず、書籍は写本を用い、これは大変貴重なものだったので王侯や寺院に小規模の文庫があるばかりだった。一二〇〇年代の頃には寺院が建てた学校は五百五十余りにおよんで学問の継承はもっぱら寺院のあずかるところとなり、高い身分の者に伝えられた。中には地主、豪族などから学に志す者もいたが、概して、身分の低い者たちまでは学問が伝わることはなかった。庶民には学問をしたいという欲がないばかりか、国の方でもこれを許さず、ちょうど我が国の近年までの有様と変わらない様子だった。

一二〇〇年代になると製紙技術が発明されて、この頃から学問を重んじる気風がわずかにおこり始め、ついで一四〇〇年代に入ると銅版活字が発明され、これらの便宜によって一五〇〇年頃から学問は盛んになり、諸宗派の教会で附属学校を設け、児童を教育し始めた。これが小学校の始まりである。また、上流階級では以前から学問がおこなわれていたが、庶民はノルマン語から派生したサクソン語を用いており、貴族が学んだフランス語は高尚であっても理解できずにいたのが、上下階級の交流が不可欠となって貴族階級も英語を学ばざるをえない風潮がおこり、それからようやく諸々《もろもろ》の書籍が英語に訳されて、初めて民衆にも学問に近づく道が開かれた。

こうした歴史を知ってみると、これまで我が国で上層階級は漢学や洋学を学んでも民衆には理解されがたく、庶民は書籍を高尚なものと敬遠して勉学の志をおこさないできたのと同様である。

一六〇〇年頃まで僧侶《そうりょ》たちは学問が民衆にまで行き渡ると自分たちの不利になると思って寺院附属の小学校を壊し、教育の土壌を荒らしたため文明の進展は一時、頓挫《とんざ》したが、銅版印刷の効用が広まり、文書が普及して抑圧できない勢いとなって、一六八〇年にはイングランドで児童を学校に入れ、あるいは家庭教師を招く家庭が五十万戸におよび、さらに一七〇〇年から一八〇〇年までには慈善学校や日曜学校が設けられて初等教育が進展し、一八一一年には初めて国立の学校が設立された。公教育がここから始まって、一八七〇年の記録によれば、認可された学校は一万九百四十九校、就学児童百九十四万九千人となり、近年の教育はすこぶる進歩を遂げているという。

〈イギリスの宗教〉

イギリス人は宗教心に厚いことアメリカ人に劣らない。国中で主におこなわれているのはプロテスタントで、これを国教としている。ローマ・カトリックも存在するが九分の二程度にすぎない。またユダヤ教を信仰する者もあり、それぞれから分かれた流派にいたっては枚挙にいとまがない。イングランドでは英国聖公会いわゆるイギリス国教会が主であり、その礼拝などの流儀はきわめてカトリックに似ている。スコットランドではプレスビテリアンが主である。いわゆるスコットランド宗である。アイルランドではローマ・カトリックがもっぱらで、その流派を数えれば四十を下らない。

西洋では宗教は風紀を保ち、生業に励むようにするためにきわめて重要であって、民衆に信仰心があるかどうかということは社会風俗に少なからず影響している。イギリスの政治家は特にこのことを重視し、礼拝を尊重することは身分の上下にかかわらず欠かさない。市中では土曜日の夕方から店は閉められ、安息日の日曜日には商いはほとんどおこなわれず、旅行者も必ず皆と一緒に礼拝堂にでかける。スコットランドなどではとりわけこの慣習が重んじられ、旅行者であっても礼拝を怠る者はまともな相手とされない。

第二十二～二十三巻　ロンドン　I

（明治五年七月十三日～三十日）

＊　十日間におよぶ大西洋横断の船旅を経て使節団一行は七月十三日（西暦八月十六日）、アイルランドのクイーンズタウン港に到着、翌日にはリヴァプールで上陸して汽車に乗り換え、夜遅くロンドンに入った。

ロンドン紹介にあたっては、まず市の中心を流れるテームズ川にかけられた橋の数々、とりわけ鉄道橋についてくわしく述べ、地下鉄や高架鉄道の設備技術に驚嘆の念を記している。さらに大型の乗り合い馬車など交通設備に言及して久米《くめ》は次のような感想を述べる。

〈勤勉な国民性〉

イギリス人は自分たちを評して瞬時も足を止めない国民性だと述べ、時は金なりと

ロンドン橋

テームズ川底トンネルの様子

いうのが決まり文句となっている。このことからも人々が仕事に熱心で、励むのが習いとなっていることがわかる。欧州ではイギリス、フランス、ドイツ、アメリカそれぞれの国民性を比べ評したこんなたとえ話がある。一日六時間を与えて仕事をやらせるとして、アメリカ人なら四時間ですませてからのんびり散歩などする、フランス人なら四時間ですませた後は酒を呑《の》み、歌ったり踊ったりする、イギリス人は五時間で終えると残り一時間別の仕事をする、ドイツ人は六時間やってもまだ終わらず、夜まで残業すると。このたとえ話は四国それぞれの国民性をうまく言い当てていると言えるだろう。

＊　ついでロンドン市内の紹介に入るが、まず「シティー」とよばれるビジネス街に言及して、市庁、銀行、商品取引所などが集中するこの地区は別格の国際ビジネスセンターとして市民による協議体が運営する特別自治区となっていることを述べる。さらにセントポール教会、ウェストミンスター寺院、政府庁舎、バッキンガム宮殿、ハイドパークなどが順に紹介されるが、久米はそれら壮麗なたたずまいに圧倒され、それに比べればアメリカのワシントンやニューヨークなど田舎町にすぎないとまで評するのである。

それからロンドンの歴史に移り、古代ローマ時代に建設された小さな町がしだいに大きくなり、とりわけ十九世紀に飛躍的な発展を遂げて現在のような大都会となったことを述

リーゼント・ストリート（ロンドン一の商業街）

チャリング・クロス駅

べたうえで、現在では地価が高騰した結果、建物が高層化し、収入格差による住み分けがおこってきていることなどが指摘される。そして、学校、病院、劇場、ホテルなどの施設、新聞雑誌、各種事業従業者数などを紹介してこの大英帝国の首都のプロフィールとするのである。

＊　ロンドン到着後、一行はスコットランドで避暑中の女王の帰京を待ちつつ市内各所の視察を開始するが、最初はまずサウス・ケンジントン博物館（現在のヴィクトリア・アンド・アルバート美術館）を見学する。これは一八五一年にハイドパークで開催された万国博覧会をきっかけとして設けられた産業博物館だが、その展示に久米は強い印象をうけ、次のようにくわしい感想、考察を記している。

〈イギリス産業の進歩〉

近年、欧州各国はいずれも輝かしい文明を誇り、富強をきわめ、貿易は隆盛、工芸に秀で、国民は快適な暮らしを満喫し、楽しみにふけっている。こうした様子を目にすると、これは欧州が商業から得られる利益を重視する伝統をつちかってきた成果であり、もともと欧州固有のものと思うかもしれないが、実はそうではない。欧州が現在のような繁栄に達したのは一八〇〇年以降のことであって、それが著しく際立ってきたのはここ四十年のことにすぎない。

フランス皇帝ナポレオン一世が巻き起こした戦乱に欧州大陸各国が揺れ動いていた間、ひとりイギリスのみは戦禍を免れて安泰にすごし、海外属領を支配して国の産業を起こしたが、一八〇〇年当時のロンドンの人口は九十六万に満たず、リヴァプールは八万五千、グラスゴーは七万八千の都会にすぎず、国内の石炭消費量は一〇〇〇万トン（今の十分の一）、鉄鋼生産量は五〇万トン（今の六分の一）だった。

それが一八三〇年代に汽船や鉄道の利用が始まって欧州の貿易は大きく変わることになった。イギリス国民がまずこれに注目し、その要望をうけて政府が生産技術を開発するために教育を向上させようと論議するようになったのは今からわずか三十四年前のことにすぎない。

当時、欧州諸国はフランスを除き、まだこうした気運もなかったが、イギリス国民は産業振興を進め、ついには女王の夫君アルバート公の尽力により一八五一年にハイドパークにおいて万国博覧会を開催するに至った。これは日本で言えば嘉永《かえい》四年のことに他ならない。

この時、欧州各国から出品された工業製品のうちでひとりフランス製だけが他を圧する輝かしい声価を得て、イギリス製品はただ機械生産というだけの粗大な製品ばかりであり、デザインの優美さという点では小国と侮っていたベルギーやスイスにも劣るという有様にイギリス製はすっかり名誉失墜した。これに次いでプロイセン、アメリカはやや見るべきところもあるが、オーストリアは国内の争乱でまだ向上に至らず、ロシアは田舎じみたものしかなかった。

こうした様子を見てイギリス人は初めて自国の工業生産が拙劣であることを悟った結果、あれこれ工夫をこらし、フランスの物まねという悪弊から脱して自国独自のスタイルを考案するまでに至り、ふたたび五五年にフランスで開かれた博覧会では面目一新、以後、フランスからの工業製品輸入量も減少するようになった。

こうした結果に至ったのも全く博覧会のお陰であることからケンジントン博物館は国中の人々が大切にしてきた施設であり、今もますます盛大なものとなっているのである。一方、フランスでもイギリスの進歩に刺激されて一層奮起し、驕《おご》りを捨て、工業製品や技術の展示場を設けて自国の工芸の進歩発展を促進した。以来、他の諸国でも様々にこうした目的をもって同様の施設を設けるようになり、欧州全土に工芸の華が燦然《さんぜん》と輝くような気運がおこってきたのはこの十年ほどのことにすぎない。

こうした事情は工芸のみにとどまらない。農業などは今に至るまで最も進歩が不十分であるという。昔からこの仕事は下層民の職分とされてきたのがようやく上の階級から関心をもたれるようになったのはこの百年ほどのことである。

欧州各国において農学振興の気運がおこってきたのは一八三〇年以来のことで、その効果があらわれてきたのはこの二十年ほどのことにすぎない。フランスとドイツが

ケンジントン博覧会場

会場内部の展示

欧州における農業大国とされてきたのが、この十年ほどはイギリスもめざましく進歩し、現在では最もすぐれていると評されるまでになった。

　さらに商業も同様に最近になって興隆するようになった。先にアメリカ・ニューヨークのシュワルト氏が何億ドルという財産を築いたと記したことでもわかるように、汽船や汽車といった交通機関が発達したことで商業の目的が一変し、旧来のビジネスがすたれて新たなビジネスに代わられたのはこの四十年のことにすぎない。これから種々の商工業施設をまわって、その創業の様子を知れば明らかだろう。

　スコットランド・グラスゴーひとつをとってみても人口八万人に満たない小都市から五十万人の大都会に発展したのはこの四、五十年来のことであって、その時期をすごした古老の話を聞くと、当初は市民ことごとく狂ったような勢いで、めざす方向は転々とし、商売のねらいも五里霧中、たちまちのしあがってくるのもあれば、あっという間に倒産するという具合で、元々の財産を維持し続けている商家は指折り数えるに足りるほどだという。

　このように欧州の農工商三業いずれをとっても今日の隆盛に達したのはごく近年のことにすぎないことがわかる。今の欧州と四十年前の欧州とは全く様子が違うことも想像すべきである。陸を走る汽車もなければ海を渡る汽船もなく、電信の便もなくて、運河に浮かべた小舟を曳《ひ》かせ、海上では風まかせの帆船に頼り、路上は馬車や駅馬、兵隊は数十歩の近距離に向かい合って銅製の砲やフリント式（火打石）銃で撃ち合う、毛織物は金持ちの盛装用で綿織物は舶来の珍品、インドより東の地があることは知っていても、その産物を手に入れる手だてもなく、日本の物産などはジャワ在のオランダ商人から輸入するしかないという有様で、すなわち、当時までの欧州は未《いま》だ欧州内部で相互に貿易取引する状況にとどまっていた。

こうした段階からいち早く海外貿易の業に乗り出し、鉄鋼生産を開始して機械を利用し、船舶技術を駆使するにまで至ったのはイギリスとオランダの両国のみで、その目的は原産物を遠方の国に求めて欧州に持ち帰り、交易することにあった。

もともと工芸技術という点では、フランスがルイ十四世の栄華のお陰で巧緻《こうち》美麗をほしいままにし、各国はこれになびくように模範としてフランス語、フランス・ファッション、フランス製品を身につけなければ貴族や紳士と交際することもかなわないといったことから欧州の貴公子はこぞってパリに遊学し、パリは欧州文明の中心とまで言われた。

それで一七〇〇年代の初め、はじめて工芸の展覧会がパリで開かれたのがこうした催しの始まりであり、フランスの工芸技術の巧みさには傲岸《ごうがん》不屈のイギリスも流行にさからえないまま四十年前にまで至ったのである。当時までの欧州貿易の状況も察することができるだろう。その名残りは今にまで至っており、フランス式スタイルが全欧州に威光を放ち続けているのもそのためである。

　これに対し、まずイギリスが率先して自国固有の工芸趣味を研究し、フランスとは別種の趣きを開発したことからしだいに各国それぞれのスタイルが生まれ、現在に至っては欧州各国がそれぞれの工芸趣味を競って様々な花や樹木が爛漫《らんまん》と芳香を放つような盛況を呈するまでに至っているが、このケンジントンの博覧会こそはその始まりに他ならないのである。

　この報告を参考として我が日本国についても思いめぐらすべきである。多くの国民が外国に出かけることによって、これから進むべき道について大いに啓発されることがあるだろう。日本人が初めて鎖国の禁令を解かれて、かつての欧州諸国がフランス・ルイ王家の栄華に心酔した時のように自国固有の価値をないがしろにし、競って欧州の模倣に走るようなことになれば、この博覧会以前の迷妄と同様の事態に陥ってしまうと言っても過言でないだろう。


〈海洋国家の成り立ち〉

＊　引き続き、一行は近郊の海岸保養地として急速に繁栄してきたブライトンに案内されて海水浴の保健効果を教えられたりした後、イギリス海軍の本拠地ポーツマスを訪れて造船所、戦艦をくわしく見学して、その感想を久米は次のように記す。

イギリスは海に囲まれた島国であるので国防の重点は主に海軍にある。今をさかのぼること千年前、アングロサクソンの賢王として名高いアルフレッド王が大いに海軍を興して以来、イギリス人は長く海軍を重視してきた。

＊　以下、エリザベス女王の命によるスペインの無敵艦隊撃破、ネルソン提督の指揮によるフランス艦隊撃破などの戦歴をあげてイギリスが海軍による欧州海上支配を通じて国益をはかってきたことを指摘する。

その後ロンドンにもどった翌日には動物園を訪れて、さまざまな珍しい動物の種類の豊富さに目を見張った感想を次のように記している。

〈熱帯動物の飼育〉

西洋には野獣の種類が少ない。熱帯地方に珍しい禽獣《きんじゅう》が多く、この園内でも珍しい種類のものは大抵、南米、アフリカ、インド、南洋の島々から来るものが多い。これらを買い取るにもそれなりの費用がかかり、さらに飼育にあたってはよく習性にあわせないと死なないまでもやせ細り、見るに堪えない有様になる。それで、その国の動物飼育技術の水準が十分であるかどうかを判断できるのだ。猿猴《えんこう》類は熱帯国の産であり、天候が寒ければ肺を病んで死んでしまうので必ず温室で飼育するのである。

第二十四～二十五巻　ロンドン　Ⅱ　（八月一日～二十六日）

＊　八月一日イギリス宮内省の招きをうけ女王は不在だったがバッキンガム宮殿を訪問見学、翌二日には国会議事堂を訪れ、くわしくイギリスの議会制度について紹介、論評を加える。

〈議会制度〉

国会はイギリスの立法府であり、皇帝（国王）は当然ながらその首長であるばかりでなく、議員を招集解散する権限を有する。皇帝（国王）崩御の際を除いては国民自ら集合開会することはできないが、もし皇帝（国王）が招集を怠って三年間に一度も開会されない場合には国璽尚書（国の印を保管する大臣）が代わって招集する。さらにこの大臣も招集しない時には貴族のうち十二名が代わって招集する。それもなされない時には地方官たちで選挙をおこなうことができる。さらに、それも忌避される場合には国内の有産者が議員を選ぶことができ、その際、選出されたにもかかわらず責任を果たすことを拒むことがあれば、その者は厳罰に処されるというほどの法の規定

バッキンガム宮殿

となっていたが、チャールズ一世の時から国会の会期は三年を超えてはならないことに決まり、ウィリアム三世とメリーの共同統治時代からは年に一度ずつ国会が招集されるようになった。

　そもそも人民の公選によって議員を選出し、立法権を行使するというのは欧州一般の制度であり、中国や日本の政治制度と最も異なる点である。この制度が始まったのはローマ時代からであり、時世につれて変化してきたものの、つまるところ貿易を重んじ、結社共同体の慣習を尊重するところからきているのである。中国や日本の民はもともと農耕自活の慣習で道義を政治の基本とし、財をなすことを軽んじてきた結果、立法の根本精神が欠落しており、民権がどうだとか財産権がどうだとかというようなことには馬耳東風であるばかりか、かえってそうした権利を抑圧することで風習改良の模範とするような有様だった。その結果、政治治安を論じるにあたっても常に財政を疎《おろそ》かにし、為政者と民衆は全くかかわることなくすごしてきた結果、しだいに貧困に陥ることになった。東洋と西洋では遠く隔たっているため国民の風習が異なり、政治のあり方も異なることになるのは当然だが、近年、船による行き来が盛んになり、貿易交流の時代となったからには、国権を全うし、国益を確保するには、為政者から民衆まで国民各層が一致して、まず第一に財産を重んじ、富強をはかることに注意を厚くする他はない。そこから立法権というものも生じてくるのだ。

立法議院は必ず上下両院に分けねばならない。一方の議院のみで立法府とする国はない。ただし、上下両院を設けるにあたっては国によって様々なやりかたがある。アメリカの国会は州の代表者と民衆の代表者でそれぞれ上下両院を構成する。ドイツ連邦政府も同様である。イギリス連邦政府は貴族と州ごとの代表者で二院を分けあっている。オーストリア連邦政府も同様である。その他の立君政体においては、上院の議員は貴族か元老がなる場合と民衆代表から公選してなる場合のふたつがある。

＊　続いてくわしく議会制度の説明がなされるが、とくに久米《くめ》が注目するのは革新と保守の

二大政党が競い合うようにして議会運営がおこなわれることにより、バランスのとれた国政運営がなされるという点であり、そこにイギリス流の民主政治の真骨頂を見てとっている。さらにアメリカのような共和制とは異なって立憲君主制に基づくイギリスの政治制度、その要《かなめ》となる首相と君主との関係をくわしく紹介するのは日本が立ち上げようとしている統治制度の参考に供しようとする意図をうかがわせるところである。

〈兵役制度〉

＊　その後、一行は貴族に招かれたり郊外のウィンザー城、兵器工場、観兵式を見学したりと日程をこなしていく。観兵式を見学した感想としては海軍が主力であり、陸軍は補助的な役回りをするにすぎないこと、国内が安定し、国民の民度が高く、順法精神に富んでいるため少数の常備軍で足りること、その三分の一程度はインドなどの植民地に駐在しているることなどを記している。さらに、こうした軍備配置のありかたについて一般論にまで発展して次のような考察をくわしくおこなっている。

我々使節団一行が各国を歴訪するにあたって各政府がもっぱら見学に招いたのは多くの場合、軍備にかかわる施設であり、農工商など国民の営む事業については民間企業からの招待によった。これは政府が主要な務めとするのは国威を誇り、軍備をはかることにあるからのようだった。とりわけ欧州各国では全国から壮健な男子を招集して兵役に就かせ、国中に駐屯地をめぐらす。こうした様子に欧州大陸を訪れたあるアメリカの紳士は、欧州各国はいたずらに有為な民力を吸い上げ、消耗させたうえに凶器を持たせて空しく立たせていると笑ったという。確かに兵は凶器である。戦闘は危険なものである。殺し合いを好み、生命を軽んじるのは野蛮の野蛮たるところであって、「未開」とか「野蛮」と呼んで文明人が深く憎むものである。にもかかわらず欧州の文明はこれほど開けながら軍備についてはこのように競いあっている。イギリスの常備兵は最も少数と言いながら、それでも十万人もの健康な男子が兵役に就かされ、殺戮《さつりく》の訓練を受けている。これは文明が未開で野蛮を脱していないことによるのだろうか。いや、必ずしもそういう訳ではない。

文明国が兵備をめぐらすのと野蛮人が戦いを好むのとは似ているように見えて、その本意は相反する。野蛮人は好んで自国内部で戦いあうのに対して、文明国が兵備をめぐらすのは外敵を防ぐためである。昔、商鞅《しょうおう》（＊戦国時代の政治家で富国強兵の策を進めた）が政治をおこなっていた秦《しん》で人民が国の戦いには勇敢でありながら私闘は控えるようになったのは野蛮からやや進歩して国の決まりに服するようになったということに他ならない。

これを思うに、戦いの意味は、国内対立から行うのか外敵に対して行うのかによるということをよく考えねばならない。自国内部が一致和合せず、武力によって民衆を威圧服従させるというような有様では文明から遠い。家内の財産はしっかり戸締まりをすることによって盗難を防がねばならない。集落の財産は警察の取り締まりを厳しくすることによって略奪から防備しなければならない。だが、これらの防備には軍隊は必要ない。これに対し、国全体の財産を守るには軍備を堅固なものとしない限り外敵を追い払うことは難しい。列強が相対し、大小の差があり、強弱せめぎあうような状況においては国を守るための兵備を廃する訳にはいかない。文明国に常備兵が不可欠である理由はそこにある。

　常備予備の兵を備えて外敵から防御し、自国を守るのは時世柄やむを得ない。それ故、つとめて費用を節約し、民力を惜しまねばならない。アメリカの場合は周囲にほとんど陸軍の強敵がいない。ただカナダ、メキシコおよびインディアン原住民に備えれば十分なのであり、それ故に常備兵はわずか二万で、他は予備義勇兵で足りるのである。海軍の敵の方ははるばる大洋を渡ってくるばかりであり、それ故、常備の軍艦は節減し、時に応じて加勢艦を募れば足りる。アメリカの陸海軍がそろって手薄な常備であるのは地理的に外敵から遠く離れているからなのである。これに対し、フランス、ドイツ、オーストリアに常備軍が多いのは国内の治安が悪いからではなく、欧州大陸では広大な陸地を分けて互いに境界を設け、陰に陽に相手を警戒しているからである。一日も外敵の恐れを疎かにすることができず、それ故に国中の壮年男子を網羅して訓練し、財力を傾けて軍備に費やすのであり、また、国威を維持し、勢力の均衡を保って外敵の侵攻を防ぎ、国の平安を護《まも》ろうとするのである。

国家の自主自立を達成するには国民が互いに協調して生産に励み、愛国心に厚く、他国の支配に屈することを恥とするのでなくてはならない。この自主の精神が積って富をふやし、兵力を強大にし、ひいては外敵を追い払い、国境を守ることになるのだ。もし自国内部で争いあうようなことがあれば自主の力はおのずと消滅してしまうというのは自ら我が身を刃物で傷つけるのと同様である。さきにアメリカで南部と北部が戦った際、欧州の大国から陰に国家分裂をそそのかすような働きかけがあったのに対し、南部政府はこう言ったという——我が国で目下こうした戦いをするに到《いた》ったのも国内における共和制のありかたについて考え方が異なったからだが、万一この共和制が崩壊し、南北がそれぞれ独立することになれば境界に砲台を築き、海岸には軍艦を置いて貴重な財力民力を消耗し、欧州のような不都合な事態を招くことになってしまわざるを得ない、これはアメリカ国民の本意ではない。四方を海で囲まれ、差し迫って海陸の敵がない国は自国の治安を維持するのに無用の軍備を必要としないという点でまことに幸せである。

＊　こうした久米の考察には幕末から維新にかけての日本の内乱抗争、これに乗じるような列強諸外国の介入、ロシアや中国との地政学的関係などへの緊迫した思いが反映しているだろう。長く鎖国体制を続け、極東の孤立国として諸外国とのかかわりを免れてきた状況がもはや世界史的に許されず、いやおうなく諸外国との容赦ない抗争に直面して自国の生存を維持するための戦略が緊要の課題となってきていることを欧州の国際情勢に接してまざまざと実感するのである。

＊　引き続き一行はロンドン市内の各種施設を訪問見学していく。まず十五日には七、八歳から十三、四歳までの男女児童百五十人ほどを収容する小学校を訪れるが、女生徒の裁縫の授業などにおいても数学や理学を応用して織物の模様や伸縮を計算するなどし、あるいは附属する幼児向けクラスではリズム教育などをおこなっているのに注目して、こう感想を述べる。

〈幼児教育と高等教育〉

およそ男児でも女児でも母親の胎内を出て耳や目の感覚が働き始めれば学びたい、知りたいという心が自然に湧いてくるものであり、ここから一生の精神形成が始まるのである。父母たるものはこの機会を失して教育をおろそかにすれば高尚な人間に育つべきところを愚昧《ぐまい》の徒に至らしめてしまう。西洋で近代に入り幼児教育に力を入れ、つとめて子供の天分を発揮させようとしていることにこうした意味があることを親たる者はよくよく考えねばならない。

＊ついで大学についてはオックスフォードとケンブリッジの二校がヨーロッパ中に知られた名門であることを述べたうえで、両校がいずれも都会を離れた大学町にある点についてこう強調する。

都会ではとかく目にするもの、耳にするものに振り回されて精神散漫になり、贅沢《ぜいたく》や放蕩《ほうとう》に流されやすいので勉学期の青年はしばしば道を誤りがちである。そこで英米の学校は小学校を除き、多くは郊外にある。

＊翌十六日には有名なロンドン塔を訪れるが、処刑場跡や拷問具などを目の当たりにしてその陰惨さに恐れをなし、西洋にも文明化する以前はこんな野蛮さが横行していたのかとあまり良い印象はもたなかったようである。ついで電信局を訪れるが、ここでは圧縮空気を利用した市内電報配送システム、世界中に張り巡らされた電信網に目を見張り、電気の威力に圧倒されている。

ロンドン塔

同、城内

〈電気の威力〉

西洋では電気による通信手段が発明されて以来、我が国の鈴縄のように電信網が隅々まで巡らされるようになった。室内であれ、各国都市間であれ、電線をつなぎさえすれば交信することができるのである。それ故、市中には蜘蛛《くも》の巣のように電線が張り巡らされている。そもそも電気というものは宇宙に充満して目に見えぬほど微小でありながらどんな所にも達することができるのである。その用い方を心得れば無数の風のように利用することができる。雷を手なずけるようにガラスに封じ込めることもできる。銅線を伝って千里の距離も瞬時に到達できる。摩擦により生じ、化学反応によっても生じる。静電気と陽電気の二種類がある。その秘密がひとたび明らかになれば、雷神が日夜つとめを果たすよう市中を行き来し、山中海上を疾走するのであり、このように人間が天から与えられたものを利用するというのは実に不思議と言うべきである。

＊　電信局に続き郵便局を見学、その整った制度、規模の大きさ、とりわけイギリス国内はもとよりカナダ、インド、オーストラリアなど連邦諸国まで網羅する郵便網の広がりを指摘したうえで次のような感想を述べる。

〈郵便網の発展〉

欧州の貿易が年々盛んになり、世界中に船が行き来して取引し、遠く離れた相手とも交易するようになったのは郵便制度のおかげである。そればかりでない。文明度も発達して人々の言語力が向上し会話などが活発になる。外に出てしばらく歩き回り、帰ってくるだけで何かしら新しく見聞きした事柄があり、些細《ささい》なことでも言葉にして書き記し、記録とする。三日も家を離れるような時には必ず何度か便りを交わす。猫の子が生まれたということまで知らせるのだ。とりわけイギリスのような国は最も貿易が盛んであることから郵便の行き来は実におびただしい。郵便局の前にいると五秒か七秒の間隔でひっきりなしに収集夫が方々のポストから信書を集め、袋に詰めてやってきては投げ込んでいく。これを整理し、確かめ、重さを計り、宛先を調べて配達区域ごとに分け、宛名の主に届けるのである。遠くは香港《ホンコン》、横浜《よこはま》宛てのものもあれば、近い方では数百メートル先のものもある。大型のも小型のも入り混じってやって来る。金銭を送る場合には別の窓口がある。郵便局内の忙しさと言ったら比べ物がない。

〈水晶宮《クリスタルパレス》〉

＊　十七日には水晶宮《クリスタルパレス》を見学する。これは、もともと一八五一年に開催された万国博覧会の

クリスタルパレス園内の噴水

同園内光景

呼び物として名高い鉄骨ガラス張りの展示館で、従来の石造りの建築に代わる近代的な建築のあり方を提示して大きな反響を呼んだ。ちなみに、ちょうど岩倉《いわくら》使節団が各国を歴訪中と同時期の明治三年から九年にかけて発表され人気を博した仮名垣魯文《かながきろぶん》・総生寛《ふさうかん》合作による滑稽本《こっけいぼん》『西洋道中膝栗毛《せいようどうちゅうひざくりげ》』では『東海道中膝栗毛《とうかいどうちゅう》』の弥次喜多《やじきた》それぞれの孫二人が東海道の代わりに西洋までの道中であれこれ滑稽な失敗を重ねた末に最終目的地であるロンドンに到着、この万博を見物して中でも水晶宮《クリスタルパレス》に驚嘆する場面が山場となっている。いかにこの建造物が最新の近代文明の見本として当時の人々に目覚ましい印象を与えたかわかる。広大な館内外は一日回っても見きれないほどで、熱帯の植物、各地の風俗、古生代の動物模型、噴水などを順に見て回った末、夜になって花火が打ち上げられる様を眺めながら久米はイギリス社会の安定と繁栄をしみじみと感じるのである。

二十五日には大英博物館を訪れ、古今内外の書物、資料、鉱石や化石、考古学的資料などを見学し、その充実ぶりに感嘆して次のように感想を記す。

〈博物館の効用〉

博物館を見て回ればその国の文明開化の成り行きが自《おの》ずから見て取れるものだ。一国の文明が開けていく成り行きを見てみると、いきなり起こるようなことはない。必ず順序を踏んでいる。先に知識を得た者がそれを後の者に伝え、先に目覚めた者が後の者を目覚めさせることにより徐々に進むのであって、これを進歩というのである。進歩とは古いものを捨てて新しいものを目指すことではない。だから国家というものは自然に発生してきた風習がしだいに洗練されて出来上がってくるのであり、知識が開けていくには自ずとその源となるものがあって、その源から価値あるものが生まれてくるのである。その行程を一目瞭然《いちもくりょうぜん》に示して見せるには博物館以上のものはない。昔から百聞は一見に如《し》かずと言うではないか。まことに実際に目で見てみると話に聞いていたよりはるかに感得されるものだ。欧州ではすでに様々な種類の史伝や言行録があって古来の風習の成り立ちを教え、種々の学が分化成立して美を探求し、善を伸ばす方法が発達しているが、それでもなお実感し、実行するまでになるのは難しい。

　そこで博物館を設けて実感させ、実益に導くのである。この施設に入って昔のまだ稚拙な実物を見れば当時の苦心や努力を実感し、精巧な出来具合に接すれば今時の怠惰怠慢を反省し、進歩の順を知れば今後さらに勤勉努力しなければならないと肝に銘じる。感動に奮い立ち、向学の念が群がり起って抑えきれないようになる。書物を集め、学校を設けるのはこうした意義を知らしめるためなのである。実験施設を設けるのはその実地訓練の場なのである。そこで感動し発奮して理論と実践を並行して進めていく、これこそ人の本性の止むに止まれぬところであって自ずと月ごとに知識は進み、年ごとに成果が達成されることになるのだ。

かつてこんな風に評されたことがあった。欧州人は一度、家を建てれば、代々保守の手を加えてますます美しいものとしていき、清国人《しんこくじん》は建てる時は手間暇かけるが、その後は維持の労を怠り、廃墟《はいきょ》のようになっても壊さず、我が日本はどうかと言うと、いずれとも異なり、急いで手を抜いて建てた後、出来上がったと思うと、すぐに壊して新たに建て直すのであり、それゆえに進歩改良が少ないというのである。この違いは国民性の差によるものなのだろうか、それとも教育が不十分であるためであろうか。人の言行の美点を採り上げて伝えることをせず、古今の進歩を記録して聞かせることなく、博物館を設けて人々の目を引くようなことをせず、博覧会で新しい知識を誘導することもないまま、習慣が違うからなどと言い訳するのは真摯《しんし》な態度と言えない。

第二十六〜二十七巻　リヴァプール　（八月二十七日〜九月一日）

＊　使節団一行はイギリス政府の招待で地方各地を訪問することになり、八月二十七日（西暦九月二十九日）用意された特別列車でまずイギリス第二の都市リヴァプールに向かった。イギリス北西部に位置するこの港町は東部アメリカなどアメリカ大陸各地と向かい合った海上貿易の拠点として繁栄していた。そこで一行はまず商品取引所からドック（港湾施

設）、さらに主要輸入品である穀物倉庫を熱心に見学した。そのうちドックについては全長一〇キロにも及ぶ広大な施設であることを紹介して次のように説明する。

〈ドック〉

ドックは凹状の堀を掘って左右の岸壁を堅固に囲い、どんな大きな船でも支障なく出入りできるようにしてある。造船用あるいは修理用のドックは入り口に水門を設け、これを閉じて水を汲《く》み出す仕掛けを施してある。これをドライ（乾）ドックと言う。通常のドックにはこの仕掛けがない。一般にドックという場合、そこには船舶繋留《けいりゅう》、荷揚げ、備蓄庫、修理施設が含まれ、水上輸送の拠点にはドックを、陸路輸送の拠点には駅や市場を設けるというのは貿易国の人々が共通して重視するところである。西洋人は常に孟子《もうし》の言う「商用の旅人は市場にきちんとした蔵があることを望む」という格言に忠実なのである。それで旅客旅船が集まる場所にはつとめて便宜をはかり、多くの顧客を招こうと望む。

ドックの設備は、その地の盛衰に応じて大小の差がある。官営、公営、私営とあって、そのどれかはその地の利便による。船を停泊させる者は借料を払うので貿易が盛んになれば利益も多くなる。船主や荷主はドックの仕組みが便利確実堅固であると信用すれば少々の借料を払って安全を買うのを惜しまない。その都市の商業活動が皆で

リヴァプールのドック水門と穀物倉庫

協力しあって、規律正しく、売買に融通をきかせれば必ずや貿易は盛んになるのだからドックを設ける費用を惜しんだりはしないのである。そのように市民たちが一致協力するためには普段からよく申し合わせをしておかなければならないので貿易地では合議によって行政府を運営するのが肝要である。それで西洋の都市は自《おの》ずと共和国的になっていく。

〈穀物倉庫〉

＊　穀物倉庫については、やはり詳しくその機械化された仕組みを紹介して次のような感想を述べる。

この穀物倉庫の様子に接して日本における穀物の扱いと比べると有益なことが

多々見られる。日本人は鎖国の影響が尾を引いて、生活全般に研究心が足りない。最重要産品である穀物を扱うに当たっても長い間、損害をこうむりながら古いしきたりのままに従っていることが多い。蔵で米が劣化するのは水分による腐敗のためである。これを防ぐには空気にさらして乾燥させるのが良いことは誰も知っているものの、稲わらで包むという古くからの習慣のせいで穀物が俵の中で蒸れて腐るのを改良しようとは考えないのだ。また稲俵で運搬すると検査が難しく、米がこぼれ落ちることも多く、湿気にやられ、ネズミの害を防ぐにも不便である。バラ粒のまま貯蔵するということに気づかないのは、それが難しいからという訳ではなくて、ただ習慣に従っているだけのことなのだ。

　穀物を乾燥させるにはもっぱら日の光に浴びさせるが、幸い秋日和の時は空気も乾燥しているために稲の乾燥には好都合だが、春夏の水蒸気が多い時にもこのやり方にこだわっていると麦類や古米は腐敗の恐れを免れない。水分を抜き去るには日光、火熱、風力の三つを併用すべきである。風力による乾燥の効果については知らない訳ではないが、風車あるいは風扇を工夫して穀類を乾燥させる方法を工夫改良する者がいないのも習慣に押さえつけられて研究開発の心を失っているからである。イギリスなどでは曇天が何日も続き、日光をあてにすることができないにもかかわらず、農業では湿った穀物などなく、洗濯屋や染物屋は期限通りに仕事する。これは全て風力蒸気によっているのであり、このドックのベルトコンベアー装置などもその一つである。

＊　これに続いて日本から欧州諸国への米、麦など穀類輸出の可能性について考察を続けた後、さらに砲台、石炭や煙草の倉庫などを見学して帰途につき、夜は芝居見物の招待を受けた。多忙な日程である。

＊　翌三十日には午前中、博物館を訪問した後、川をさかのぼって造船所を訪問見学する。そこでは世界一周航路用の客船を建造中で、その現場を訪れた久米《くめ》は作業用のクレーン（久米は「鶴頸秤《かくけいしょう》」と訳出）について詳しくその仕組みを紹介してこう述べる。

〈クレーンについて〉

クレーンという起重機は、すでに述べてきたように、西洋では港、造船所、工場、鉱山採掘口などおよそ重荷を積み下ろしする場所でこの機械を用いない所はない。種々の荷を輸出入する土地では最も必需の機械である。我が日本国ではこれまで貿易を開いていなかったので諸港の荷を受け入れる用意は甚だおろそかだったこと、枚挙に暇《いとま》ない。とりわけ埠頭《ふとう》にクレーンの設備がなされていないのは商業的価値を甚だ損ない、多大な利益を失うことになると思われる。西洋人は肩に重い荷物を担いで運ぶということなどないばかりか、そもそも馬の背に重荷を負わせて運ぶというようなこともない。必ず車輪の力を借りるのであり、それだからこそ、一つの荷がしばしば一トンに及ぶのも普通なのである。

それが日本に運ばれてくると、大勢の者が集まりたかって、争うようにわめき散らしながら荷物を放り投げ、時間を浪費した挙句、しばしば手足を怪我し、ついには降参して欧米客人の知恵を仰ぐ始末である。一方、我が国から梱包《こんぽう》して送り出す荷は大きいものでも百斤（六〇キロ）に過ぎない。荷造りも大抵薄弱で、思うに他の荷物もこんなようなものだろうとたかをくくるからだが、それが積み込まれると西洋船では数百千斤の荷物を機械で積み込むのだからひ弱な小荷物は重みにつぶされ、いつも壊れてしまう。それで西洋船は荷物を壊すと言われたりするが、実はそれは船のせいではない。荷造りがしっかりしていないからだ。では荷造りをしっかりしたらどうかと言うと埠頭に荷を積み下ろしする起重機の設備がなければ自由に運搬することができないのだ。

＊　続いて詳しくクレーンの仕組み、さらに鋼材加工の技術を説明したうえで造船など大規模な作業を遂行するためには綿密に統制された分業体制が必須《ひっす》であることを次のように力説する。

〈分業体制と設計図〉

船を造るというのは高層建築と同様、ひとりの職人で事足りるようなものではない。造船所を設けるにあたってはかなりの広さにそれぞれの作業場を分けるのである。船体の骨組みを作る者は一生、鉄を曲げる作業に従事し、車輪を作る者は一生、輪を丸くする作業に従事する。あるいは木材を切断し、あるいは鉄を釘《くぎ》づけするなど全員がそれぞれの部門の職人として集まり、共同してひとつの船を造るのである。であるから長年造船所に出入りしながらも、一生を終えるまで船の構造がどんな物であるか知らない者ばかりなのだ。船全体の構造は設計部で決定する。この部門の者は皆、船の構造を熟知しており、雛型《ひながた》を見て造船の原理を学んでいる。しかしながら実際の作業技術については無知である。

総じて工場では何より設計図が大切なことは、人体における脳のようなもので、工業の根本となるものだ。造船のような大規模な作業では当然だと思うだろうが、どんな制作でも実は同様なのだ。たとえば汽車を製造するのでも、時計を製造するのでも、陶器や器、皿、布などを製造するのでも例外はない。画工は図画を描き、車輪工は車輪を作り、染物工は染め、塗装屋は塗装すると言うように分業が進めば進むほど、それぞれの出来は精巧さを増していく。これら全てを統括するのは図と雛型なのだ。それゆえ小学校普通科には製図法の科目が置かれ、全員がこれを学ぶのである。

およそ何らかの工事を計画するに当たっては、まずその設計図をひき、それに基づいて工事内容を吟味し、遺漏なきところまで詰めて、さらになお慎重を期して雛型を作ってみる。その雛型が出来上がって確実に完成することを確認したところで実際に施工に入るのである。であるから、ある物を作り出すに当たっては、仮に千の値の物であれば最初の設計、製図、雛型に五百の費用をかけるのも惜しまない。これだけ最初に慎重に図れば後になって失敗することがないのだ。千の事業に取り掛かるにあたってその五百の費用を惜しみ、その結果、もし事業後に役に立たないようなことになれば千の費用すべてが損失となるのに比べれば五百の損にとどめる方が得策である。

我が国の工事が多くの場合粗雑であるのはその原理となる物理、化学、力学、および測量学などが未熟であることによるが、つまるところ、製図、雛型に留意して費用をかけることを惜しみ、思いつきが浮かぶとあれこれ空想をめぐらしておおよそのアイデアが固まったところで直ちに実行に取り掛かり、一気に事の成否を問うた結果、成功せずに家産を傾けてしまう者が多い。工業化が進まないのはこうした事情による。学問が開かれていかないのも同じである。以前こんな風な評があった――欧州の人々は鈍重な性質であるがゆえに思慮周到にふるまって最後には不動の事業を成就するが、日本人は機敏な性質であるがゆえに思慮深くふるまうことが嫌いで、その結果、進歩を失してしまうと。考えざるを得ない。

＊　その後、一行は船員養成学校を見学したりした後、九月一日には日帰りでリヴァプールから七〇キロ離れたクルウと言う町の鉄道製造会社を訪問したが、ここでもレール、車輪、機関車組み立て、各種部品などと分かれて製造が行われ、この会社だけでイギリス国内二四〇〇キロに及ぶ鉄道網を所有し、五千人の労働者が働いて一週間に四輛の割りあいで蒸気機関車を製造していること、町には六つの鉄道路線が入っていることなどを紹介したうえで、この町に限らず、マンチェスター、グラスゴー、シェフィールド、バーミンガムなどでも同様の製造が行われており、その製品はイギリス国内のみならず欧州諸国にまで輸出され、さらにはインド、オーストラリア、中国への敷設計画まであると聞いて感嘆し、近代社会における鉄鋼産業の重要性を認識させられるのである。

第二十八〜三十巻　マンチェスター、グラスゴー

（九月二日〜一日）

＊　九月二日、リヴァプール訪問を終えた一行はまず近郊のセント・ヘレンズという町で板ガラス製造工場を訪問する。ガラスは第二十五巻で触れた一八五一年開催のロンドン万国

博覧会の呼び物水晶宮《クリスタルパレス》で評判になって以来、鉄と並んで近代建築の花形となった素材であり、この工場では板ガラスと合わせて鏡も製造しており、それらの製法、改良の工夫についても久米《くめ》は紹介している。

ついでリヴァプールに次ぐイギリス第三の都市マンチェスターに到着する。この街の主産業は綿紡績で、原材料の綿花は主にアメリカから輸入していたため南北戦争のあおりでこの輸入が途絶した時には壊滅的な打撃を受け、これをカバーするためにインドなどから輸入を図ったが、その結果、世界中の綿花価格が暴騰したなどと国際市場経済の動きにも触れたうえで綿紡績工場を見学する。

紡績工場に続いては製鉄工場を訪問するが、ここでは欧米諸国で生産する鉄製品には国際規格があり、アメリカ製の機械をイギリス製の部品で修理加工したりすることもスムーズにいくと説明を受けたり、大砲製造の工程をつぶさに見学、その規模、緻密《ちみつ》さを詳しく報告する。その後、午後には裁判所、監獄を見学する。

九月四日、日曜日で多くの商店が休みとなっている様子が珍しく、労働者が多いせいだろうかなどと思いながら市中、郊外を巡る。市中が煤煙《ばいえん》で汚れているのとは対照的に郊外の裕福な住宅地は緑に包まれ、清々《すがすが》しい気分に一息つく。

翌五日朝、禁酒禁煙運動団体の訪問を受けて久米は次のような考察を記す。

監獄内部

〈禁酒禁煙について〉

西洋の紳士は特に言葉遣い、飲食の作法において威儀を正す。酒や煙草についての戒めも自《おの》ずと浸透しており、一般に酔態は恥ずべきものとされ、喫煙も慎む。汽車やホテルの室内では多くの場合、禁煙とされている。飲酒や喫煙の嗜《し》好《こう》は人間にとって最も断ち難いものであり、西洋各国の統計でも酒、煙草の消費高は年々数億万の金額に達して増えることはあっても減ることはないとは言え、それでもなお、こうしたマナーが励行されることにより、表では慎んで蔭《かげ》で嗜《たしな》むのであり、そのおかげで良俗が維持され、頽廃《たいはい》に陥らないのである。色欲についても同様である。

これに対し、東洋では男は酔うほどに

豪快、女の喫煙も艶《つや》っぽいなどとした挙句、色欲を風流だなどと称するに至っては西洋文明国から最も醜悪な遺習として忌み嫌われるところである。思うに、こうした浅ましい風習が東洋では今もって通用していると言うことは、人々を怠惰にさせ、健康を害し、暮らしを律していくことを妨げさせること甚だしい。これを恥じて改めねばならない。

＊ 禁酒禁煙運動団体との会談を終えると、午前中まず更紗《さらさ》布地染色工場ついで綿紡績、綿織物工場と繊維産業各施設を訪問、詳しくその工程、メカニズムを紹介し、また出荷に当たって梱包《こんぽう》を頑丈にすべきことを力説する。これは、これら繊維産業が当時日本の主要輸出産業であったことを反映しているのだろうか。

午後はゴム製造工場を見学後、夕方から市長主催の歓迎の宴、その後、夜八時からは劇場で使節団のための特別公演を鑑賞と相変わらず多忙な日程である。

翌六日、まず布地卸売店を訪問後、簡易裁判所を見学、裁判官席から審理の様子を傍聴し、詳しくその様子を報告する。さらにカレッジ、商品取引所、東洋向け綿織物卸会社、市庁舎を巡り、夜は商社主催の夕食会で百三十人の会食者が集った。

＊ 九月七日、使節団はマンチェスター訪問を終えて昼前、グラスゴーに向け出発した。見送りには市長、商工会議所会頭まで連れ立ち、線路に仕掛けられた爆音が鳴り響くという

盛大さだった。出発時は雨模様だったのが一時間ほども走るうちに晴れ上がったのを見て、久米は都会では多くの家で石炭を燃やすせいで雨や霧が多いのだろうかなどと推量する。

やがて海ぎわから山路に差し掛かり渓流の眺めに接して久米は日本の名勝の味わいを思い出し、懐かしさを禁じ得ない。

ランカスターを経てカーライルでスコットランド地方に入り、間もなく日が暮れたところで待ち受けていたグラスゴー近郊の土地の貴族に迎えられ、その館《やかた》に一行十　人は宿泊するが、手厚いもてなしぶりに久米はイギリス地方貴族の裕福、優雅な暮らしぶりを実感して感銘を受ける。

翌八日、グラスゴー到着。スコットランドの中心都市でイギリス第三の都会、アメリカとの貿易で発展したこと、東洋貿易、日本との貿易でも重要であることが紹介される。いくつか工場を見学した後、商品取引所、商業会議所、同業組合といった商業関係施設を訪問して次のような考察を記す。

〈商業振興組織、政策〉

これら三つの集会所は交易を行う都市ではどれも必須《ひっす》の施設で、どの都市にもあることはこれまでの報告からもわかることだろう。西洋各国の人々にとってはもともと当然のことであるため詳しく解説もしなかったが、日本ではどれも目新しい施設であるので今これに簡易な訳語をつけようと考え、商品取引所、商業会議所、仲間（団体）の会合所としてみたが、東洋ではこれまでなかった集会所なのでどういう目的で設立されたか理解できないであろう。ああ、これら三つの集会所というものの発想が日本人にはないということは、商工業を起こし、貿易を盛んにするうえでなんとも迂闊《うかつ》であることを明かすものだ。商品取引所は商人たちが日時を決めて取引の仲介人（すなわち世話役、仲買人など）に面会してビジネスを進め、新たな情報を聞いて入札を行い、相場を決め、取引をする所である。それで相場会所とも訳す。商業がそれなりに盛んなところでは大抵この施設がない所は少ない。この施設を設けるのは当然、行政府の権限事項であり、商業裁判所と商業会議所とで開場日、開閉時間を決め、その間は誰でも出入りすることができる。ここでの取引は様々な貿易品（相場が立つ物品、穀物、酒、綿、羊毛、砂糖、煙草など）及び証券類（株券、国債、船舶保険、為替《かわせ》、約束手形など）の金額を入札し、立会人が相場を保証する。都市において時価が決まるのはこの取引所においてであり、この商品取引所という施設が貿易にとって極めて重要である理由に他ならない。

　商業会議所は都市の商人たちが設立する公選議会で、行政府の承認のもと、その管轄区域で商工業を営む者のうちから有力な者を公選して議員とするが、場合によっては現業から引退した者を推挙することもある。この会議所は土地の商業活動の根幹として商業にかかわる事柄について行政府へ意見を具申するのが役割である。商業案件には様々な秘密事項や変化も多いが、議員から行政府へ実情を伝え、商工業事務局と商工裁判所はその情報に基づき産業保護施策をとることができるのである。およそ商業を動かしていくのはすべてこの会議所においてであるのだ。この商業会議所が貿易にとって極めて重要な理由はそこにある。

最後に仲間（団体）の会合所は私設のもので、その種類は一つではない。大きく分けると宗教上の仲間（団体）と民事上の仲間（団体）の二種類になる。宗教上とは宗教の権利を絶えず維持するために設けられ、民事上とは事業を目的とするものと福祉を目的とするものの二種類となる。いずれも仲間（団体）として申し合わせれば議会に申請して、場合によっては国王の勅許を得るものもあれば、国王自ら加入して、それぞれの活動を推進する。

そもそも人間社会の活動はすべて団体によって成り立っているのだ。家族は血縁団体であり、主人と使用人の団体である。この団体が発展して民間会社となり、さらに商業活動を迅速、盛んにして商業会社となる。会社には合名、合資の種類があるが、いずれも共同して利益を上げることを目的に設立するもので、その事業活動においては一体であり、供出された資金は一つの財産として運用されるのである。

一方、仲間（団体）の会合は個々の会社がさらに一つの目的について合体協力することを申し合わせるものであるから、その目的についてのみ一体と見なし、それぞれの営業面は別々で個々の負債を負わされることはない。要するに仲間（団体）を設立し、合体協力するのは、文明社会において職工を保護し、雇い人を救済し、あるいは生活態度を正し、老病者への慈善福祉を行うためなのである。

この社会では家族と雇人が増えたことから会社という組織ができた。その会社が事業を営むに当たっては仲間と組んで合体協力することを協議せざるを得ない。これが「コーポレーション」が生まれる理由である。

商業にかかわる事柄は民事の中でも特殊であって一般の法では保護することができない。そこで市政も会社については民事と異なった扱いをしなければ都市の繁栄は期し難い。東洋の諸国ではもともと農業を勧めて商業を抑制する傾向があり、政務はすべて民事に偏ってきたが、多くの市民がいるところでは政治のあり方を変えざるを得ない。西洋が富強になったのは商業を盛んにして農業を振興したことによるが、両者の扱いは全く別のやり方をとる。商工業については法律も別、裁判所も別で、政府には商工業省を置き、その事業を行う者は姓名を別に記させて別扱いとする。商工業は莫大《ばくだい》な利益を得ることができるが、他方では莫大な損害をもたらしかねないものである。市民はこの危険な仕事で暮らしを立て、その影響は直ちに農民にまで及ぶ。それを扱う市政はかくも重要であり、人事の限りを尽くして保護しなければならない。

しかしながら人々には自主の権利というものがあり、利益競争の中で生きている。利益にかかわることについては脅して屈させることもできない、法律で縛ることもできない、刑罰で脅すこともできない。ただ唯一保護を全うする道は利益競争において一体共同の社会を形成させることにある。人々が利益競争する様子を見れば、貧富、智愚《ちぐ》、強弱が相まって結果として現れざるを得ない。地主豪農に対して小作人、作男があるように工芸では職人があり、商家には雇人がいて皆、自ずと上下の階層に分かれる。行政府がそれぞれの業に対して保護策を施すに当たっては上層階級に下層階級を保護援助して常に利益を確保させるようにすることが大切である。それ故、各行政府では上層階級から公選した商業会議所議員を設けて全府の繁栄を図らせ、必要やむを得ぬ場合にのみ行政府の権力、法令、刑罰を行使し、商品取引所に世話人を設けて各々の商売取引の便を図り、確実迅速なることを目指す。また、その下には申し合わせて「共済組合《コーポレーション》」を設け、組合員相互に協力一致して暮らしを助け、下層社会を扶助する。これらの組織を入念に整備すれば商工業は安定し、長期にわたり持続する見通しが立って確実な経営が保証されることにより人々から信用され、契約も速やかに整い、商品流通も滑らかになって、その利益は村々の農産にまで及び、すべての地域の物産が十分な価格を得て暮らしに励むようになるのだ。

イギリスの都会、田舎を観察するところ、ロンドンのウェストミンスター地区あたりでは国王の威厳が行き渡って君主制の威光が感じられる。ロンドンでも金融街《シティー》や各都市に行くと企業が自由に活動して共和制のようである。田舎を巡ると貴族や豪農の権限が強大で貴族政治のように見える。これら三者三様の治政形態を合わせてイギリスの政治は成り立っているとイギリス人が言うのを聞いて奇怪に思ったことがあったが、実際にこれらの地域を訪れて実情に接してみると、まことに一種絶妙な塩梅《あんばい》となっていると感じられる。それは他でもない、上層社会と下層社会とが自由な立場で互いに支え合っているのに任せて法を制定し、政府を形成して国民の保護を尽くす、その効果が上がっているのである。

〈裕福な貴族〉

＊　その後、グラスゴー近辺では砂糖工場などを見学するが、久米が最も驚嘆したのは貴族、豪族の裕福さである。近辺の耕作地すべてを少数の貴族らが分け合うように所有して小作農民に貸し付け、その地代が年に百万円（現在の金額にして百億円ほどか）にものぼり、国王をも上回るほどの財産家もいて豪壮な邸宅に暮らしている。さしずめ日本で言えば大名に当たる特権階級と言えるが、日本の大名は近代化への転換の過程で特権を奪われ急速に没落していったのに対し、イギリスの貴族、豪族は特権を維持したまま悠々と暮らし続けているのである。その中には領地に工場を建てて産業を興すなど資本家として近代化の

担い手となる者も現れたであろう。

第三十一〜三十二巻　エディンバラ、山岳湖水地方遊覧の旅
（九月十一日〜十八日）

＊九月十日、グラスゴーを汽車で立った一行はスコットランドの中心地、エディンバラに入った。岩山の美景で知られる古都の景観を楽しんだ後、十二日、一行は最高裁判所、産業博物館、大学を順次巡り、有名な悲劇の女王メアリー・スチュアートの寝室も見学するが、政争に絡んだ複雑な男性関係の果てに最期を遂げたことで知られるこの美女王に道徳家の久米《くめ》は批判的である。ついで蒸気機関車の製造工場を訪れるが、この機関車は鉄路を走る代わりに車輪にゴムをかぶせて道路上を走らせる工夫がなされているのに興味を示し、試乗して日本でも平地なら導入できるのではないかと述べている。

十三日、一行はゴム製品製造工場を訪問、ゴムシート、ホース、レインコート、オーバーシューズ、櫛《くし》などの製法を丹念に見学して回る。前日のゴム車輪車もそうだが、この新素材に久米は非常な関心を抱いたようである。

ホリルード・ハウス（王宮）

メアリー女王の寝室

道路上を走る簡易蒸気機関車

〈紙漉き作業場訪問——産業革命の原点〉

＊　この日は、その後、郊外の山中森林に囲まれた村の製紙工場を訪ねる。村の有力者一家が祖父の代から営んでいる中小企業で、周囲に生える雑木の皮にボロ布を混ぜ、村を流れる川を利用した水車に蒸気機関を合わせて動力とし梳《す》きあげるのである。都会の造船所や機関車工場など先端的で大規模な製造現場を見学してきた後で、いかにも初期産業革命の原点を思わせるようなこの〈紙漉《す》き〉作業場の訪問は意外な印象でもあるが、久米はこれまでと同様に丁寧にその工程を紹介する。これからようやく産業近代化の道を進み始めようとしていた当時の故国日本にとって先端的で大規模な産業現場だけが指針となる訳ではなく、こうした手作りとも言えるような素朴な工夫を凝らした物作りの現場こそ親近感を抱けるものだったのではないだろうか。

〈古都の秋〉

帰途、一行は十五世紀に建てられたという教会に立ち寄り、堂の正面の大理石柱を飾る精巧な彫刻を鑑賞し、その制作にまつわる因縁話を聞く。教会の左手には荒れ果てた様子の古城が見え、右手は草深い谷になっている。折しも、このイギリス北部に当たる地方では秋の紅葉が始まっており、その中に分け入って行くと谷川が音高く流れている。夕暮れ近く、雲の間から夕日が漏れ、音もなく吹く風の中からは落ち葉のかすかな音が聞こえて久米は北宋《ほくそう》の文人政治家、王安石《おうあんせき》の詩句「一鳥鳴かず山更に幽なり」の詩句を思い浮かべながらしばらくあたりをさまよった。

回覧実記全編を通じて禁欲的なまでに冷静な観察報告者に徹してきた久米としては異例とも言える感傷をあらわにした一節だが、この北国の古都の秋には異国でありながら日本人の琴線に触れるような趣きがあったのだろうか。

＊

引き続き前巻末の山あいの風景の印象を引き継ぐように、この巻ではこうしたスコットランド高地の風光特質を延々紹介、論じていく。

〈欧州三大景勝地〉

欧州では風光明媚《めいび》として知られる土地が三つある。一はスイス、二はイタリア、三はスコットランドである。西洋人は散策を好み、山水の景色を愛し、あえて遠回りし難所を越えてまでもはるばると探訪の労をとることを厭《いと》わない。スコットランド人は他所《よそ》へ行くと故郷の風景を思い出し、そぞろ望郷の念に駆られ、一生涯、よその土地で暮らすことはできないと言う。誰しも故郷を思う心はあるが、スコットランド人はことさらはなはだしいのだ。風景の霊が人々に深く取り付いているのだろうか、生来純朴な気質の故であろうか。ロンドンを立って以来、日々、車から跳ねる泥や馬が巻き上げる埃《ほこり》の中を走り続け、煤煙《ばいえん》や鉄屑《てつくず》の異臭にまみれて歩き回ってきた間、イングランドの平野も、スコットランドの丘陵も、どれも味気ない眺めだった。エディンバラの山は秀麗だったが、スコットランドの風景の美しさはこれに止《とど》まらない。

＊　こうして案内役のパークス氏の勧めに応じ大使を含め七人の一行はハイランド（スコットランド高地）の景観を探訪すべくエディンバラから汽車で西北に向かう。一二〇キロの距離を二時間半かけて走り、多くの鉄道線が集まるパース駅に到着、そこから北に再び走り始めると、いよいよ見所が始まる。山中はあまり人影も見えないが、並木や道筋など美しく手入れされているのはやはり一帯を所有している貴族などの富裕地主の配慮によるのである。こうした様子に感嘆しながら久米はこんな感想を記す。

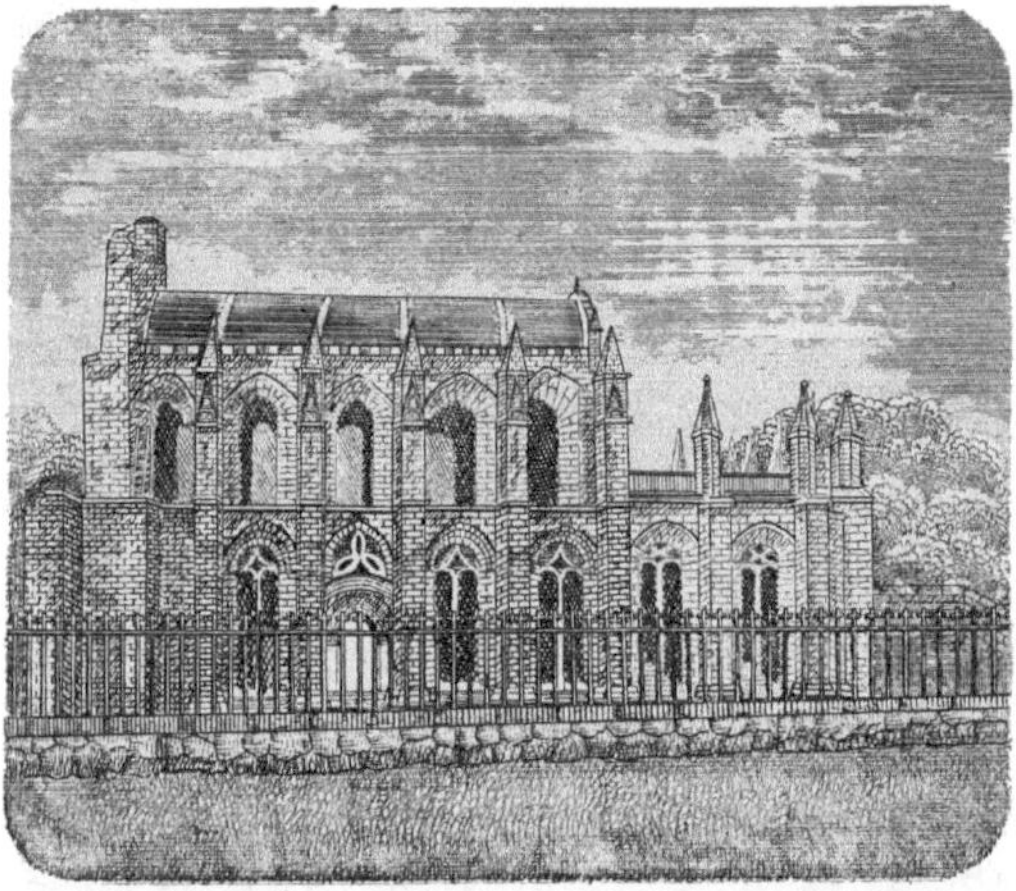

エディンバラ近郊　ロスリン教会

同内部

〈都会生活と田園生活〉

イギリス人の富裕層は都会では繁華、贅沢《ぜいたく》を競う一方、山中田園では幽邃《ゆうすい》、風趣な味わいを楽しむ。人生の快楽を満喫すると言えよう。こうした閑静な環境で練ったアイデアから活力溢《あふ》れる都会での発明が生まれるのであり、都会の実情を知らなければ山中のアイデアも浮かんでこない。こうして田園山中をめぐってみると西洋への認識がぐっと改まる。都会を遊覧する者もこうした経験をすることなく西洋を論じるとすれば、それはほんの一部をもって全体を論じるようなことになってしまう。

＊　この田園生活と都市活動のバランスの重要性を説く久米の観察はいち早い慧眼《けいがん》と言えよう。こうした二重生活文化のあり方はイギリスの貴族階級が伝統的に培ってきたものだが、その効用は近代社会に入ってまた新たな重要性を帯びてくる。産業革命先進国のイギリスはロンドンのスモッグに見られるように産業公害先進国でもあり、都市活動のストレスも増大して、その弊害を打開すべく都市周辺に田園地帯を配する田園都市構想《ガーデンシティー》を打ち出し、実現する。これを視察して大正時代に日本にも導入、田園調布《でんえんちょうふ》などの郊外住宅地を開発したのが実業家の渋沢栄一《しぶさわえいいち》だが、その半世紀近く前、まだ日本は産業革命以前とも言える段階で久米はそうした可能性を予期していたとも言えるのである。

＊　その日は、それからしばらく汽車に乗って下車、山あいの素朴な風情のホテルに宿泊し

た一行は同宿の男女七、八人と共に食卓を囲んだ。山国の純朴な人々との打ち解けた歓談に一同は日頃の公的な立場を忘れたくつろぎを味わったと久米は記している。

〈山中周遊と古民俗文化〉

翌日は山国らしく早霜が降りて、起き抜けは晴れ上がっていた空が出立する頃にはあっという間に湧いてきた靄《もや》でふさがれる中、まずアソール公爵の荘園を散策し、スイスから移植されてこの地方一帯の山地に広がったモミの樹林を見学、さらに曲がりくねる山道を馬車で走り、渓谷美に感嘆、馬車から汽車、汽車から馬車とめまぐるしく乗り換えながら進んでいくうちに石盤の周囲にぐるりと自然石をめぐらした草地に出会った。説明を聞くと、二千年前の原住民が太陽崇拝のために築いた祭壇遺跡で考古学者が研究中だという。これを聞いて久米は、はるかな昔の取るに足らぬような些細《ささい》な事柄でも尊重して研究するのが文明の徳であると賞賛する。

午後キャンベル村に到着、キャンベル伯爵の荘園を訪問。山あいの荒れた傾斜地で牧草地は少ないが、猟場として豊かな地代収入があると述べた後、こうした貴族の暮らしぶりを次のように記す。

〈田園貴族のライフスタイル〉

冬はロンドンに出て議会に出席し、国務に尽力した後、夏は山に帰って猟を楽しむ。寒い季節は南へ、暑い季節は北にと、イングランドやスコットランドの貴族は国王以上に裕福で悠々と暮らしているものが少なくない。それでも議員活動を厭わないのは、イギリス人たる者、身分の上下を問わず国を愛し、法を重んじる気風からであり、賞すべきである。

＊　山あいから湖畔に降りて緩やかな道を進んでいくと羊の放牧を見かけるようになる。羊は高地に適した動物で山がちのスコットランドでは昔ながら羊の放牧が多いと説明したうえで、このあたりの人々は純朴、先祖伝来のケルト語を話し、古めかしい民族衣装をまとっている——ロンドンの有名なマダム・タッソー蠟《ろう》人形館に展示されている大作家ウォルター・スコットの像も同じ服装である——、西洋であってもこうした辺境では旧来の風習を守っていると久米は幾分ほほ笑ましげな口調で記す。西欧すべてが近代的な都会だという訳ではなく、中央を離れて地方に行けば昔のままの自然、風俗が残っていることにほっとした様子がうかがわれる。

その先の村では古城に残る砦《とりで》跡で昔の烈しい戦いの様を偲《しの》んでいると、案内役の村の有力者が横浜《よこはま》で商業に従事している息子がいると話して自宅に招かれ歓談するという出会いなどもあった。

キャッツル湖

〈湖水と上水道問題〉

翌日も馬車と汽車を乗り継いで山中を走り、湖水の絶景を嘆賞、仙境を巡る思いと感激を重ねるうちにグラスゴー市の北にあるキャッツル（カトリーヌ）湖に至り、周囲の黄葉に照り映える美しさは今回のハイランドの旅を締めくくる絶頂とまで記したうえで久米は一転してこの湖水をめぐる上水道問題を紹介する。この湖水の水質が上質であることから上水道として取水しようという計画が持ち上がり、ロンドンの国会で審議されたが、過剰な取水にならないように議論や検討が重ねられた末、工夫を凝らした案が採用され実現した、その曲折が碑文に刻まれて取水口に残っていると言うのである。

この経過について久米はフランスの学者の「イギリス人は法を良く守って政府から許された権限の範囲内で十分に自主の力を発揮し、その上でさらなる範囲の拡大を求める」という言葉を引用して次のように述べる。

人民たるもの、この言葉をよく思い巡らさねばならない。政府たるものも同様である。このグラスゴー市上水道の一件は、法の許す範囲で自主の努力を尽くす実例である。国と国民とが一致協力して努力する模範としなければならない。

＊この後、一行は引き続き山中を走り、有名なロッホローモンド湖を経てバロッホという駅から特別仕立ての汽車に乗り込んで夜遅くエディンバラに到着、今回のハイランド観光の旅を終えた。

翌十八日にはイギリス国教会とプレスビタリアン（長老）教会の礼拝に続けて出席した。スコットランド人は信仰心が厚く、異教徒にも礼拝に参加するよう勧めるのである。

第三十三〜三十六巻　ニューカッスル、ブラッドフォード、シェフィールド

（九月十九日〜二十九日）

＊　九月十九日、エディンバラを発《た》ってニューカッスルに向かう途上まずガラシールズという小さな町で降りてラシャ（ウール）製造工場を見学する。イギリスでも、特にスコットランドは牧羊が盛んだが、この工場ではオーストラリアから輸入した羊毛が安いことからこれを原料としてラシャを製造しており、そのことに関連して久米《くめ》は次のようにイギリス産業のあり方を論じる。

〈イギリス産業の構造と東洋の怠惰〉

イギリスの富は石炭と鉄により機械を動かして綿、羊毛、麻を紡織するのが主軸となっている。原料となる羊毛は遠くオーストラリアから、綿花はアメリカ諸国から、麻はインドから、亜麻はロシアから輸入する。もともとイギリス国内でこれらの原料が豊富に産出するのでこうした産業が起こったという訳ではない。ただ羊毛を織ることは古代イギリス当時から行われており、これをヴェネチアの貿易商人に売り渡すことから産業が始まって、その歴史はずいぶん古いが、五十年前までは高価な産物で中

流階級以下の人々にまで普及することはなかった。それが価格の下落によって国内に大きな利益をもたらすようになったのはオーストラリアの広大な原野を利用して牧羊が行われるようになったからである。その他、ヨーロッパでは麻もいくらかはとれるが、綿花に至っては全く土地に適さず、ことにイギリスにおいては国内に産する原料はわずかでしかない。

　これに反し、東洋や南洋に産する天然資源はおびただしい。ただし加工製作に無関心であるために、そこからあがる利益をことごとくヨーロッパに頼っているのである。いわば東洋、南洋の民は天然の糧を支払いに当てて西洋から加工技術を買っているのだ。要するに人民が怠惰なのだ。考えてみよ。東洋が西洋に及ばないのは才能が劣るからではない。知力が鈍いからではない。ただ経済ということに関心が薄く、空理空論に明け暮れているからだ。

　このことをどう証明して見せようか。東洋人が手工芸によって制作した産物は高雅な趣きがあり、抜群の熟練の賜物《たまもの》であって西洋で珍重されている。これは知性が優れているということだ。西洋人は、これに反し、生活全般にわたってあくせくと努力を重ね、刻苦勉励した末に理学、化学、工学の三分野を切り開き、これらの学問により補助機械を発明し、力を省き、集中させ、分散し、均一にする方法を用いて拙劣不敏な才能を補い、利用を積み重ねることで今のような富強にまで達したのである。元々の資源と言えば鉄と石炭しかない訳だが、それらは東洋にもない訳ではない。その利用効能を知らない訳でもない。それなのに利用することがなかったのは、結局、天然資源が十分に足り、人々は才智豊かでありながら、事物の理《ことわり》を抜き出し、究める精神に乏しかったからではないか。物理、化学、工学などは哲学や政治に比べれば易しく理解しやすい。その記述は順々に進められ、子供でも理解できるようになっており、理屈は適切で日常的に理解されねばならないような要点に限られている。にもかかわらず日本人はそこに注意を向けない。これは性格が過敏で、功を急ぐあまり、懐疑の念をもって事の原因を追求する力に乏しいことを示している。

あえて功を急ぐ懸念を冒して言うなら、東洋と西洋は文明開化の進度においてすでに甚だしく差が開いているかのようにも見えるが、実のところ、最も進歩しているイギリス、フランスでも盛りを迎えたのはわずかこの五十年ほどのことに過ぎない。世界の中で開化に遅れた国はまだおびただしく、これから興すべき利益は莫大《ばくだい》である。根本に帰って始めようとするなら為《な》すべきこともまた多い。たとえば、土地に生い茂る雑草を家畜に与えて食べさせれば発育が良いことは甚だわかりやすい道理だが、そうする者がいない。これは、そこまで知恵が回らないということではなくて、努力するのが厭《いや》なのである。水力を用いた粉挽《ひ》き臼《うす》や水車、刃物、鋸《のこぎり》、鉋《かんな》などの便は千年も前から使いこなされていた。車輪の軸に木材を使うのは鉄を使う円滑さに及ばないということは極めてわかりやすい道理である。にもかかわらず木材に代わるべき製鉄を起こすに至らなかった。その理由は難しいことではない。進歩の精神が乏しいからだ。藍《あい》草を煮て青色に染めることは誰でも知っている。それによって長い間、綿や絹を染めてきたにもかかわらず、動物の毛を染めることを知らない。灰汁《あく》で布を晒《さら》し、明礬《みようばん》に浸せば色がよく染み込むことを知っても、何故そうなるのか推しはかり、ますます成果をあげることができないのは、その方法が難しいからではなく、努力が足りないからである。

東洋人にはこのような資質が欠けているというわけではない。試しに見てみるが良い。三千年前の古代に東洋の文化が初めて開け始めた頃には、水や火、木、金、土、穀物を加工し、徳を正し、利を計り、暮らしを立てることを政治家の務めとして、これを「九功《きゆうこう》」と名付けた。ところが社会がいくらか進んでからは探究心が頓挫《とんざ》し五行《ごぎよう》の説（＊世界を構成する五要素——木、火、土、金、水——の循環、相関として説明する世界観）や性理《せいり》論（＊五行や陰陽の説などを総合した形而上学《けいじじようがく》。宋《そう》代、特に朱熹《しゆき》によって大成され江戸《えど》期日本にも広く影響を及ぼした）などが流布して「九功」の気運は「五行」の迷夢に埋没してしまい、それ以上の理を考えられなくなってしまった。以来、今に至るまで迷妄にとどまって覚醒《かくせい》に至っていない。西洋、東洋で文明の発展に別がある訳ではない。暮らしを向上させ、利益をもたらす道筋が東西で異なる訳ではない。

＊　以上のように久米はイギリスにおける紡織産業がもともと自国には乏しい原料を海外から輸入し、それを技術力を工夫改良して製品化する（さらにはその製品を国内のみならず外国にまで輸出して外貨を稼ぐ）という産業革命以後の産業構造を紹介した上で、そうしたあり方が実際的な工学技術を重視する社会風土に根ざしていること、それに対し、東洋、日本ではそうした実際的な工学技術を軽視して抽象的な形而上学ばかりを偏重してきた結果、大きな格差が生まれてきてしまったことを強調し、批判する。これは、長年に渡って続いてきた宿命的とも言えるような東洋――日本の社会風土を全否定するような断定だが、久米はこの風土からの転換が決して不可能であるとは断じない。英仏両国における産業革命が進んだのはほんのこの五十年のことに過ぎないと強調するように、日本も社会体質を改めて努力すれば近代的産業国家になり得るというのだ。事実、明治日本はまさにその方向――科学技術導入による産業社会化を目指して進んでいくことになるのである。

この毛織物工場見学を終え、町役場主催の昼食会に招かれた後、一行は汽車で次の町に移動して見事な石造りの建築として知られる教会を見物、再度汽車に乗り込んでようやくニューカッスルに到着した時はすでに夜の九時半という時刻になっていたが、正装した市長や商工会議所会頭に迎えられて宿に入った。

翌二十日、一行はアームストロング砲の発明者として知られるアームストロング氏が経

メルローズ修道院廃墟

営する工場を訪問、氏自身の案内で大砲などの製造工程を見学し、大砲の試射に立ち会って、その猛烈さに圧倒される。

〈炭坑見学〉

＊　ついで市近郊の炭鉱を訪ね、同行したアームストロング氏と共に昇降籠《ケージ》で地下三五〇メートルほどの坑底まで降り、真っ暗闇の中を安全灯を頼りに二キロ半ほども悪路を歩いて採掘現場までやっとたどり着くが、最後に再び昇降籠《ケージ》に乗って地上に戻った時は「冥界《めいかい》を出て天上に昇る心地を覚えた」と感想を述べたうえで次のように論じる。

人間生活において石炭が重要であることは文明が進むにつれますます明らかに

なってきている。イギリスが富むようになった根本はもっぱら石炭と鉄にある。ヨーロッパで石炭を活用することになる始まりを調べてみると二千百年も昔のギリシャの古い記録にすでに石炭のことが記されている。とすればその始まりはずいぶん古いことになるが、その後、一二四〇年になって、このニューカッスルの市民が石炭の採掘を願い出て政府から免許を受けた。そこで事業を始めたところ、その煤煙《ばいえん》が人体に毒であるとしてよそから抗議が寄せられ、紛糾が起こり、やまないまま六十七年を経てついに石炭は禁止され、燃料には全て木材を用いることと定めた。ところが、その一方では、樹木ばかり焼くことになると最後は国中の樹木がなくなってしまうなどと様々な議論が起こり（樹木の成長は大変遅く、ヨーロッパ北部では五十年もかかってやっと一抱えほどになる。それで山林に関わる法制は詳しく議論されねばならない。ロシアでは広大な山林があるが、伐採には厳しい禁制がある。イギリスではタンニンの使用が広まったために今では国中の半ばは禿山《はげやま》になっている）、また二十年ほどを経て石炭の禁止が解かれた。

これをきっかけとしてしだいに石炭の使用がヨーロッパ諸国にも広まり、一六二〇年頃にはこのニューカッスルで石炭を燃やしガラスを溶かすことが始まり、大いに利益をあげた。また鉄の精錬事業を興して石炭の需要は年を追うごとに増加し、一六六〇年頃までには全国の年間石炭使用量は二二五万トンだったのが、その後、しだいに機械が使用され、蒸気の助けを用いることが広まるにつれ、一八〇〇年になると一〇〇〇万トンもの多量になり、さる一八七一年には一億七二九万九六二四トンの石炭を掘り出し、そのうち一億トンは国内で使用し、外国には七〇〇〇万トン余りを輸出するのみ、国中の炭鉱は方々にたくさんあるが、この（ニューカッスル）炭鉱が最も盛大だという。……

＊　こうして久米は石炭と鉄が産業革命の原動力であり、いち早く、その開発利用を進めたイギリスが工業化に成功して飛躍的な生産量を実現し、他国を圧する大英帝国となったことに注目する。この視点は明治日本の近代化路線にそのまま反映され、日本を大英帝国ならぬ大日本帝国に押し上げていくことになるのである。

〈ソルト氏の工場経営〉

＊　その後ニューカッスルでは架橋工事現場、銅の精錬工場、浚渫《しゅんせつ》船、鉛製造工場、ソーダ製造工場、港湾、灯台、天文台などを訪問見学した後、九月二十二日にはニューカッスルから四時間ほどの汽車の旅を経てヨークシャー州のブラッドフォードに入った。毛織物の産地として知られる所だが、その中で久米はソルトという業者の業績に関心を抱いて紹介する。このソルト氏は、南米から輸入されたものの処理法がわからないまま持て余されて

アルパカ紡織工場と駅

いたアルパカの毛を引き取って高品質の織物に仕立てる製法を編み出し、大きな利益をあげた人物だが、久米が特に注目したのは氏がその工場経営の一環として地域全体の発展に貢献し、福利厚生に力を注いだことである。

ブラッドフォード到着の翌日、使節団は市の郊外にあるソルテア村を訪問する。ここは二十年ほど前までは牛や羊が放牧されているばかりの荒れ地だったが、ソルト氏がアルパカの紡織工場を立ち上げて以来、関係業者などが集まり出し、今では人口五千人を超える活気ある村に発展したのだという。そして、この発展の立役者であるソルト氏は、事業を進める上で工場と並行して種々の厚生福祉施設にも力を入れたことを次のように久米は紹介する。

村に小学校を建て、村民の男女子弟が半日は工場で働き、半日は学校で授業を受けるようにした。知識と実地を交互に進める賢明なやり方で、工場から給料を受けて子弟たちの利益となるばかりでなく、工場生産にも役立つのである。イギリス人は労働者を保護し、貧民救済に力を尽くすことを名誉のひとつとしている。この工場経営者の配慮も賞賛されるべきである。学校で教える内容は小学校普通科目で男女を問わず身につけるべき技術であり、高等な内容までにはおよばない。

学校の前には養老院があり、老衰し働けなくなった職工を入れて面倒を見る。また病院もあって村中の病人を治療し、薬を出す。教会を建て、村民たちがここに詣《もう》でて説教を聞き、心がけを正すようにしている。このあたりの工場でこれほど完備しているところはない。五千人の村人たちはこぞってソルト氏一家を畏敬《いけい》している。これが労働者地区の仕組みであり、事業を進める上で深い意義がある。

〈産業革命と福祉社会〉

＊　こうした配慮、功績を讃えて、この村はソルト氏の姓をとって村名とし、氏はブラッドフォード市長、国会議員を務め、サーの称号を授与されるまでの名士となったが、この地

方の小村のエピソードには、大英帝国の隆盛をもたらした産業革命と「揺り籠《かご》から墓場まで」という福祉社会のあり方が凝縮されており、日本でも後に渋沢栄一《しぶさわえいいち》などによって目指されることになる実業社会理想のモデルとも言えるような内容となっている。

ソルテア村訪問を終えると一行は次にマニンガムという村に移動して、今度は絹織物工場を訪問するが、そこでは日本や中国で屑糸《くずいと》とされるような絹織維を輸入して、これを向上工夫された技術によって高品質の織物に仕立てており、急速に業績を伸ばしていることが報告される。日本ではこうした技術開発がなされていないためにみすみす宝の山を人手に渡してしまっているというのである。

翌二十四日は近隣のハリファックス市を訪問、イギリス一と言われる規模の毛織物工場を見学するが、ここではそのスケールの大きさ、機械化の進展と共に、世界各地の模様やデザインを取り込んで多彩な製品を作り出すことに力を注いでいることに注目する。物理的、機械的要素と並行してデザイン面、情報面の要素も企業発展の鍵《かぎ》なのである。

〈公爵領地散策〉

午後ハリファックス訪問を終えて一行は一旦ブラッドフォードに戻った後、翌日は日曜に当たることから接待係の勧めで山口《やまぐち》副使、林董《はやしただす》、久米の三人は再び汽車と馬車を乗りつぎ近郊のデヴォンシャー公爵家の領地にあるリゾートホテルに宿泊する。イギリス皇太子が狩りをして宿泊したという由緒あるホテルで、その時に皇太子が使用したベッドが残されており、山口副使がそのベッドを使った。

翌二十五日午前、一同は歩いてボールトン・アベイという七百年前に建てられた古い教会を訪れ礼拝に参加した。その後、三人はずっと川沿いに公爵領の渓谷を遡《さかのぼ》るように散策を楽しんだが、その景観の素晴らしさに感嘆して久米はこう感想を記す。

このあたり一帯の渓谷はすべてデヴォンシャー公爵家の領地であって、天然自然に沿うように樹木を植え、道を開き、人の手を加えて景勝地としたのである。そばの林の中には森番の家があって、その庭先には畑を設けて樹木の苗を育てており、さらに上流に向かって植林を進めるらしい。イギリスは豊かさを極めて余すところなく土地を切り開き、領地を有する豪族はついには風景を造形するまでになっている。開拓ここに極まれりと言うべきか。このように余裕があればこそ惜しみなく鉄道、電線など諸々《もろもろ》の設備を施し、遠大な事業を立ち上げて年々業績が上がっていくのも不思議ではない。

＊　こうして三人は夕方まで散策を続けて宿に戻り、もう一泊して翌朝ブラッドフォードに戻った。

ボールトン教会

川向こうに古城を眺める

〈工業社会と貴族文化〉

＊　九月二十六日、一行はブラッドフォードを発って南下、鉄鋼産業を主とする工業都市シェフィールドに到着する。翌朝、早速キャメル社の製鉄所に出かけるが、これまで見たことのないようなその規模の大きさに圧倒される。ここでは、これまでグラスゴーやニューカッスルで見てきたような銑鉄（鉄鉱石から直接に製造され、まだ不純物を含んだ鉄）ではなく、甲鉄艦《こうてつかん》や機関車に使用されるような鋼鉄（銑鉄からさらに不純物を取り除いて強くしなやかにした鉄）を製造しており、それだけ作業規模も巨大なものとなっているのである。

翌二十八日には市から一〇キロほど離れたキャベンディッシュ公爵――前巻末尾にその領地を訪れたデヴォンシャー公爵――の邸宅を訪問した。公爵家はこの地方でも指折りの名門で裕福な一族であり、迎え入れられた一行は公爵自らが案内する豪奢《ごうしゃ》な館《やかた》の様子――無数の美術品、古伊万里《こいまり》など骨董《こっとう》類、酒蔵、馬小屋、庭園、温室に至るまで――に圧倒され、イギリス貴族の豪壮華麗な暮らしぶりに圧倒される。

公爵邸を辞した一行はシェフィールドに戻るが、その晩には夜中の十二時からの舞踏会に出席する。多忙極まる日々である。

二十九日、まず刃物工場を見学した後、前回とは別の製鉄工場、車輪製造工場、市庁舎、銀・銅細工工場、合金工場を回り、夕方からは刃物製造業協会主催の歓迎晩餐《ばんさん》会に招かれた。二百名を超す参加者が出席したこの晩餐会は盛会でやはり夜中の十二時まで続いた。

第三十七～三十九巻　スタッフォード、ワーリック、バーミンガム、チェシャー

（十月一日～九日）

＊　十月一日、シェフィールドを出発、七〇キロほど走ってスタッフォード州のバートンという町に入った一行は、ここの名産であるビール工場を訪問した。町の全てを占めるほど広い工場では蒸気機関車で引く移動車に乗って見学した。ここのビールは日本にも輸出を期しているなどと聞いて久米《くめ》は次のような感想を記している。

〈酒と文明度〉

飲み物は国が開け、豊かになるにつれて上質なものを求めるようになるものである。それで飲み物の消費量によって国の文明開化の程度が証明されるという説もあるように現在でも欧州の飲料の消費高は実に莫大《ばくだい》である。飲み物（嗜好品《しこうひん》）には茶、コーヒー、

醸造酒、蒸留酒、それに煙草がある。これに砂糖を合わせて貿易品と呼び、課税を重くしている。穀物や肉類などは労働力を生み出す元になるのに対し、飲み物は嗜好品である。労働に励むのは楽しみを得ようとするからである。国が開け、豊かになるにつれて飲み物の消費が増加するのは自然の理《ことわり》である。

酒には二つ種類がある。醸造酒と蒸留酒である。醸造酒には穀物の汁を醸したのを「ビール」と言い、果物の汁を醸したのを「ワイン」と言う。いずれも日常、食事中に飲む。これを蒸留し、揮発分を取り除いて調整したのが蒸留酒である。飲酒癖のある者を除いては、食前に少量飲むに過ぎない。西洋人が飲酒で戒めるのは飲みすぎと蒸留酒の常用である。ビール、ワインいずれも全面禁酒とする訳ではない。日本酒もビール（醸造酒）の一種である。醸造法が違い、透明で強いので西洋人は蒸留酒の類《たぐい》と取り違えているが、全く間違いである。西洋では穀類を醸造して酒にするのに様々なやり方があるが、大筋は穀物の発芽したものを煎《せん》じてホップ液と合わせ、発酵させて生まれるアルコール分が変化して穀物の濾過《ろか》された液に溶け込んだのを賞味するのである。初醸二醸（沸騰静止後そのまま樽詰《たるづ》めする）で飲むのを急醸と言い、三醸（沈殿物を取り除いて樽に詰め替える）後に飲むのを緩醸と言う。三醸は急がないので富貴の人は百年ものの古酒を賞味し、その値も半端でない。

日本酒は麹《こうじ》を合わせて醸造するが、この醸造法は大変に上等な部類に入る。ただ西欧人にはまだその嗜好が広まっていないだけで、飲み物は文明が開けるにつれて進化し、未知の味を求めるようになるのが人の通例であるから、これから製法を吟味し、貿易の道を開けば、必ずや輸出品のひとつとなろう。醤油《しょうゆ》は塩蔵した醸造品で調味料であるが、オランダ人がこれを持ち込むとドイツで人気を博し、イギリス人も好んでいる。味醂《みりん》は酒の一種であると同時に調味料としても有用である。醸造術は日本の得意技である。農産物を生産し、醸造品として輸出すれば国産品生産を倍増させる目玉となるだろう。現在、欧州でビール醸造が盛んなのはイギリス、ドイツ、オーストリア、ベルギーで、どこも励んでいる。この工場の広大さを見ても盛況であることが十分に証明される。それで飲料消費のことについて述べ、我が国産物の輸出ということに注意を喚起するのである。

＊　バートン訪問を終えた一行はバーミンガムで一泊した翌日コヴェントリーに移動、紡織工場、懐中時計工場を見学後、市長招待の昼食会に出席したが、古風な衣装をまとい彫刻を施した儀仗《ぎじょう》を捧《ささ》げ持った従者を従えて市長が出迎える格式張ったふるまいに、日進月歩の近代化に励むと同時に伝統文化維持に努めるイギリスの国民性を実感する。

ついで、この日は近隣のワーリックに移動、ここを領地としていたワーリック伯爵の古城を訪ねた。九百年以上前に築かれ六百年前まで使われていたと言う城は丁寧に保存され、

ワーリック城

古代ローマやギリシャの彫刻や壺《つぼ》、オランダ船で運ばれた古伊万里《こいまり》の磁器などが展示されている。この見学後、市長邸で市長の晩餐《ばんさん》会に招かれた際には、食後、市長令嬢に邸宅階上に設けられた動物や鉱物の標本、骨董品《こっとうひん》などのコレクションを案内してもらい、大人ばかりか了どもまでもこうした事物に関心、知識があることにイギリス社会の民度の高さをさらに覚えるのである。

＊

ワーリックからバーミンガムに戻った一行は休日をはさんで本格的にこの工業都市の見学に入る。ロンドンからは二四〇キロ、ちょうどイギリス国土の中央部に位置するこの町は、一八〇〇年には人口七万人だったのが今や三十四万人あまりと五倍程度にまで増加して国内では五番目の都会となり、様々な産業を展開している。

例によってまず商品取引所を訪問、儀礼的な挨拶《あいさつ》を交わした後、ガラス工場を見学する。ガラス製造についてはすでにマンチェスターで見学、考察しているが（第二十八巻）、ここでは珪石《けいせき》にソーダを加えて生じる化学反応を利用することについて次のような論評を添えている。

〈化学の重要性〉

我が国の化学は元来、医学から始まったので、化学と言えば需要の少ない精製品を製造するのが目的であるように世間から誤解されてきたのは、広く工業が進歩しているうえで大きな障害だった。日本人も化学の一端なり体験して利用しているにもかかわらず、その拠《よ》り所となる原理については知らないと言うことが通例である。喉《のど》が渇いた人にとっての水と同様、工業の進歩には化学が不可欠である。

＊　その後、針、ペン先、紙箱、ボタン、翌日には釘《くぎ》、ガラス細工、金属細工等々の製造現場を順次見学して細かい製造技法まで紹介していくが、金銀メッキの工場では日本の象嵌《ぞうがん》細工や七宝《しっぽう》焼きなどの工芸品が制作モデルとして展示されており、工場側からその製法を聞かれたりすることもあった。

また貨幣鋳造工場ではイギリス政府から発注されたインド、香港《ホンコン》など植民地の通貨のほかエクアドルなど外国政府から依頼された通貨などを製造しており、小銃製造工場ではロシア政府から発注を受けていると言うように外国との活発な取引がなされていることをも聞かされた。

六日には近郊の実業家の荘園に招かれ狐狩りの様子を見物した後、陶磁器工場を訪問、一旦《いったん》バーミンガムに戻ってから一七六キロ離れた次の移動先ビーストン・キャッスルに向かった。強行軍である。

〈地方名士の招待〉

＊　ビーストン・キャッスルはチェシャー州にある山あいの小さな駅だが、ここには長らく国会議員を務めたトールマッシュという名士が豪壮な館《やかた》を構えていて使節団を招待してくれたのに応じたのである。深夜遅く到着した一行は翌朝には休む暇もなくトールマッシュ氏自ら御する四頭立て馬車と汽車を乗り継いでストーク・オン・トレントに入った。ここはミントン社など陶磁器製造で知られた町で、その製造過程を久米は日本や中国の場合と比べながら事細かに報告する。イギリス側の方でも日本の陶磁器を高く評価しており、使節団にあれこれ質問したり、意見を述べたりして活発な交流があったことがうかがわれる。

見学を終え、再び汽車に乗り込んでトールマッシュ邸に戻る頃にはちょうど秋の夕日が森の端に沈みかかろうとしており、古代ローマ植民地時代の遺跡が残る風景を眺めつつ歩いていくと絵の中の人物になったような気分がしたと珍しくロマンチックな筆致で久米は記している。一家と夕食後には皆でビリヤードなどを楽しんだという続き書きからも、慌ただしい視察日程の中で、この浮世離れした山中の休息をいとおしんだ様子がうかがわれる。

翌八日は近郊の岩塩坑見学のため再びトールマッシュ氏の馬車で鉄道駅に向かったが、あいにく予定していた汽車に乗り遅れてしまったため、そのまま馬車を飛ばして二五キロ離れた目的の村まで二時間足らずでたどり着いた。歓迎の国旗が掲げられ、教会の鐘が鳴る中、村人たちが出迎えに集まっていた駅に行き、事情を説明すると村人たちは皆、馬の俊足ぶりに感嘆した——という、いかにものどかな田舎の村らしいエピソードが紹介された後、本題の岩塩坑見学の様子が紹介される。

〈岩塩坑見学〉

この岩塩層は百年ほど前に石炭の採掘調査をしていた時に偶然発見されたもので、一二〇メートルの縦坑をリフトで二分半ほどかけて降りた所に広がっている。広々とした空間は大きなビルの中のようで、それが七万本のろうそくで照らされている様子は幻想的な美しさに輝き、蒸気機関を利用して送られてくる涼風は心地よく、地下の仙境にいる思いがするという。

以下、久米は詳しく岩塩の精製法について古代中国の『山海経《せんがいきょう》』の記述なども引用しながら説明し、また塩が食用ばかりでなく、牧畜、農業、とりわけ各種工業生産に広く用いられていること、その需要のおかげで大きな利益をもたらすことを力説して製塩が国家緊要の課題であることを説くのである。

この岩塩坑内で百人余りの男女が出席する昼食会が開かれた後、一行は移動して今度は別の地下塩水処理場を見学した。地下六〇メートルからポンプで汲《く》みあげた塩水を鉄釜《てつがま》で煮て製塩したものを南米などに輸出するのだという。

九日、トールマッシュ邸を辞するにあたり、改めて豪壮な邸宅、あたり一帯の所有地などを見て回り、川から水を汲みあげる揚水機の仕組みなどを説明してもらった後、トールマッシュ氏と共に一行は汽車でチェスターに移動した。チェスターでは裁判所から監獄、教会を見て回った後、トールマッシュ氏に別れを告げ、時速九六キロの郵便用急行で一路ロンドンに向かった。三時間ほどかかって夕暮れ近く久しぶりのロンドンに到着すると、その日はちょうど皇太子の誕生日と市長の新任日が重なっていたこともあり、格別の繁華雑踏ぶりに不夜城に入る思いがするのだった。

第四十巻　ロンドン後記　（十月十日〜十一月十五日）

＊　ロンドン帰着後は忙しかったためかどうか、十月十一日からの記録はしばらく天候――そのほとんどは曇り、雨、霧――を記すだけの日が多い。それ以外は十五日にそれまで地方移動中のために延期していた天長節の祝宴をイギリス側関係者を招いてホテルで開いたこと、二十一日にグランヴィル外務大臣を訪ねたことがメモ的に記されるぐらいである。

〈ビスケットと農業用種子〉

ようやく二十五日には郊外のレディング市を訪問した事が詳しく記される。盛装した市長が儀仗を捧げる従者を従えて出迎えるところから始まり、この市の特産物であるビスケットと農業用種子の見学の内容が報告される。ビスケットはイギリスのお茶の時間に欠かせない必需品で、多くの製品が競い合う中でも随一と評判の高い製造元が訪問先だが、この創業者は小さな町工場から三十年かかって従業員数千人の大工場にまで仕上げたのだという。その製造過程が詳しく紹介される。

一方、種子会社では、ちょうど、ここの種子から育てられた各種農産物の品評会が開かれているのに立ち会って以下のような感想を記している。

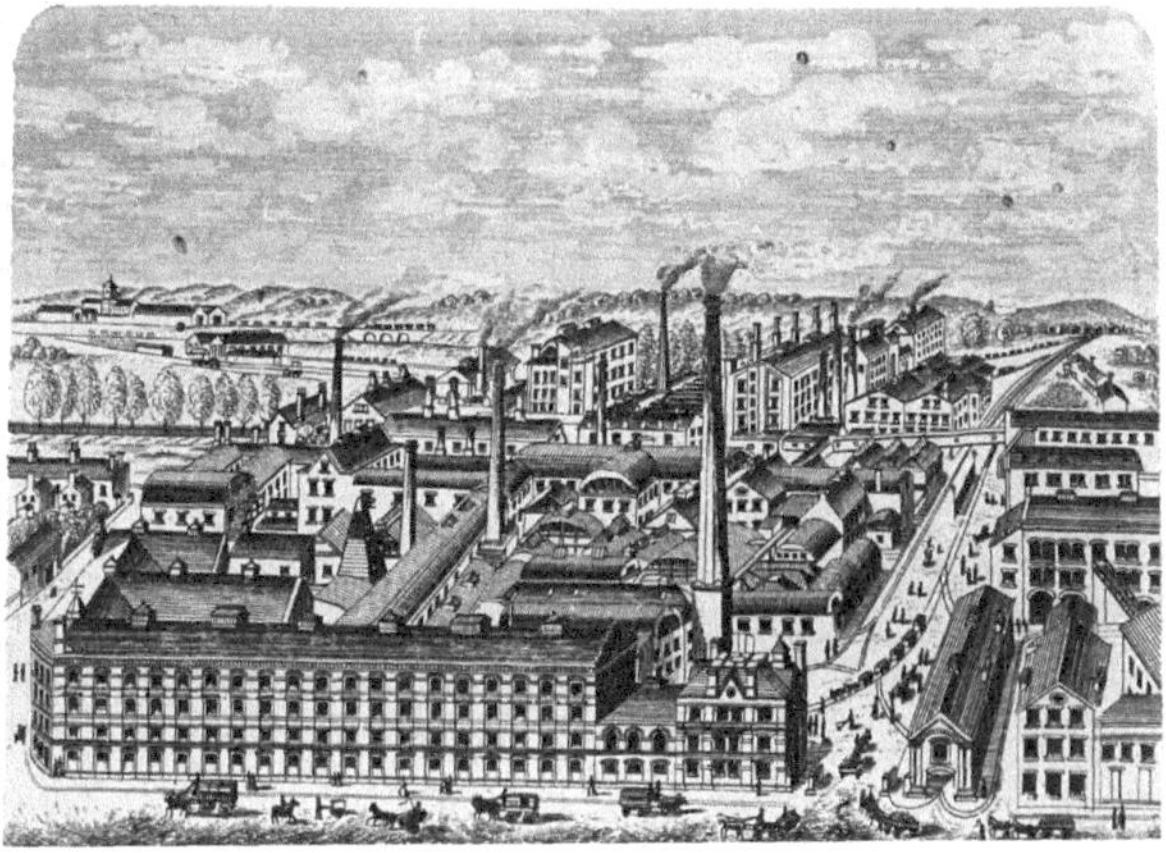

レディングのビスケット工場

〈農業博覧会〉

農業博覧会は農業振興会と併せてこの産業を勧め、進歩を促す大切な会で欧州どの国でも行われている。ただし、その国の状況によってやり方は異なる。イギリスでは貴族や豪族が農地を分け合って領有しており、農家はそれを賃借し、さらに小作人を雇って耕させているので農業振興のやり方もまた貴族や豪族に向けてなされる。それ故、イギリスの農業振興会は大規模で、発行する新聞なども見事である。フランスは、これに対し、地主はほぼ中規模に平均し、農業振興会も地方ごとに簡素に設けられ、州ごとの申し合わせで農業博覧会を年々おこなっている。また各州内の農産物を集める会があり、イギリスでも各州の同様の会があるだろう。博覧会で展示品の良し悪しを評し、賞を与え、不良品や支障がある場合には新聞で布告し、農民や牧畜家で実績抜群の者を表彰するといったことはすべて国益に資すること大であるという。

＊　その後、ロンドンに戻ってからは、やはりあまり記事がないが、十一月二日にはテームズ川下流のグリニッジ近くのガス会社を訪問して石炭からガスを製造する工程を見学し、さらにグリニッジの海軍病院を訪問した。海軍病院では、イギリス海軍の歴史をしのばせる様々な絵画や物品が展示されている中でも伝説的なネルソン提督の生々しい血痕《けっこん》の跡が残る軍服に接したことを印象深げに記している。

そして十一月五日には、いよいよウィンザー城においてヴィクトリア女王の謁見がかなう。その様子は回覧実記とは別に『謁見式』という文書に報告されているので、それを引用紹介する。

〈女王に謁見〉

正午二十分前、大使、副使および書記官塩田篤信、林董三郎《はやしとうざぶろう》、アレキサンダー将軍、アストン一行はバッキンガムパレスホテルを出発してパディントン駅に向かう。外務大臣グランヴィル卿《きょう》、ハリー・パークス卿らも合流して女王専用車に乗り込み十二時十分発車、一時四分ウィンザー城駅到着。四頭立て馬車二台、三頭立て馬車一台を仕立てて我々一行を待ち受けていたのに乗り込み、しばらくして城門に到着する。女王近衛兵《このえへい》隊が整列して捧《ささ》げ銃《つつ》の礼をした。控えの間でしばし休息後、宮内大臣に迎えられ一同は控えの間に案内される。二十分ほど待っていると外務大臣が来て謁見の手順などをアストンの通訳で大使に伝えた。それから謁見の場に進む。

女王は遥《はる》かな奥に座り、右には次男王子エディンバラ公、ベアトリス王女、左には外務大臣、宮内大臣、その他、侍従武官らが列座する。ここで大使は前へ進み出て口上を述べ、読み終えた国書を女王に手渡すと女王はこれを外務大臣に渡して（女王は口上書を読まずに書面だけを外務大臣に渡された）、「貴国の帝王はつつがなくお過ごしか」とお尋ねになり、これに大使は「つつがなく過ごされている」と答え、女王「当国の滞在は興味深いものであったか」に対しては大使「貴国政府及び人民の厚遇に与《あずか》り、各地を巡覧して少なからず有益であった、甚だ喜ばしい思いである」と返した。さらに女王は次男王子エディンバラ公を指し「この者が前年、貴国を巡覧した際には貴国政府より格別に懇切丁寧な心遣いをいただいたとのこと、私からも深謝する次第である」と仰せになった。これにて謁見は終わり、一同は三度頭を下げて後ずさりし退出した。その後、別席で饗応《きょうおう》があったが、外務大臣は他に要務があるため同席できないと申され、この席について接遇に当たったのは多くは女王近侍の武官である。これを終えて三時二十分前発車、四時十五分前着の汽車でロンドンに帰った。

＊　その後、七日には政府要人、各国使節、実業家たちをホテルに招いて饗応、九日には皇太子プリンス・オブ・ウェールズより昼餐の招待などの行事をこなし、十一日には農業振興局を訪問して米英日三国の農業のあり方を比べあわせた次のような感想を記している。

〈農業振興局訪問〉

農業振興局についてはアメリカのワシントンで見聞を述べたが、かの地の設備は広大な試験場を設けて壮大な建物を構え、大型の機器（たとえば数町の土地をひとりで一日のうちに耕し、開拓するような発明）を陳列し、土地に野生していたものを見つけ出して改良した品種（たとえばトウモロコシ、ジャガ芋、タバコ、木綿、砂糖楓《メープル》などを一変させたもの）は、どれも見学者を感心させたが、もともと地価が安く、労賃が高いので農耕の狙いは広大な土地を掘り起こし、種まきと収穫の時期を外さないようにするにとどまった結果、それ以上の農業技術の進歩、改良を工夫する暇がない。それ故、我が日本のように限りある土地を耕して作物を改良し、土質を改善し、丁寧に育て上げることによって収穫量を増やすことを目指すというやり方とは当然逆になる。

イギリスは貿易と製造によって国益をはかる国柄であり、農業国としては知られていないが、近年になってからは農業の進歩も欧州各国から賞され最上の地位にある。もともとこの国は土地の質が痩《や》せていて耕作に不適であり、人々は都会に群れ集まりたがって、また人口に比べると土地が狭かったのだが、近年では農業振興に力を入れて土質を改良し、耕作をはかどらせて収穫量を増やし、一八六六年からは暗渠《あんきょ》を設けて湿地を乾かし、あるいは山あいの荒地を切り開くなどして六、七年の間に百万町歩にも及ぶ耕地を増やしたという。

こんな具合に農業においてもこの国は優れている。イギリスの国土、人口は我が日本に比べればやや少ない。しかるに我が国では国民の大半が農業に従事しながら、その田畑の総面積はおおよそのところ四百万町歩（ヘクタール）にも満たない。全イギリスの農民は三百四十万人（一八六一年の統計による）に過ぎないにもかかわらず耕地面積は、山地が少ないとはいえ、穀物畠だけで五百万町歩（一八六一年の統計に新田百万町歩を加えた数字）を超え、また一町歩の収穫量は小麦二石にも達すると言う。欧州諸国の及ばないところである。

聞くところによるとイギリス農業の進歩はもっぱら貴族の勧めによると言う。イギリスの土地は数万の豪族に占有され、地主は年を追うごとに減少し、農民はしだいに借地人か雇われ人の身分に落ちていく状況の弊害を誰もが言うが、かえって農業の進歩はそこから生じた。昔フランスでは貴族を農業の主人と呼んだ。貴族と農民には親しい関係があると言うのは東洋のみのことでないことがわかる。

近年のイギリスなどでは貴族が土地を占有し、商工業者が利益を独占した結果、遅れて志を立てた者は才能を発揮する場を得られず、次々にアメリカへ移住する一方、貴族は貴族でその財産を生かす場がない。鉄道は張り巡らされ、企業も仕上がってしまった結果、所有地は農業に回すしかない。その結果、貴族は農閑期はロンドンで過ごし（十二月から三月まで、議会もこの間に開かれる）、農繁期には領地に帰って農事を監督すると言う。実に社会はめまぐるしく変動し、利あれば害あり、禍福絡みあっていることがわかるだろう。

そもそも農業は欧州でも昔から一種下級の仕事とみなされて、その理論を深く研究する者もなく、百年前まではそのまま他の分野の進歩から遅れていた。だが、この仕事の理論を追求していくと様々な学問と関わる幅広く至難の営みであり、近年では様々な学者が関心を抱くようになったが、まだ研究の蓄積が浅く、農学者はこぞって解明にはまだ程遠いこと疑いないと述べている。これに対し東洋諸国は農業を重んじ商業を抑える主義の政治で数千年を過ごしてきたので農事については現場の経験を積んで、それが一般の習慣にまでなっている点で西洋の学者も驚かされるようなことも非常に多い。たとえば人糞《じんぷん》を肥やしとし、土地を転作するなどというのは、いずれも欧州では無上の着想と感心されているような例である。

要するに、東洋人は実地体験に秀で、西洋人は理論家であると言うことだ。東洋人は手仕事に優れ、西洋人は機械に強い。であるから日本の農業を理論的に説明しようとしても子供にも劣り、その器具を見せれば器具の体をなしていないと笑われるが、これも一長一短なのである。つまるところ、国土を興して農業を緻密《ちみつ》にするには狭い土地に多くの知恵を働かせ、周到に労力を注ぎ、技術と熟練を全うするなら、その結果として篤農家の地位にまで進むこと疑いない。イギリスの農業はもっぱら財力と機械に奔走するところがあるが、その目的はもっぱら狭い土地で収穫量をあげるということにあるなら農業振興局の見学にも益する点は少なくなかった。見かけの規模の大小で米英の農業を論じるのは皮相な見解である。

〈大英帝国の裏面〉

＊　その後、十二日には木戸《きど》、大久保《おおくぼ》両副使が警察署などを視察した。詳しい内容は回覧実記では省略されているが木戸が残した日記によれば、逮捕者の身柄の扱いなどを見聞きし、ついで周辺下層地区の木賃宿、安キャバレー、阿片窟《あへんくつ》などを見て回ったが、その退廃ぶりには驚愕《きょうがく》失望するばかりだったと言う。繁栄を極める大英帝国の裏面をも知った訳である。

フランスに出発する前日の十五日にはイギリス滞在中に世話になったイギリス側関係者

を招いて別れの宴を開き、回覧実記イギリス篇の締めくくりとして次のような感想を記している。

〈商業国家イギリス〉

イギリスは商業国である。国をあげて世界貿易に集中している。それ故、五大洋に船舶を行き来させ、各地の産物を買い入れて自国に輸送し、鉄や石炭の力を借りて工業製品に加工しては再び各国に輸出し、売却する。これが三千万の国民が暮らしを立てていく道なのである。欧米列国で工業を興そうとする者はその原料をイギリスの市場に求めざるを得ず、また農業を営む者も収穫物をイギリスの市場で売らざるを得ない。こうしてロンドン一都に世界の一大市場が開かれ、生産貿易がますます盛んになるに従い、この都会もますます繁栄し、今では人口三百五十万人の大都会となるに至った。旅行者、船の出入りで方々に滞留している者などを合わせると四百万を超える人々がこのわずかな空間に暮らしているのである。その働き方や暮らしぶりは千差万別で、高層ビルは雲にそびえ、煙突は空を焦がす。行き交う車馬の騒々しいこと、往来の混雑、至る所焦熱の場となっているが、その中でも主として集中しているのはテームズ河口からロンドン・シティーあたりである。この都市の繁栄で最も注目すべき所もここだ。ロンドンドック（港湾施設）、税関、銀行、取引所、市庁、市場および電信局、郵便局など、どれもこの都市の一大貿易活動の要《かなめ》として目の前で見聞きすることができる。

しかしながら商業活動は生き物であり、落とし穴でもある。平時の戦さに喩《たと》えられるものである。目に見え、耳で聞く所はうわべにすぎず、こうして書き伝えることも、うわべでなければ過去の死物にすぎない。この商業活動の霊妙不可思議な動きはどれも形がなく、捉《とら》えることができない。営業規則などは人の顔のようなもので千差万別、とてもその意味するところなど理解できるものでない。ロンドンで見る諸々《もろもろ》の宮殿、楼閣、ホテル、劇場、寺院、学校、病院、監獄などの広大壮麗な様子を詳しく伝えようとするならいくら筆を尽くし報告を重ねても足りない。それには各種の書物が揃っている。この報告でも視察してきたことの一部を記したが、それとて千のうちの一か二をあげたに過ぎない。それ以外、滞在数ヶ月の間に見て回った所については総説一巻にあげたところにとどめ、これ以上は述べない。

ただ、このイギリス篇で主眼としたところは、この国内をずっとめぐってイギリスが富強を実現するに至る人々の暮らしを実地に見て回り、その実態を我が日本国民に実感してもらうことにある。各地を回る中で、支配階級、農工階級の実態について見聞きしたことはすべて詳しく記し、併せて山水の風景にも触れたので一部なりとも示すことができたと言えるだろう。ただし、ロンドンにおけるビジネスについては、その盛況ぶりを伝えようとはしても見聞きしたところだけでは到底伝えきれるものではなく、それ以上は筆を擱《お》かざるを得なかった。そこで、ここでは一八七〇年時点のイギリスにおける金貨流通に関する報告を入手したので記しておく。（＊中略）ロンドンおよびイギリス全土における金貨流通の状況はこれによって推察できる。またイギリスの主要輸入品は六種ある。綿花、穀物、砂糖、羊毛、絹および茶で、総計七億八〇〇〇万ドル、全輸入総額の半額にあたり、その内三分の二は綿花、穀物の値段である。主要輸出品も六種ある。綿布および綿糸、毛布、鉄材、麻布、石炭および器械類である。これらの金額は七億一〇〇〇万ドルで全輸出総額の三分の二に及ぶ。このうち半分は綿布および綿糸の値段で、三分の一は毛布、鉄材の値段である。このことからイギリスの利益は、もっぱら木綿と石炭、鉄によると言われる訳である。

全国の税関で一年間に納められる関税は一億ドルだが、そのうちロンドン税関で徴収される額は半分以上になる。ロンドンの繁栄、貿易の隆盛もって知るべしである。その他、リヴァプールで一五〇〇万ドル、スコットランドで一二五〇万ドル、アイルランドで一〇〇〇万ドルを徴収する。リヴァプール、グラスゴー、ダブリンそれぞれの繁盛に差がある証《あか》しであり、これ以外ではイギリスの港のうちでブリストルが五〇〇万ドルを徴収しているのを除き、その他の港を合わせて八〇〇万ドルとなるに過ぎない。これをもってイギリス全土の港の景況を知ることができよう。

工業と貿易はイギリス全土の富を増進する要諦《ようてい》であり、従って国民の意識は主にここに集中するのである。それで人々は各地方の都会に集まって村落に住む者は自然と減少し、農作物、食品材料の生産はどんどん足りなくならざるを得ない。そこで工業、貿易によって余った利益で外国から輸入することになるのであり、これを「産業力を買う」と言うのである。この産業力がどんどん盛んになるに従って原料の需要がますます増大し、それにつれ人々の日常需要も自然に増加して年々の消費高を増大させる。それでイギリスの職工は大抵肉とパンを食料とするのに対し、フランスの職工の三分の二はじゃがいもとトウモロコシとで暮らしている。両国の賃金には大きな開きがあるのだ。世界中でアメリカとイギリスより賃金が高い国はない。

こうした状況はことごとく日本とは反対である。この国の面積や人口、位置状況は日本と似ているとしてその国家経営、営利の方略を学ぼうとしてもまだ達せられていない。それ故にイギリスを見学して得られた印象は身近なものとは言えない。ただロンドンは世界の天然資源の一大市場であるから農産天然物などに富む国は貿易状況に深く注意すべきであるとは緊要の課題であるだろう。

フランスは農業による利益を工業に回し、巧みに貿易も発展させて海外に進出しており、最も完成された文明国であると称している。これからその視察に取りかかろうとする次第である。

第三編

欧州大陸の部（上）

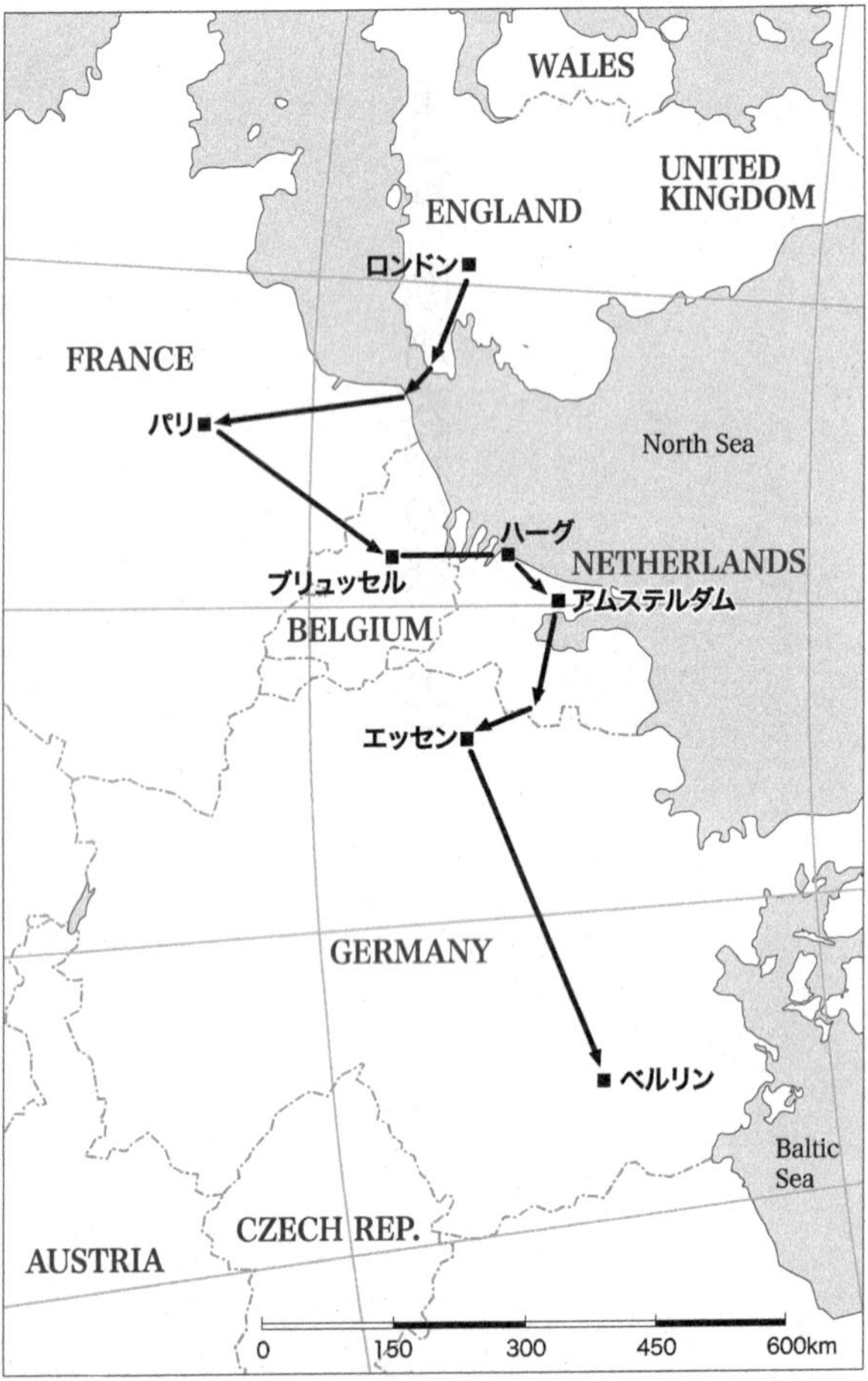
WALES
UNITED KINGDOM
ENGLAND
ロンドン
FRANCE
パリ
North Sea
ハーグ
NETHERLANDS
ブリュッセル
アムステルダム
BELGIUM
エッセン
GERMANY
ベルリン
Baltic Sea
CZECH REP.
AUSTRIA
0
150
300
450
600km

第四十一～四十三巻　パリ　Ⅰ

（明治五年十一月十六日～六年一月八日）

〈欧州文明の中心〉

＊「フランスは欧州の最も開けた部分の中央にあって様々な産物が行き交う文明進展の中枢である」という紹介から始まって周囲の諸国や地形との関係、国土面積（約五五万平方キロメートル）、人口（約四千万人）に続いて前年（一八七一年）の普仏戦争敗北によってアルザス、ロレーヌ地方を失ったこと、一方インドシナ、アルジェリアなど海外植民地を保有していることが述べられる。

ついで五世紀のフランク王国から始まる歴史、とりわけブルボン王朝からフランス革命、ナポレオン治世、普仏戦争へという激しい変転を紹介し、産業面では農工商の三つがバランス良く発展し、人口面でも、都市に集中するイギリスに比して都市と農村のバランスがとれていると述べる。

地形的にはイタリア、スイス、スペインとの国境近くにアルプスなどの山岳地帯が続いているが、全体としては平野が多く、そこを流れる河川や運河を利用した水上輸送が道路や鉄道と並んで発達している。

気候は温和で土地は肥沃《ひよく》であり、地域それぞれの土地柄に適した多様な作物を豊富に生産している。農業人口もイギリスの六倍近くで自作農が半ば以上を占める。工業生産では衣服や装飾品などから各種機械に至るまで技術やデザインが精緻《せいち》で優雅なことが大きな特色であり、誇りにしている。

貿易面ではイギリスのように西欧外の遠方諸国と取引することはそれほどでもないが、欧州圏内では中心地として周辺諸国と活発な取引を行っている。欧米諸国の工業製品は一旦《いったん》フランスを通すとブランドとして箔《はく》がつくことから各国の有名メーカーは競ってパリに営業所を設けている。フランスの商売人は客さばきが巧みで製品の陳列なども洗練されて購買欲をそそり、「田舎者がフランスの店に入ると財布の底まではたく羽目になる」などと言われるほどである。

ナポレオン皇帝が制定した民法の規定が整備されているおかげで財産権が保護されており、富裕層による民間資本が充実している。普仏戦争に敗北して負わされた巨額の賠償金支払いもこの民間資本が支えて乗り越えられるだろうとフランス人は楽観している。

人種的には元々ドイツ西北部あたりから南下移住してきたフランク族を主として、その他の民族も加わり、体格は中背、気質は活発で陽気な反面、散漫で軽率、統制や忍耐に欠けるところがあり、それが普仏戦争に敗北した一因であろう。

宗教はローマ・カトリックが主で、教育面ではカトリック教会による伝統的な宗教教育が続いており、近代化が遅れている。

度量衡はメートル法がいち早く採用され、欧州諸国がこれに続くことになった。

*

〈霧の都から花の都へ〉

十一月十六日（一八七二年十二月十六日）早朝、ロンドンのホテルを立った使節団はヴィクトリア駅からイギリス政府が用意した特別列車で欧州大陸への乗船地ドーヴァーへ、そこから礼砲に送られて英仏海峡を渡りフランス側のカレーに到着するとフランス政府の接待役が日本の弁務使（公使に相当）と共に待ち受けていて兵士たちの捧《ささ》げ銃《つつ》の礼で迎え、ホテルで昼食の接待があった。その最初の印象、引き続きパリ到着までの行程を久米《くめ》はこう記している。

このイギリスとフランスの間はわずかな海峡で隔てられているに過ぎないにもかかわらず話される会話の響きがまるで違うことは驚くほどだ。イギリス人の響きは重苦しい。フランス人のは熱烈だ。言葉そのものも起源は別々で全く異なっている。食事の味付けも一変する。両国は昔から互いに侵略し合い、行き来すること幾千年にも及びながら、つまるところ、わずかな海峡を隔ててそれぞれの生まれつきを守っているのだ。国の成り立ちは山や川などその風土特質によるのか、国民の習慣によるのか、いずれも共に改めることのできないものだ。

午後一時に食事を終えると汽車に乗り込んで南に向かった。これから欧州大陸の土地となる訳だが、広々とした平らな原野が海ぎわに広がり、はるか遠くまで見渡すとわずかに起伏する丘陵が見えるが極めてゆるやかである。土は黄色で砂利が混じっている。イギリスの一般的な原野よりも痩《や》せているように見える。道沿いや畑の畔《あぜ》に広葉樹の並木が続いている（幹は残して枝は毎年切り落とす）。草もあまり茂っていない。村の民家や駅舎のスタイルはいずれもイギリスと違う。村はひっそりと寂れた様子で豊かでないように見える。その先も同様の畑や原野が続き、どこも畑ばかりで見るべき風景もない。途中で日没となり、一七六マイル半走ってパリの東駅に到着した。

馬車に乗り込んで市内を走っていくと街路を挟んで煌々《こうこう》たる高層の家並みが聳《そび》え、道路はどこも石畳が敷き詰められ、並木が植えられ、ガス灯がともされている。ちょうど月が昇るところで、さすが名高い都の眺めに自《おの》ずと目は楽しまされる。立ち並ぶ店はどこも目に鮮やかな美麗な品を並べ、カフェには遊興客が群れている。人々の気風もロンドンとは異なっている。シャンゼリゼの大通りを走り抜けて凱旋門《がいせんもん》に面した館《やかた》に到着した。

この館は元々トルコ公使館に貸し出されていたというのを今回我々使節団が訪問滞在するということからフランス政府より滞在中の公館として貸し出され、接待係一名を選んで館内の種々の用の調達に当たらせたのである。凱旋門の西北（＊南東の誤り）に面し、プレスブール通りに入り口がある。白い石造りの三階建てで裏は広々とした円形の庭に面し、シャンゼリゼ通りが一望できる。素晴らしい眺めで絵のようだ。館内の什器《じゅうき》はすべてフランス政府から用意され、日々の飲食費は使節団の支弁である。

ロンドンからパリまで汽車と船を合わせて二七五マイルの行程だった。

＊　翌朝は雨だったが、イギリス―ロンドンの陰鬱《いんうつ》な印象に比べて爽快《そうかい》なパリの印象を次のように久米は記す。

秋から冬にかけてのイギリスはいつでも暗い霧がもやもやと立ち込めて半ば夜のようだが、そこからパリにやってくると爽快な天候と感じる。とりわけパリでも壮麗さを誇る凱旋門広場に面しているので雲も霧も押し分けて天上にまで昇ったような心地がする。この日は曇って雨がちの天候であることから外出には適さないが、霧に閉ざされたような空気ではないので館のバルコニーからの眺めもまた趣きがある。

〈文化としての都市〉

＊　続いて凱旋門についてアーチ型構造の説明、ナポレオンの戦勝記念として建造されて以来、普仏戦争、パリ・コミューンなどの災禍を経てきた歴史が紹介された後、凱旋門からシャンゼリゼ、ルーヴル等々へと続いていくパリ中心部の主要な街区の説明がなされる。これらの街区は十九世紀半ばから二十年余りをかけて行われた首都大改造計画――それまでの中世以来の入り組んだ迷路的な小路やスラムを取り払い、近代的首都理念に基づいたモニュメンタルな建造物、大通り、公園などを明確な動線にしたがって整然と配置していく――の華々しい成果であり、そのことを久米は十分理解して丹念に紹介するのである。それは同じく近代的都会であるロンドンとは対照的な都市のあり方を印象づける。両都市を対比して久米はこう記す。

ロンドンの街には地下鉄があり、地上には車道があり、さらには高架鉄道がある。それに応じて人々もこの三つの生活圏をめまぐるしく駆け回って暮らしている。石炭の煤煙《ばいえん》は陽の光を濁らせ、雨露も黒ずんでいると感じられる。パリは違う。全市民が一つの公園の中で暮らしているのだ。パリ市内では、どこへ行っても休むのに適した景勝の場所がある。街ゆく人々も忙しそうでなく、空気は澄んで煤煙は少ない。石炭ではなく薪《まき》を燃料としているからである。ロンドンでは人は働くものだが、パリでは

凱旋門

コンコルド広場とオベリスク

楽しむのである。

＊　続いてパリの公園は七十箇所もあるとしてリュクサンブール公園、ブーローニュの森などを数え上げ、そこに市民が集い楽しむ様子をこう記す。

日曜日の夕方ともなると上流家庭では皆、馬車を走らせて遊びにくる。車は豪華さを、馬はたくましさを競い、人々は華麗な装い、雅《みや》びなふるまいで公園中を行き交って、車軸がぶつかり、馬の首が馬車の庇《ひさし》に触れんばかり。パリの豪奢《ごうしゃ》ここに見るべしである。ロンドンの食い倒れ、パリの着倒れと言われることがあるが、この様子を見ると嘘でないとわかる。

＊　さらに教会が多いことに触れてこう述べる。

フランスはローマ・カトリックの国で、ローマ法王が後ろ盾と頼んでいる国である。パリ市中には壮麗な教会が数多い。これらの教会を建てるためにカトリック聖職者は信者から金を集める。その額は膨大なもので、カトリックが盛んだった時には民衆の生き血を絞り、憎悪を買うほどだったが、その積み重ねがこれら寺院の壮麗さとして

チュイルリー宮庭園からシャンゼリゼ方面を眺める

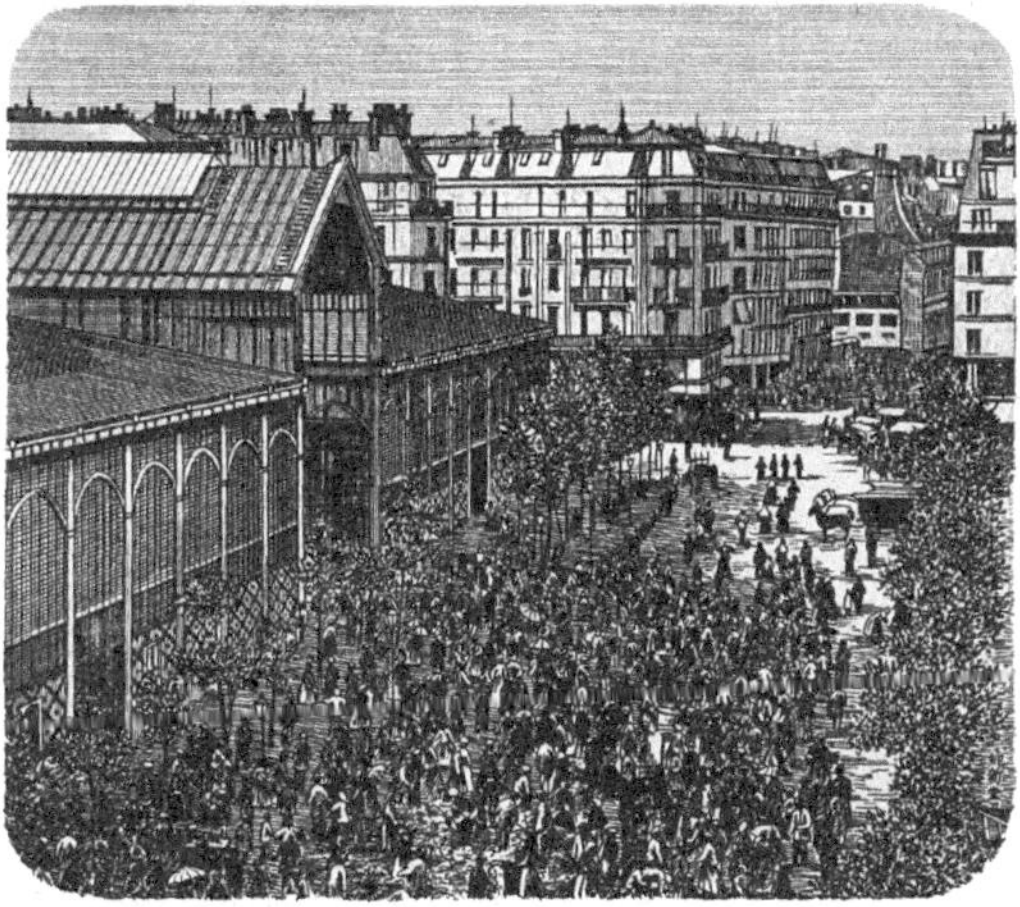

新市場

残されたのだ。それでカトリック国に入ると高い塔が天に向かって屹立《きつりつ》し、巨大な寺院が市中にそびえているのだ。また店々では聖母像、十字架磔刑像《たっけい》を至る所に陳列し、目にするのが厭《いや》になるほどである。

プロテスタントでは、これと違って寺院を飾らず、画像や偶像は十戒を犯すものであるとして一切用いない。それで両宗派の違いは市中に入ればこれらの様子から一目《いちもく》瞭然《りょうぜん》である。また英米両国では日曜日には戸を閉め、朝から晩まで礼拝祈禱《きとう》につとめる。マンチェスターで日曜日に公園を巡ったが数人の人影を見ただけだった。一方、パリの日曜日では、どの公園も車馬でごった返し、男女が群れをなして、歌い踊り歩く者あれば喫茶飲酒する者もあるという具合、まさに一週間のうちの休日である。実にアメリカからイギリスに来ると宗教心が一段減り、イギリスからフランスに渡るとさらにもう一、二段減って、これ以降、欧州各国を巡っても、どこも米英のように信仰篤《あつ》い国は見当たらなかった。

〈フランスの誘惑と危険〉

＊　この後、フランスの工業製品の優雅さ、その結果として欧州諸国のマーケットの中心となっていることが述べられるが、ここではさらに、こうしたフランス文化の優雅さが隣国ドイツに及ぼした皮肉な影響がドイツの歴史家を引用しながら紹介されている。十八世紀

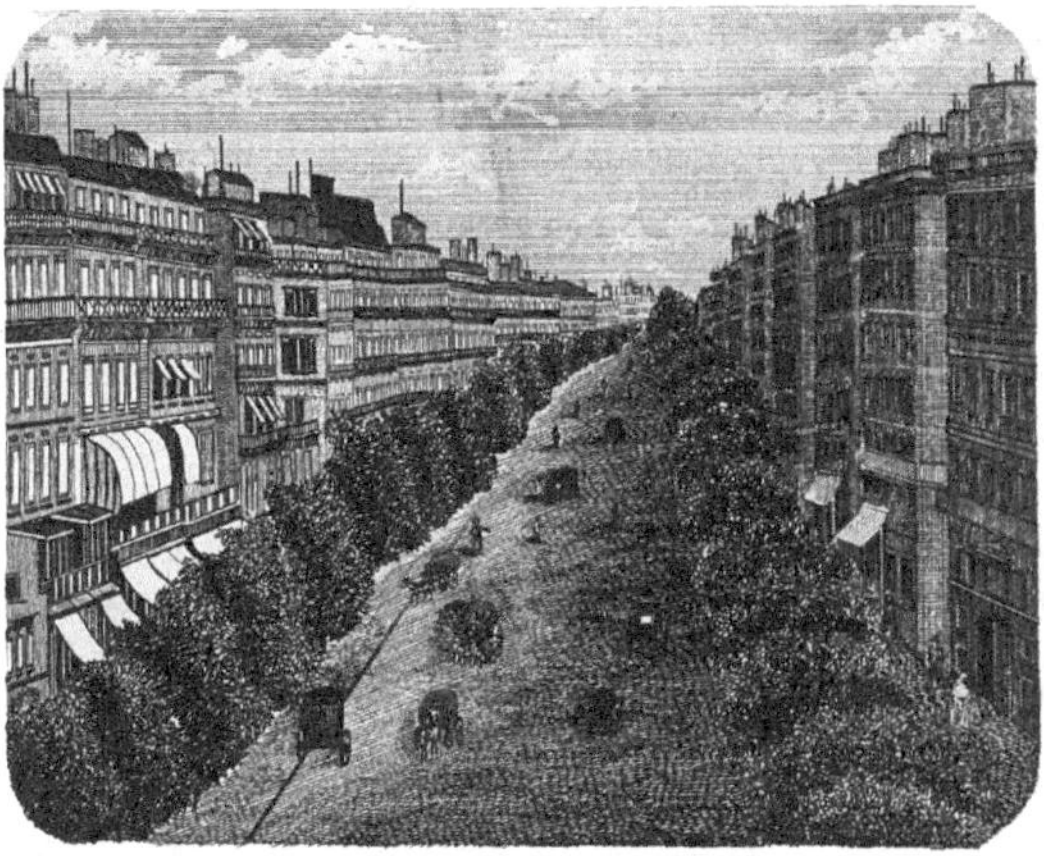

ブールヴァール・イタリアン（パリ一の美景街）

グランドホテル（パリ一の繁華街）

ルイ十四世の治世において発達し、豪奢洗練を極めたフランス宮廷文化に心酔したドイツ貴族がフランス風の模倣に走って自前の文化、技術の発展を怠った結果、衰微してしまったというのである。この指摘が当たっているかどうかは別として、フランス風の洗練された文化を評価しつつも、その裏面に潜在するデカダンスの危険を警戒する久米の姿勢がうかがわれる。

そして最後はロンドン、パリ、ニューヨーク三都市の貿易のあり方がそれぞれであることに注意すべきであると述べたうえで、パリの貿易商が岩倉《いわくら》大使に与えた忠告――ヨーロッパでは石鹸《せっけん》やろうそくなどの製造に必要な木蝋《もくろう》を日本から輸入したいが、日本側の輸出体制すなわち供給量、価格、輸送期日などが不十分であるために軌道に乗らない、これを整備すべきである――を紹介し、漆器や七宝《しっぽう》、磁器など美術工芸品なども高い評価を得ているのだから、今後は輸出先の好みや供給体制など市場調査を急ぐべきだと指摘する。

〈パノラマ館と普仏戦争〉

＊　十一月二十日から本格的なパリ滞在の記事が始まるが、そこでまず久米が驚きをもって記すのは初めてパノラマを見た体験である。パノラマは円形状の屋内の壁面にぐるりと観客を囲むように描かれた絵画を鑑賞させる装置で、もともと十八世紀末にイギリスで発明されたというが、従来の平面的、静的絵画に比べて立体的、動的な鑑賞体験を提供するこ

とから風景画、市街画、歴史画などに応用され、いわば映画以前の擬似映画的な臨場感を感じさせる装置として人気を博した。日本でもやがて明治二十三年に上野《うえの》および浅草《あさくさ》に常設館が設けられ、日清・日露戦争などを描いた出し物などが評判を呼んで大衆文化の一翼を担うことになるが、この新たな視覚芸術装置に出会った体験を久米は次のように生々しく報告する。

市中を観光する。パリで見るべきものは実に枚挙にいとまないが、初めてこの地を訪れた者誰しもが驚かされる見世物がある。人が作ったものでありながら天然そのものであるかと思わされるような奇々怪々にして文明の精華とも言うべき「パノラマ」という油絵の展覧場である。

シャンゼリゼ通りの西側、凱旋門近く、高層の建物が立ち並ぶ間に円形の低層建物がある。観覧料一フランを払って中に入ると向かいに一つの町が見える。大通り《ブールヴァール》のようだ。よく見ると、砲丸が飛び交い、兵卒が走り、老人が額を負傷して鮮血がほとばしっている。婦人は泣き、下女は怯《おび》えながら荷車に家財を積んで逃げようとしている。まさに修羅の巷《ちまた》だが、二年前のプロシャ軍による包囲攻撃の光景であり、初めて展示された絵であることに気づいて驚いた。

向き直って階段を十五、六段上ると、今度は一つの丘の上に出た。頭上に天幕を張り、足元には手すりをめぐらして腰掛けを置き、休憩所としている。パリが眼下に一望され、遠くの丘には薄い霧がかかり、薄日が射している。プロシャ軍の兵営が四方に連なり、砲煙が方々に上がって、爆音は聞えずに砲火だけが見える。丘の麓《ふもと》ではフランス兵が砲台を楯《たて》にして包囲軍を攻撃している。敵弾が飛んできて一画がまさに破られ、兵営の壁も崩れて砲弾の破片もろとも飛び散り、堡塁《ほうるい》は中から炎が燃え上がって半ば焼け落ちるまでになっている。将官は敵を睨《にら》みつけ砲兵は弾薬を運んでいる。隠れ伏している者もあれば傷つき倒れている者もいる。四方を眺め渡すと市中の屋根屋根が湧き上がるようだが、その中から凱旋門が突出し、それモンヴァレリアンやヴェルサイユの丘だ、あれはヴァンセンヌ、あれはサンクルーだと指させる。まさに一八七〇年歳末の光景である。

見学者で驚かないものはいない。見終わって階上から降りて外に出てみるとちっぽけな小屋に上がっていただけなのだ。パリ全景を見渡したとしていたのは周囲の壁の貼り絵を見ていただけのことなのだ。この仕掛けを設けたのは二十年も前からのことで、初めはナポレオン一世がイタリア軍を破った場面を描いていたのを去年から今の場面に替えたのだという。

＊　回覧実記全編を通じて久米は各種工業装置などについては目につく限り丹念にその仕組

みを紹介するが、文学や美術、音楽など芸術についての記述はほとんどない。たまたま迎えられた祝会などで音楽が演奏されたのに触れるようなことはあっても、それ以上、美術館や音楽会に出かけるような記述は見られない。

これは使節団の目的が外交交渉および近代的社会制度、実用技術の視察に集中されていたからに他ならないが、そうした中で、このパノラマについての熱を込めた描写は際立っている。各種工業装置の紹介などでは仕組みの説明を丁寧に、しかし淡々と客観的に続けていくのに対し、このパノラマの場合には逆に、仕組みの説明はわずかで、代わりに自身が受けた強烈な印象を臨場感溢《あふ》れる語り口で追っていくのである。

それはひとつには描かれている情景がつい最近の普仏戦争の生々しい修羅場であり、久米自身が体験した維新前夜の修羅場を思い出させ、また、近い将来、日本が直面せざるを得ないであろう国難を想起させるものであるからだろうが、それとともに、工業装置などの場合には傍から説明され、見学するにとどまっているのに対し、パノラマの場合には直接その場の中に入り込んで動き回っているような臨場感、いわばバーチャルリアリティを感じさせるということが働いているだろう。とりわけ階段を上ることで場面が転換していくところにこの臨場感は鮮やかであり、そうしたダイナミックな感覚の新しさを直感していたからこそ、この使節団本来の国家的目的からは外れるような大衆文化に接した体験をここまで描写したのではないだろうか。

ヴェルサイユ宮のオペラ劇場

　このパノラマ見物から二日後の二十二日には、イギリス駐在の寺島《てらしま》弁務使を通じて日本本国で暦が従来の太陰暦から太陽暦に改められることになり、来たる明治五年十二月三日を新たに明治六年一月一日とするという知らせが届く。

　二十六日、使節団は大統領官邸においてティエール大統領に謁見する。ティエールは政治学者、ジャーナリストとして出発した後、政界に転じて、普仏戦争、パリ・コミューンなどにかかわり、第三共和制初代大統領として混乱する国家建て直しの難局に当たっていた老練政治家だが、久米はそうした経歴を紹介したうえで、実際に謁見したティエールを「当年七十五歳、小柄な老人で話しぶりも見た目も穏やかで和気をたたえていた」と評する。

　ついで十二月二日（時差により日本では三

日に当たるか）の記録では予告通り明治六年一月一日すなわち一八七三年一月一日と日付が改められ、新年の祝賀にヴェルサイユへ出かけたことが記される。先日パノラマで見た普仏戦争終結講和の舞台であり、終戦後パリで起こったパリ・コミューンの動乱を回避してフランス政府が移された渦中の地である。その経過を久米は簡単に紹介して「フランス政府が共和制に転じてからまだ二年にも満たない。憲法もまだ審議中で定まっていない」と結ぶ。振り返れば、黒船来航から幕末動乱、大政奉還と遷都、新国家体制摸索《もさく》中という祖国の状況と重なって他人事《ひとごと》ではないと感じていたことだろう。

〈伝統文化の重み〉

＊　こうして、まさに現代世界が直面している激動する状況を受け止める一方、それと背中合わせにあるような伝統文化の揺るぎない重みをも久米はパリから受け取る。

翌二日、岩倉大使は外務省に年賀の挨拶《あいさつ》に赴き、副使はノートルダム寺院を見学すると記されて、この教会が比類なく美しいものであることを述べた後、次のような考察が記される。

プロテスタント国には壮麗な教会は少ない。イギリスのロンドンではセントポール寺院があるぐらいで、ウェストミンスター寺院の壮大さがプロテスタント教会の頭目である。カトリック国では都市の美しさは常に教会に極まる。イタリアなどでは、ローマのサンピエトロ寺院、ミラノのサンタマリア寺院、フィレンツェのサンタマリア寺院など、どれも数百年をかけて建立され、その天高く壮大な様子は驚嘆すべきものだ。オーストリアのサンステファン教会、ドイツのストラスブール教会やベルギーのアントワープ寺院の尖塔《せんとう》、ブリュッセルの古寺など、どれも欧州屈指の大寺院で、それらの建築の美しさは日本の本願寺《ほんがんじ》などと比べたら大伽藍《だいがらん》と草庵《そうあん》のようなものだ。西洋キリスト教徒が寺院に財を費やすことは驚くほどである。

＊翌三日、孤児院を訪問、夜は大統領からの招宴。五日にはルイ十四世の離宮のある郊外の保養地サンジェルマンに遊んだ。六日は国立図書館を見学、その壮大な規模、行き届いた運営、日本や中国の古書籍までも入った蔵書内容などに感心した。さらに付属する博物館で古代バビロン、ギリシャ、ローマの宝物、貨幣などを見て回った後、次のような感想を記す。

〈古文物保存の意義〉

西洋諸国の日進月歩の情報が日本に伝わってきて以来、思慮に欠けた軽佻浮薄《けいちょうふはく》の輩《やから》は慌てて古きを捨て新を争っているが、そのいわゆる新なるものから必ずしも得ると

ノートルダム寺院

廃兵院（アンヴァリッド。ナポレオンの墓がある）

ころがないまま古来の保存すべきものの多くを破棄して残らなくしてしまっている。これが日進ということなのだろうか、進歩ということなのだろうか。樹齢百年というような大木は一晩のうちに成長するものではない。遠い昔に芽生えたのがようやく今になって斧《おの》で切り倒すほどにまでなったのだ。我々の今の身も赤子から成長したものなのだ。新陳代謝ということから言うなら、一瞬たりとも元のままの自分というものはない訳だが、成長した今の自分の姿を見れば昔の赤子の自分なのだ。これこそが進歩ということ、日進ということなのだ。

大陸の人々は重厚な性格であり、ことに西洋各地の人々は文物を廃棄するには慎重で、その蓄積の跡を見れば日進月歩とは言っても元はと言えば原資を磨き上げて光輝を発するまでになったのである。欧州でも中古の時代には異民族の侵入騒乱によって古来の文物ことごとく兵火に荒らされ尽くし、跡形も無くなったのであり、これを称して暗黒の時代というが、この四百年来、文明が徐々に開けて博学の士が古物旧跡を訪ね、古文献の残欠を探し、確かな言い伝えとされるものを記録し、廃屋を探索し、古井戸をさらうなど幾多の苦労、探訪を重ねた結果、いにしえの金の器が世に現れ、各都市に考古博物館ができたのである。

一方、こんなことも聞いた。世の中が開けるにつれて人々の労賃は高くなるが、工芸技術はかえって劣ることが少なくないというのである。古代ギリシャ、ローマの彫刻や文様を今の人が真似ようとしても到底及ばない。昔の芸術はしばしば伝えられることなく、今から取り戻そうとしてもかなわないものが多い。西洋の学者は皆これを嘆いている。それ故、我が国にくると同様の嘆きをここでも味わうことになるのではあるまいかと察し、いにしえより伝わる漆器、象嵌《ぞうがん》の類《たぐい》の伝統を今になって廃したり、残されてきた道具を壊したりすることのないよう勧める。文明にかかわる大切な助言である。

文書や書籍の類は、その国の歴史、盛衰を知るうえでの宝であり、紙反古《かみほご》や切れ端でさえ収集して無くならないように努めなければならない。西洋の図書館や博物館を見る度、遠く離れた東洋の我が国の文物にも大枚を惜しまず、手間を厭《いと》わずに収集採録するなど手厚い扱いをされていることに我々日本人は驚くばかりである。その解説を聞いて我が日本のことを一層理解して帰ることになるほどだ。

西洋が日進月歩の進歩を遂げている根本は過去を大切にする気持ちによるのだ。たとえば凱旋門の壮大さは古代ローマの城門から来ているのであり、セーヌ河にかかる橋はティベーレ川の橋を下敷きにしているのだ。数百年、数千年の知識を積み上げることによって文明の輝きは生まれるのであり、これを散失してしまえば葛天《かってん》氏（古代中国の伝説的帝王、敢《あ》えて民を教化しようとすることなく自ずと平穏に治めたとされる）治下の民のようにただ素朴であるだけのままにとどまることになるのである。

〈フランス人の感性〉

＊　この日は続いて各種農工業機械、器具の展示場を見学したが、そこで久米が感心したのは細部の繊細な工芸技巧で、イギリス人とは違うフランス人の感性を実感した。
　七日には造幣局、公益質屋を見学し、フランス人の財政、貧困者救済法を優れたものとして評価した。財政については、個人向けの国債を発行して資金を調達し、それを貸し付けてあがる利子を、貧困者救済法については、その一環である公益質屋からあがる利子を、それぞれ運用することにより財源規模を増大させる政策が功を奏しているとし、フランス人の理財感覚、戦略の巧みさに驚かされ、それまで回ってきた米英の実業的国民性とは異質の国民性を早々に実感するのである。

第四十四〜四十六巻　パリ　Ⅱ　（一月九日〜二十一日）

＊　一月九日にはナポレオン三世（英雄ナポレオンの甥《おい》で第二帝政を敷くが普仏戦争に敗れて退位、イギリスに亡命していた）が病没したことが記される。特に感想は述べられていないが、維新を経てきた日本同様、フランスも歴史の激動期であり、渦中の人々の命運も

他人事《ひとごと》ではなかっただろう。

十日には有名なペール・ラシェーズ墓地に詣《もう》でた。様々な趣向を凝らした墓を見て、それにかかる費用の高さ、そのために余裕のない庶民は満足な墓を維持することも難しいなどと思い、また、先のパリ・コミューンの内乱の際、この墓地が政府軍とコミューン派が激突して三百人以上もの犠牲者の血の海となったと聞かされ慄然《りつぜん》とした。

〈庶民保護と庶民文化〉

ついで、近くのビュット・ショーモン公園にまわった。工場地域の近くで労働者たちが多く暮らし、あまり教育程度も高くなかったが、ナポレオン三世が安売り市場や公益質屋などを設けて庶民の保護に努め、それで帝の没後も慕われていると紹介したうえで詳しく当時までのフランスの労働者政策について紹介論評する。要約すると、フランス革命後、ナポレオン一世の支配と没落、王政復古とその破綻《はたん》など続いた混乱に乗じるようにして大統領ついで皇帝となったナポレオン三世が社会安定のためにとった工場労働者向けの社会福祉政策――都市近郊の安価な空き地を開発して工場を誘致し、そこで働く労働者向けの住宅などを用意して、産業と福祉が噛《か》み合った状況を目指すという政策で、これを久米《くめ》は評価するのである。

帰途、住宅用の門柱、格子などを製造する鉄工所に寄った際には、人力に頼るところが多い小規模の町工場ながら、細部の彫刻や唐草模様などの細工が優美であることに感心して次のように述べる。

イギリスの工芸はまず大規模だが粗大な製品を作って世間の需要に供するのを目的とし、その上で技巧を凝らし、華麗で繊細な細工にまで進む。商業のあり方も同様で、主として食用品、日常生活品を貿易取引したうえで細かな製造品に進む。フランスの工芸はこれと全く反対で華麗繊細な手工芸に独自の境地を開いたうえで建築、造船、銃砲、紡織などでも全てこなすのである。その商法も製造品を主としたうえで原材料、食用品の貿易にあたる。これが英仏両国の対照的な産業興国のあり方である。パリの生産現場を回ってイギリスのような大規模な生産設備がないからと言ってフランスの産業生産はイギリスに及ばないなどと判断するのは大きな間違いである。

＊十一日、パリ西方郊外の保養地サンクルーを抜けて有名な陶磁器工場の町セーヴルを訪問した。

ここでは日本の伊万里焼《いまりやき》などを引き合いに出しながら詳しく陶磁器製造の歴史と技術を紹介する。

サンクルー宮廃墟

〈米仏宗教文化の差〉

＊　十五日、ヴェルサイユのリンシール陸軍士官学校を訪問する。ここはルイ十四世の愛妾《あいしょう》マントノン夫人によって建てられた女性教育施設を元にしていて教会を付設しており、それに触れて久米は次のように欧米諸国の宗教事情の差を述べる。

アメリカでは宗教心が篤《あつ》くても軍学校では聖職者をかかわらせない。それで信仰心の篤いアメリカ人は皆、軍学校は風紀が悪い、身を慎んで悪風に染まらぬようにと言う。一方フランス人は宗教心が薄く、アメリカ人とは反対のようだが、にもかかわらずこの学校に礼拝堂が設けられているのはカトリックの国であるからだろう。フランスの学校の多くは僧侶《そうりょ》によって運営されている。これも旧教と新教の違いである。

＊ついでフェンシングの練習所を見学した際にはナポレオン一世以来の近代的戦術の変遷、銃砲・銃剣・騎兵それぞれの役割について紹介し、さらに体操場、射撃場、練兵場、屋内馬場などを順に巡った。

兵学校見学を終えた帰途、ヴェルサイユ宮殿を訪れた一行は、その壮麗壮大さに驚嘆した。

翌十六日にはパリ市内の下水道を見学、その大規模な仕組みを詳しく紹介し、また人糞《じんぷん》を郊外まで運んで農家の肥料として利用する仕組みを不用物から有用物を生み出すリサイクル文化として論じている。

十七日、パリから西の郊外にあるモン・ヴァレリアン砲台を見学、普仏戦争、パリ・コミューンにおいてこの砲台が果たした役割を紹介し、さらに備え付けられた大砲の威力に触れて、普仏両国が戦争終結後も依然として兵器の改良発明に力を注いでいることを記している。平和時にも常に潜在する国際緊張関係を久米はこの砲台に敏感に感じ取るのである。

ついで砲台駐屯兵の宿舎を訪ねた久米は炊事場を見て食事内容を記し、主食であるパンの製造工場では製造過程を紹介したうえで次のようにパンの原料となる小麦栽培について

ヴェルサイユ宮内部

セーヌ川運河の景観

の論を展開する。

日本では米が主食なので麦の栽培、加工の技術が遅れている。パンの原料とするためには小麦を挽《ひ》いて粉にしなければならないが、日本では小麦を挽く機械が未熟で力が弱いため麦粒を湿らせて挽きやすくする結果、腐敗しやすくなり、保存や輸送の障害になって輸出なども難しくなる。そこでこれからはこうした欠点を克服して麦作を盛んにしなければならない。

この砲台ではさらに守備兵の射撃訓練を見学したが新兵であるためか未熟であると批評している。

翌十八日には東の郊外にあるヴァンセンヌ城の兵営を訪問した。ここには優秀な大砲が多く備えられており、普仏戦争で戦果をあげたと聞かされる。アメリカ、イギリスではあまり生々しい戦争状況にかかわる記事はなかったのに比べフランスに来て初めて直近の戦乱の跡に直接触れ、現代の戦争というものを実感する久米の様子がうかがわれる。とりわけ英米両国と違い、いくつもの外国と直接国境を接して古くから葛藤《かっとう》を繰り返してきた大陸諸国ならではの複雑な国際関係のあり方について次のように久米は論じる。

〈権謀術数の国際関係〉

西洋各国間の外交は表向きは親睦《しんぼく》公正を装いながら裏では常に疑い合い、謀略をめぐらしあっているものだ。ひとたび事がおこると局外中立の義を宣言しながら実はそれは表向きに過ぎない。アメリカ滞在中ワシントンの上院で我が国の馬関《ばかん》賠償金（文《ぶん》久《きゅう》三年に長州《ちょうしゅう》藩が外国船に対しておこなった攘夷《じょうい》行為に対する賠償金）について議するのを聞いたことがあったが、その際、ある州の上院議員が南北戦争に際して欧州列強が裏から南部諸州を扇動したり、あるいは分裂を画策したりしたことを列挙していた。イギリスの「アラバマ」号問題（＊北軍の船舶捕獲を目的として南軍から発注された船舶をイギリスが製造提供したことが中立義務に反するかどうかが争われた）はそれが露呈した一端である。

今このヴァンセンヌ城を見てみると、アメリカから購入してプロシャ軍に対抗した銃器がある。中立があてにならない明白な例である。ロシアのセバストポール戦争（＊クリミヤ戦争）では英仏両国は連合すると言いながら、その実、フランスは表向きイギリスと同調しながら裏ではロシアを支援していたと言う。

欧州戦乱をめぐる権謀術数は偽計にあふれている。今は、フランス、日本、ロシア、オーストリア各国とも国民皆兵制を敷いて国境には守備隊をびっしりと配し不慮の事態に備えている。ベルギー、オランダ、デンマーク、スイスなどの小国はハリネズミが毛を逆立てるように国防体制を固めている。条約を締結して和平を維持し、国力を均衡させながらも決して兜《かぶと》の緒をゆるめることはできない。ああ、これこそ各国が気を張り、志を高め、競って富強を目指すゆえんであろうか。

＊　その後、ヴァンセンヌ城からしばらく離れた軍付属とおぼしい体育学校、隣接する兵舎を見学。兵舎は粗末なバラックだが、応対した将校の意気軒昂《けんこう》な様子に久米は感激して記す。

パリの壮麗な町並みを離れてこの粗末なバラックの席に着き、フランス人の臥薪嘗《がしんしょう》胆《たん》の志に思いを致せば感慨深く、涙が出た。こうでなければフランスはフランスたり得ないであろう。他の国々を見れば、兵営は立派で銃器も精鋭であっても太平の世の芝居でしかない。

＊　パリへの帰途、軍の病院を見学、広々とした設備が整っていたが、病室にはどこもキリストの磔刑《たっけい》画が掲げられ、尼僧が看護婦としてついていることにカトリック国であることを感じさせられた。

〈欧州と農業〉

＊　一月十九日、汽車でパリ郊外フォンテーヌブローを訪ねる。ナポレオン一世ゆかりの王

宮訪問のためだったが、途中、まず車窓から見える田園風景に久米は関心を示す。パリからリヨン方面に向かうこの一帯は肥沃《ひよく》な農業地帯として知られるところだが、麦畑、野菜畑、畔《あぜ》の林などが丁寧に手入れされている様子を見て次のように記す。

欧州の人々は東洋諸国を農業国と言うが、それは農業技術が優れているということではない。農業の分野ぐらいしか開けたところがないということなのだ。ハンガリーを評して欧州の農業国と言うのと同様である。欧州で暮らしの向上に努力を尽くすのは商工業のみに限らない。ただし地味が瘦《や》せているので労するほどには収穫が上がらないのである。（中略）このように欧州は農業に力を注ぎ、年々努力を重ねているのである。

＊　フォンテーヌブローに到着すると町は賑《にぎ》やかで宮殿は目を奪うばかりの豪華絢爛《けんらん》たる輝かしさである。その中を歴代君主とりわけナポレオン一世の栄華に思いを馳《は》せながら巡った。外はあいにくの荒天で広大な庭園は十分に回ることができなかったが、帰途の車中は風雨にも脅かされず安楽で汽車という文明の利器の有り難さも極まる思いがした。

二十日、市内の建築学校、鉱山学校、リュクサンブール宮殿を訪問。建築学校の内容は土木技術の研究教育で、九〇メートルの高さの橋梁《きょうりょう》などの模型、様々な土木工具、学生た

リュクサンブール宮殿の庭園

ちの設計図制作などを見学した。鉱山学校では鉱石や採掘機械、土質分析設備などを見たが、久米がとりわけ関心を寄せたのは国土地図で地域ごとの土質、地味、適した作物などが色分けして示されており、一目で全国の農業生産状況が見て取れることを評価し、富強な工業力を誇るイギリスに劣らないきめ細やかな文明国の証《あかし》であると賞賛するのである。

リュクサンブール宮殿は当時は上院議院となっており、また絵画のコレクションや広い庭園が公開されている。一方、近くにはソルボンヌ大学など学校が多いが、学生たちはバンカラで呑《の》んだくれたり、また街娼《がいしょう》が目立つなど俗っぽい地域でもあると紹介する。

〈銀行制度について〉

二十一日、国立銀行を訪問。預金、小切手、紙幣発行の仕組みを詳しく説明され、また巨大な金庫を内部まで見学する。その上で次のように銀行制度について詳述する。

銀行には三種類ある。為替《かわせ》銀行、会社銀行、大銀行である（その他に少額の金を預かる貯蓄銀行などがあるが、貿易には関係がないので省略する）。

一般に商業には規律というものがある。官による保護も行き届いており、人々が活発な経済活動を望む国々では商業取引にあたって契約の取りかわしが簡単かつ明確であることが必要であることから手形取引がよく行われる。こうした国では互いに信用したうえで手形を抵当に金を貸し、取引を引き受けて手数料をとる方法も行われる。これが銀行の生れる理由である。二人の商人の間でやり取りする為替手形を担保として融資するのを為替銀行とする。これは小さな資本でも成り立つが、その資金はなるべく回転させなければ利益が上がらないので時には資金が底をついて休業に追い込まれることもある。そこで、この為替銀行の資本と手形を抵当として資金を融通し、利益を得る方法を編み出す。これには多額の資本が必要のため株式《アクシヨン》を発行して資金を集め、数十万ないし百万円の会社を設立し、銀行を創設するのである。これをフランスでは「バンク・デ・アッサッション」と言う。すなわち会社銀行である。この銀行もまた取引が混み合う時には資本が底をつき、休業に至ることが必ずあり得る。そこで政府から最も資本金があり経営の確実な会社に紙幣発行の特権を免許し、資本金の三倍までの紙幣を通用させることを許す。これを大銀行と言う。すなわち国立銀行である。

＊続いてフランスの経済学者ブロック氏の譬《たと》え話による解説を引用して再度この銀行制度を噛み砕いて説明した上で、欧州諸国の国立銀行が発行する紙幣ではイギリスが最も信用度が高く、ドイツは国内では高いが、国外では低い、フランスは下落から立ち直りつつある、ロシアは発行限度を超えており、額面の九割以下の価値しかないなどと評価する。

第四十七〜四十八巻　パリ　Ⅲ　（一月二十一日〜二月十六日）

＊国立銀行訪問後、同じ二十一日の午後には有名なゴブラン織りの工場を見学する。壁掛け用などに緻密《ちみつ》華麗に彩色された絵柄を織りだした工芸品で文化財として国の保護を受けて生産されているのである。これについて久米《くめ》は次のように考える――こうした手間のかかる手仕事は労賃の安い低開発国では成り立つが、文明が進み、工業生産が発達して労賃

も高騰するようになる先進国では成り立たなくなる、そこで政府が保護することにより伝統技術の存続をはかるのは文化国家として讃《たた》えられるべきことだ。

ついでチョコレート工場を見学。チョコレートは南米から原料のカカオ豆を輸入して製造するがフランス名産の菓子として欧州中に輸出されている。カカオ以外にも様々な原料が世界各地から輸入加工販売されていると久米は列挙し、こうした貿易経済のあり方を取り込んで利益を上げる重要性を説くのである。

二十二日、天文台見学。パリ・コミューンの反乱の際に暴徒が破壊したと言う望遠鏡の跡を見て、文明国とは言いながら中流以下の大衆は頑迷で暴力的である、全国民が文明的である訳ではないと批判する。総じて久米の視点は為政者側、体制側に立っており、体制に対抗するような民衆勢力に対しては治安を破壊するものとして否定的である。

〈フランス天文学礼賛〉

一方、次のようにフランスの文化を絶賛し、東西両洋の天文学発展の経過を対比する。

天文学、医学、化学などで使用する鏡の精巧なものは例外なくパリ製である。フランスはまた天体観測の技術を極め、まことに文明の先駆者となり、欧州の中心として他国を超える精密科学を誇るのである。それ故、フランスには碩学《せきがく》の士が多く、天を仰いでは天文学が、身を屈《かが》めて大地の法則を観察しては地理鉱山学が発達した。天の高み、地の深みをひたすら研究して極め尽くさずにはおられないと言うのが文明の本領なのである。

東洋では古代よりいち早く天文学が開けた。宣夜、蓋天、渾天（＊いずれも古代中国における天文関連語）で説かれた説は数千年後の今日から見ても必ずしも全くの誤りと言う訳ではない。尭舜《ぎようしゆん》の治ということが言われ、尭は義和に四方を度させたと言うが、度とは測量のことである。その作業を推量すると欧州で観測所を移動して方々で観測するのと同様である。西洋の天文学は古代バビロンが発端となるが、ギリシャ文明において盛んとなり、中世で廃れ、今また盛んになっている。尭の時代はバビロンより前におこったが、その後、人々は怠惰になってこれを引き継いで進歩することがないまま今日に至ってほとんど天地が何物であるかもわからなくなってしまった。

本来、東西両洋で人智《じんち》に優劣の差があるだろうか。勤勉か怠惰かでこのような盛衰に分れてしまったのである。人間は天空の内部に生きているのであり、天文を知らずに済ませることはできない。土地から生えるものを食べて暮らしているのであり、地理を知らずに済ませることはできない。地理学は役に立つが天文学は無益だとして励まないと言うようなのは果たして文明と言えるだろうか。すでに鉱山学校について記し、続いて天文台について記した。文明を極めるなら学を極めざるを得ないと言うことをはっきり認識しなければならない。

〈法制度と人情〉

＊　その後、最高裁判所を見学。まず敷地中央に付設された華麗なステンドグラスで知られる礼拝堂（サント・シャペル）を鑑賞した後、法廷で刑事事件の審判を傍聴した。裁判官に加えて弁護人、陪審員、証人が出廷し、それぞれの立場から判断、発言することによって審判の公正さを保証する手続きに感心して日本ではどうかと言うと、法手続きのあり方が普及しておらず、また人情に左右されがちで難しいと悲観する。そして、この人情ということについて西洋と日本の差を次のように指摘する。

では西洋人には人情というものがないのかというとそうではない。日本に五倫（＊人として守るべき五つの基本道徳）があるように西洋にも十戒というものがある。その一つに偽証してはならないと言う。裁判役の前に出たら真実を証言するというのが戒めの一つなのである。この戒めを守ること二千年、人は皆そうすべきものと従ってきた。ところが日本では道徳上の事柄は表立って口に出さない方が喜ばれるようで、また、日本の習慣では他人の粗《あら》を暴《あば》きたてないのを善しとして暴《あば》き正そうとするのを憎むという風潮から罪を隠すのが義であり道であるとすることが多い。となれば敢《あ》えて表立って口に出すだろうか。東洋と西洋では常に逆となる習慣がこのように多いのである。西洋の優れた法制を東洋に採り入れるには、その外形を捨てて趣旨を汲《く》み取り、よく勘案して行わない限り往々にして食い違ってしまうことがある。見識ある者ならば必ずやこのことに留意して酌量すべきであろう。

＊　裁判所に続いてサンテ監獄を見学する。イギリスのマンチェスターで見た監獄と大体似ており、三階建ての棟が七つ放射状に配置され、その中央にはやはり教会がある。清潔な浴室、図書館などが完備している。

この日の記録の最後には同じ日に副使の伊《い》藤《とう》博文《ひろぶみ》がノルマンディーのラシャ工場を視察して戻ってきた簡単な報告がなされている。

〈英仏両国における機械文化のあり方〉

＊　一月二十三日、高級銀食器などで知られるクリストフル社の工場を訪問する。この種の製造元としてはイギリスのエルキントン社と並び立つ名門であると述べた上で次のように英仏両国の工場製造のあり方を対比する。

英仏両国の製造業を比べて評するなら、イギリスでは機械の補助として人の手を借りるのに対し、フランスでは人の手を補助するものとして機械を用いるのだと言えるだろう。イギリスでは鉄と石炭が豊富に生産されるので自《おの》ずと鉄をふんだんに使い、石炭をどんどん燃やすことになる。それでロンドンをはじめとしてどの都市に行っても煤煙《ばいえん》が空を染めて雲も霧も黒ずんでいる。どこにも製鉄所がある一方、彫刻、絵画、綾錦《あやにしき》、象嵌《ぞうがん》など繊細緻密な工芸となると手がける者があるとしても得意という訳にはいかず、細かい細工は皆、フランス人やイタリア人を雇ってやらせる。フランスは違う。石炭も鉄も豊富だが国内の需要を満たすにとどまる。パリ市内で煤煙が空を染めるのを見たことはない。屋内の暖炉では薪《まき》を燃やす。その薪にする木を田舎ではどこでも植え、森林の管理は厳しく、秋冬ともなれば間引きして、その枝を払い、運び出す（イギリスでは植林が少ない）。

オランダ、ベルギー、北ドイツも同様に製造には人手を用いて、補助手段として機械を使っているに過ぎない。大きな力を要する場合となって初めて蒸気機関を設置するのである。それ故、イギリスでは平均して十一人に一馬力の機械が用意されるのに対し、フランスでは九十五人に一馬力の機械の割合だという。フランス人も紡績や織物が得意だが、全て人力で行う。個人の家々で仕事する町もある（リヨンの絹織物産業などもそうだ）。化粧道具箱、香水瓶、金銀細工、宝玉やガラスの器、造花など全て人の手で作られる。その精巧な出来栄えは欧州中にほめ讃えられ、並ぶものがないという評判である。イギリスとは全く趣きが違う。

＊　また製品（ここでは銃剣）のデザインについてこう指摘する。

フランスの銃剣は英米とは異なり、ドイツとも異なる。いずれの国も独自のデザインを競い合って他国の真似をするのを恥じ、必ず自国で創案したものを自家用とする。欧州の自主の民は独立の気概を養うのであり、この気概がなくてはならない。

＊　さらに当時、万国博覧会などを通じて欧州に知られ、人気を博すようになった日本の工芸美術品の影響についてはこう語る。

我が国の象嵌や七宝《しっぽう》などの細工が西洋で激賞されていることはすでにイギリス・バーミンガムの記に記したが、ここでもしきりに模されている。手本として所蔵する中国の七宝塗りと日本の七宝塗りを並べて比較し、日本の七宝塗りは中国の七宝塗りより細工がずっと良いと我々一行に言って賞賛する（我が国では七宝塗りが中国から伝わってきた技術であることから中国産を珍重し、値段に大きな差がつくが西洋では正反対となる）。

〈日本とフランスの美意識の差〉

＊　一方、日本とフランスの美意識の違いについても次のように述べる。

西洋人はとかく写生画を賞賛する。筆遣いの見せ所ということを学ばないのだろうか、日本画を模したものを見ても西洋の画法で竹の幹や草の茎を描き、微妙な筆遣いに巧拙があらわれるところを何度も輪郭をベタ塗りしてしまい、あるいは定規を用いて正確に写し取ろうとする、失笑しかねないほどだが、その刻苦勉励のほどは感心するに余りある。

＊　その後、聾唖《ろうあ》学校を見学。百年以上の伝統を誇る施設で、園芸や工芸など自立に備えた教育を施し、実習作業で得た収入を卒業時には創業資金として渡すなど配慮されている。ただし、アメリカの聾唖学校では指の動きだけで会話ができるような進んだ方法が開発されているのに対し、ここでは腕や体まで動かす旧式な方法にとどまっていると指摘する。

一月二十五日　盲学校を見学。凸字による盲人教育を創始した学校だという。

その後、二週間ほどはほとんど記事がなく、わずかに当時の著名な経済学者ブロック教授にしばしば教えを乞《こ》うたことが記される程度である。

二月十日、郊外の香水工場を見学。男女百五十ないし二百人ほどの従業員がおり、一日十二時間（そのうち一時間は昼食休憩）労働で、これが西洋における平均的労働時間であるという。香水の他に石鹸《せっけん》も製造しており、香水同様くわしく製造法が説明される。欧州では文明が進むにつれて清潔さが求められ、その指標となる石鹸の消費量が文明度とされると紹介したうえで日本でも植物油を原料とする良質の石鹸を製造することを提案する。一方、この工場では多くの紙を使用し、その中には雁皮紙《がんぴし》や美濃紙《みのがみ》などの和紙もあって珍重されているが、価格の折り合いがつかないなどの理由で十分に供給されるまでには至っていないことなどが記される。

二月十三日、薬莢《やっきょう》製造工場を見学。職工千五百人が働く大工場で、軍から民間まで各種の製品を国内に供給する他、輸出までされている。新発明の焼夷弾《しょういだん》の威力を実地に見せてもらう。

二月十六日、ティエール大統領の招待による別れの宴があり、パリ滞在の行程を終了、ちょうど二ヶ月に及ぶパリ滞在で、壮麗な都市文化、フランス革命から普仏戦争、パリ・コミューンに至る激動の歴史状況などを目の当たりにした印象深い訪問だったが、フランス篇はこのパリだけで、それ以外の地方には全く足を踏み入れず、アメリカ七ヶ月、イギリス四ヶ月をそれぞれかけて地方各地まで回ったのに比べ、歴然とした差がある。それにはワシントンで一時帰国した大久保《おおくぼ》、伊藤両副使を待ったり、そのお陰で、イギリスでは女王の謁見の日程がずれ込んだりというようなことから使節団全体の日程が大幅に遅れ、後半は急がねばならなかったという事情が働いていたと思われるが、ともあれ結果としてアメリカ、イギリスの視察が社会の各方面にまで及ぶ立体的なものであったのに対し、フランス以下欧州大陸各国の視察ではそうした立体性が希薄になったと言える。

第四十九〜五十一巻　ベルギー　（二月十七日〜二十四日）

＊　この総説では、他国の場合のように直接その国の概要に入る前に、まず、続くオランダと合わせて、これまでの米英仏のような大国と比べ、日本と同様の小国であることの特質、意味を語ることから始める。

〈小国としてのあり方〉

これまでアメリカについては欧州の開拓地として、イギリスは世界貿易の中心として、フランスは欧州の大市場として紹介してきた。これら三大国は土地も広大なら人も多く、その活動のエネルギーは常に全世界に影響を及ぼす大国であることはこれまでの記述を見ても一層明らかだろう。

これに対し、我が日本はどうかと言えば、国土、国民、物産において、これら大国と比べて必ずしも著しく劣るものではないだろう。思うに我が国民は着眼点が小さく、共同・耐乏の念が薄いことから経済力に乏しく、相手とするに足りない国力を露呈する状況となっているのだ。

今や三大国巡覧を終えて、いくつかの小国を巡ろうとしている、すなわちベルギーおよびオランダである。この両国は国土面積と人口から言えば我が九州と同程度で、土地は痩《や》せた湿地だが、大国の間にあって自主の権利を全うし、その経済力はむしろ大国を凌駕《りようが》して欧州ばかりか世界貿易にも影響を及ぼすほどであるのは国民が相和して勉励するからに他ならない。この点でむしろ三大国以上に切実な感銘を我々に与えるところがあるだろう。

＊　以上の前置きを経てまずベルギーの基本的な紹介に入る。欧州の独立国としては最も小規模な国の一つだが人口密度は最も高い。周辺を各国に囲まれて独立を維持するために軍備の充実を図っている。国民は剛健で勇敢、勤勉。歴史的に様々な列強の支配を受けて翻《ほん》弄《ろう》されてきたが、ようやく近年になって独立を果たした。こうした経緯からベルギー人は国民ひとりひとりが国の自立を支えようとする気概を有し、半数以上が自営で民力を支えている。

以下、独立に至るまでの錯綜《さくそう》した経緯、議会制度の概要を述べてから国土の紹介に進む。全体に平坦《へいたん》な土地で運河、鉄道が張り巡らされている。鉄道事業についてはアメリカ、イギリス、フランスのように民間に委《ゆだ》ねる方式に対し、ベルギーでは国営方式をとる。これは経営状況などに左右されない安定した運営を維持することを重視する施策だが、近年では民営による積極的な開発へ移行する動きが盛んになってきている。農業・牧畜は盛んで丹念に耕作が行われているが、都市化が進むにつれてしだいに工業原料の栽培に移行してきている。鉄、石炭などの鉱業生産は活発で工業は製鉄、紡織、ガラスなどが目立つ。

言語面では多くの外国に囲まれた小国であるため、地域に応じてフランス語、ワロン語、フレミッシュ語という三つの言語がそれぞれ使用されている。

宗教面ではローマ・カトリック、プロテスタント、ユダヤの三種に分かれるが、概して宗教意識はそれほど強くない。教育制度は進んでいる。……

＊

二月十七日午後、パリを汽車で発《た》って夕暮れ後ベルギー国境に到着、ベルギー政府の儀《ぎ》仗兵《じょうへい》による歓迎を受けた後、夜遅く首都ブリュッセルに入った。

十八日、宮内省差し回しの馬車で王宮を訪問、国王レオポルド二世に謁見。王宮のある新市街は町の東部高台にあって瀟洒《しょうしゃ》な様子。そこから下った平地に広がる旧市街は全体に白っぽく、贅沢品《ぜいたくひん》の並ぶアーケードなど活気に溢《あふ》れている。人々はフランス語を話し、建

ブリュッセル市内の眺め

築もフランス風で、きらびやかな雰囲気はパリを思わせ、「小パリ」と呼ばれているのももっともである。

十九日、接伴係の案内で、国王から貸与されたお召し列車に乗り、ベルギー第三の都市ガン（ゲント）を訪問。まず綿紡織の工場を見学して次のように記す。

〈小国の貿易政策〉

綿花は中央アメリカのキューバ島（スペイン領西インドにある）および東インド（インド）から仕入れる。ここは英仏海峡に近く、イギリスと六時間で往復できる。それでここの市民とイギリス人の往来は絶えず、英語とフランス語の両方を話す者も多い。綿花を仕入れるにはイギリスのリヴァプールまで往復して輸入することが多い。イギリスのマンチェスターは綿花紡織の名産地だが、訪問した際に二、三の工場をまわってもここ（ガン）の工場のように大規模なものは見当たらなかった。とは言え、これはただ一つの工場の大小を比べたまでのことで、全体として紡織が盛んなことではマンチェスターにかなわないという。

＊　その後、市長主催の昼食会があり、午後は欧州一と言われるリネン（亜麻布）工場を見学した。二千五百人が働く大規模な工場で、詳しく製造工程を紹介したうえで久米《くめ》は日本の苧麻（からむし、ちょま）と比べて日本種の方が繊維が細かく上質だが製糸技術が未発達で織物にすると見劣りがする、せっかく良い原料があるのに技術不足であるとしている。

夕方ブリュッセルに戻り、服装を改めて国王招待の夜会に出る。続く舞踏会には正装の男女三百人が参加、シャンデリアが輝き、すべて美しく見事だったという。

二十日、五十キロほど離れた土地の要塞《ようさい》を訪問し、射撃訓練を見学、以下のような感想を記している。

〈小国の独立戦略〉

ベルギーの国民は強健で善く戦う。小国でありながら大国の間にあって独立を全うするために自ら身を守ることを主眼とするのである。元来この国は平坦な地勢であり、フランス軍が東に向かって兵を進める場合、メッツやストラスブール（＊共に独仏国境際の都市）の険しい地形は進軍に向いていないことから必ずこの国を通る。春秋時代《しゅんじゅうじだい》の鄭《てい》国のようなもので常に血戦の要衝となる地なのである。

近年、欧州列強の申し合わせで、この国を進軍の通路としないこととしたが、いざ戦時となれば敵対する兵士が士気を高める中で中立の立場を全うするにはどうしても四方に向かって裂帛《れっぱく》の戦意溢れるばかりの姿勢を示さない限り自国を守ることはできない。ベルギー国民は皆、戦に慣れ、射撃の集会が行われて誰もが武力を身につけ、兵役につけば意気高らか、技術に習熟して大国も及ばないほどである。ベルギーの軍備は平時で三万九千人、戦時には九万八千八百人という。

＊　二十一日、ブリュッセルから汽車で二時間半ほど走り、ベルギー第四の都市リエージュを訪問。まず郊外のガラス工場でコップなど食器類製造の作業を、ついで鉄工場を見学した。鉄工場は一八一七年にイギリス人によって創業されたが、当時はまだオランダ領だった。その後ベルギーが独立（一八三〇年）してからは政府が力を入れて整備拡張したという。近くに鉄鉱石を産出する山があり、工場敷地からは石炭が掘り出されるという好条件の下、九千人の労働者が車輪やレールなどから建設資材まで様々な鉄製品を製造している。

こうしたこの鉄工場の盛況に接して久米は次のように長文の考察を記す。

ガラス工場の光景

〈国富の原動力としての鉄と石炭〉

西洋人が産業を論じる場合、誰もが言うのは鉄と石炭が産出されることが国が富む源であるということだ。様々な資源が人の助けになるが、それだけでは不十分である。長所があれば短所がある。石は硬いが砕けやすく、木は緻密《ちみつ》だが曲がりやすく、革は強靭《きょうじん》だがたわみやすい、種々の金属は軟らかすぎたり脆《もろ》かったりする。これに対し鉄だけは諸々《もろもろ》の利点を併せ持っているのであり、この利点は石炭によって発揮され、石炭が役立つのは鉄によるのだ。

石炭と鉄が欧州においてどれほど工業を支え、国民に経済力の増強をもたらすことか、その効用は実に莫大《ばくだい》である。世の中は日々進歩し、健やかに成長していく。人々の知識は急速に開けていき、肉体労働に頼らず機械の働きを借りる術《すべ》を求めてきて遂に鉄を利用することに行き着いたのだ。

東洋では昔から一般に徳のある政治を目指してきたが、具体的には人々の暮らしを向上させることで正しい徳のあり方を示して見せると言うのが古来受け継がれてきた徳治の根本だった。当時に遡《さかのぼ》って考えてみると、鉄の冶金《やきん》の技術もすでに起っていて、溶かして鋳物の祭器を作ったり、農機具を鍛造したり、刃物や針、釘《くぎ》を作ったりしていた。鉄なしには庶民の家でも暮らしが立たない。鉄の利便は早くから著しかったのである。

ところが中世に入ると退歩し始めたのは、他でもない、工芸の技術を贅沢に溺《おぼ》れた邪悪な技と誤解し、本来の工芸は人々の用を足し、国の経営を強化するのに必要な技なのだということを知らず、ただ人力のみに頼って疲弊させ、機械力を利用することを怠ったことによるのである。

（中略）

米欧諸国では鍛冶《かじ》の技術が盛んで刃物や鋸《のこぎり》などを作り職工たちを助ける、あるいは鋤《すき》や鍬《くわ》などを作って農夫たちの役に立てる。また「土木技術《シヅイルインジニヤ》」の設備があって世の役に立つ様々な機械を作っている。車軸とし、汽罐《ボイラー》とし、家屋の屋台骨とし、船舶素材、ポンプ、ねじなどの用から鋳物工場に至るまでそれぞれの製作所があり、大小すべて揃っている。ひとつの町にいくつか、ひとつの都市に数十、近づけば轟々《ごうごう》たる響きが聞こえ、遠くからは炎々たる炎が見える。人々はその働きを目の当たりにしてますます用途が広がることを期待し、政府はそこから大きな利益を受け取って法制を整備し保護する。（中略）およそ米欧各地を巡って日々目にし、感得するのは社会の治安も文明の精華もすべては鉄が様々に姿を変えてこれらの現象を幻のように生み出したのに他ならないのではないかということである。

ひるがえって東洋の世情治安の状況を見ると人々は皆、手も足も疲れはて、人力で暮らしている。鉄の働きは知られず、牛や馬の利用も所を得てない。これでは古代の無懐《むかい》（＊伝説上の帝王で無為安逸を通したという）の世と変わらないではないか。米欧各国では博物館を設けて国の生活、文化が開けてくる次第を展示しているが、それを見ると鉄の発明は常に銅に遅れている、古代欧州では鉄の採掘ということを知らず、土中に自然に鉄が出てくることも少なく、天から落ちてきた隕石で宝器を作るぐらいだったのが、ローマ時代になって初めて砂石から鉄を採り出す方法を知り、やがてイギリスにおいて製鉄が盛んにおこるようになって、その精錬して出てくる屑《くず》を捨てたのが山のようになった。後にイギリス人は大いに製鉄業を発展させて今日の隆盛に至ったのだと言う。

東洋における鉄の利用は西洋に遅れていた訳ではない。『禹貢《うこう》』（＊古代中国の地誌）

にはすでに金と鉄の貢ぎ物のことが出てくる。中国ではすでに四千年前に鉄が発明されていたことになる。（中略）日本の製鉄はやや遅れて朝鮮から製法が伝えられたのは応神《おうじん》天皇の頃で、これは古代ローマの最盛期に当たる。その後、これによって武器を作ることを発明し、国防に大いに役立つことから製鉄技術は人々の注目するところとなり、刀剣の制作の水準の高さは世界に冠たると言っても過言でない。

（中略）

工芸の目的は無駄な贅沢や嫌味な技巧を勧めることにはない。国民の生産事業に推進力を与え、需要を満たすためにあるのだ。人や馬が背負える荷は車両の運搬力にかなわない。これこそ機械の効能であり、工芸の利益であり、鉄の大いなる働きの明らかな証《あかし》ではないか。日本人は幸いにして東洋では最も製鉄業において進歩している。それに加えて工芸の技に優れ、物産も豊かである。今や文明開化の時運に乗じて鉄と石炭双方の利便を生かし、刃物、斧鑿《ふさく》、車軸、ネジなどすべて国内で製造して各種実業家の利用に供し、農耕、紡織、建築、家具、運送など様々な需要にこたえるなら国内生産は増え、その利益はアメリカや欧州にも及んでいくだろう。もしこうした方向に進まず、いたずらに手先の技巧をもて遊んで陶器や銅器、漆などの工芸品をわずかばかり輸出して工芸はこれらの技であるなどと称するなら大変な間違いである。この実記の至るところで私は製造工場について記しているが、これら製造業の基本は鉱業資源の活用にあるということを強く訴えんとするものである。

＊　二月二十二日、使節団一行は二手に分れて、一方は汽車で郊外の板ガラス工場を訪問見学した。事業計画が順調に進んでいると聞かされた感想がこう記される。

〈事業というもの〉

西洋人は事業を起こす場合、その計画を立てるにあたって極めて綿密に思慮をめぐらし、ひとつひとつの事柄について細かく慎重に検討する。まるで日本人とは反対の気性である。あれこれと想定、試算などして成果が上がりそうだとなれば雛形《ひながた》や図面などを作成し、計画書を書いて事業への参加を募り、資金を集める。これを手始めとして、それから事業免許を取り、仮社屋を建て、機械を据え付ける。三年ほどの時間をかけて徐々に事業に取り掛かり、進展させ、事業内容と利益を吟味しながら更に社屋、機械の充実を図って世間にブランドを確立するまでには少なくとも十年のキャリアを要する。

これに比べ、日本人はまだ実際に利益をあげる工程にまでも進んでいない前から容易に利益はあげられるものと思い、あわてて事業計画を立て、会社を設立し、大急ぎで事業を拡大、一年も経たないうちに立派な社屋を並び建て、人々の目を眩《くら》ませる頃には実際の利益はすでに衰えが萌《きざ》しだしている。こうした成り行きは軽佻浮薄《けいちょうふはく》な気質によるものでもあるが、実はまだ利益とは何かという事が理解できていないことから来ているのだ。この次第を熟慮してほしい。

＊

同日、もう一方の使節団グループはブリュッセル市内のブリキ道具、寄木細工、裁縫針の工場を順に回った。

二十三日、ブリュッセルから二〇キロほど馬車を走らせ、ナポレオンがイギリス、プロシャ連合軍に敗れた古戦場として知られるワーテルローの地を訪ねた。今はのどかな田舎の村に戻っている一帯を巡りながら久米は決戦当日の経過を詳しく振り返り、感慨深いものがあったことをうかがわせる。

〈経済と地理的条件〉

二十四日、ブリュッセル滞在を終えてアントワープに移動。ベルギーの海外貿易を担う港湾都市として重要な拠点であることを久米は次のように説明する。

そもそもベルギーは欧州各地への通路が交錯する地であり、戦時には列強が激突して流血の戦場となる一方、平時には各国からの往来運輸が盛んなことは他国に抜きん出ている。それでこの国は人口密度が高く、鉄路が蜘蛛《くも》の巣のように張り巡らされて政府の経済活動の一端となっている。各地に大都会が多いのも皆、ベルギー人が精力的であることによると同時にこうした地理状況のためでもあると言わざるを得ない。パリからオランダのアムステルダムに行くにも、ドイツのベルリンに往き来するにもベルギーを経由するのであり、南はライン川の下流に面して南ドイツの物資も集まり、ブレーメン、フランクフルト、ケルンと往き来するというように陸路による貿易が大変に盛んである。一方、沿岸部はわずかな海岸線ながらアントワープ港が安全で好位置にあることと近隣に並ぶものなく、イギリスのロンドンあるいは東はオランダ、ドイツ、西はフランス、スペインの商船が出入りする北海随一の要港である。それこそはフランスのナポレオンが目をつけた点であり、今現在この港が繁栄している所以《ゆえん》である。ベルギーがオランダと国交を絶って独立しようとした当初、アントワープ港はオランダに封鎖されて十年の間にしだいに衰退し、憐《あわ》れむべき状況に陥ったが、この二十年来、開港に関わる国際法によって再び盛況を取り戻し、人口も増加するようになったという。

アントワープの砲台はフランス皇帝ナポレオン一世が築いた大城砦《じょうさい》で、全市をぐるりと囲む星型の城壁である。この城砦とドックの建設には総額五〇〇〇万フランを費やしたという。

ベルギーの政治は自国の権利を守ることを目的としている。大国の間に挟まれた平地であることから国力を挙げて砲台を建設し、その堅牢《けんろう》壮大なことは欧州に比肩するものなしとも言えるだろう。この日はその一部を見て回った。兵卒千二百人が駐屯するが戦時には三千人に増強される。大砲は全部で二百八十五門を備えるが、そのうちでは六〇ポンド施条後装砲が多く、弾薬庫は四戸、武器庫には小銃二万四千挺《ちょう》を蓄え、また刀、槍《やり》、野戦砲、台場砲、馬具などを収めてある。その他、砲車、砲床は大抵、弾薬倉の近くに蓄えている。

＊　その後、市庁、証券取引所、博物館などを回って午後遅く再び汽車に乗り込み、オランダに向かった。途中、植林とおぼしい松林を過ぎて次のような感想を記している。

〈山林保護について〉

ベルギーは平地が多いが、山林もかなり広い。フランスの山林は国土の一六パーセントに過ぎないが、ベルギーでは一九・五パーセントにも及ぶ。国有林は少なく、私有林が多い。全国の山林の六五・五パーセントは私有林である。木材の価格は安く、山林の多い土地ではあまり考えることもなく伐採して木材としてしまうので、たちまち裸になってしまいがちである。私有地では広葉樹を植えて早く伐採し利益をあげようと企てる。また農耕牧畜で利益をあげることに熱心でやたらに山林を切り開いてしまうのは世の通弊である。

欧州でも以前はまだ工業が未発達で木材の代わりに鉄材を使う利便さを知らず、山林を伐採し、ギリシャ、スペイン、フランス、イギリスでは大きな損害を受けた。これらの弊害を鑑《かんが》みて山林保護の制度を立ち上げ、近年では自由化の動きが加速してきたのに逆行して、山林樹木の管理においてばかりは従来の自由放任を廃し、制限・抑制する方針をとるようになった。これも一般民衆のために長く利益がもたらされるよう意図してのことである。フランスからベルギーの平野を過ぎる間、樹林は極めて稀《まれ》で、あっても広葉樹で、毎年枝を切り、数年したら幹まで切って利益をあげることを目的としており、丈の高い木や針葉樹の森は非常に少ないばかりか、ほとんど目にしないほどだった。この辺りの砂地で初めて松林を見たが、欧州において山林保護の法が制定されて配慮するようになった頃から植林されたものかと推察した。近年では私有林であっても森林管轄の官庁で法律を立て、制限規律を課することを計画しているという。

国全体の利益を保全し、国民の自由を完全なものにするには政府の配慮がますます行き届いたものにならなければならない。ベルギーは共和制に近い自由政治の国ながら実際にはその自由を規制することを目論《もくろ》むのはあながち山林に限ったことではない。

第五十二〜五十四巻　オランダ総説、ハーグ、ロッテルダム、ライデン、アムステルダム

（二月二十五日〜三月七日）

＊まず、隣国ベルギー同様、国土面積、人口共に小国であり、錯綜《さくそう》する国際関係に翻弄《ほんろう》されながら独立、国勢を維持しようとしてきた波乱に富んだ歴史が簡単に紹介される。三百年前には積極的に海外に進出してジャワを中心拠点に東洋貿易を展開、日本とも交渉があったこと、フランス、オーストリア、スペインに支配された後独立し、イギリス王室との婚姻関係により連合王国となったがやがてナポレオンの侵攻に屈してフランスの支配下に入ったこと、さらにナポレオン失脚後ウィーン会議によってベルギーとの連合王国を組むことになったが、まもなくベルギーが独立戦争を起こして分離、現在に至る等々。

ついで統治体制の仕組みを紹介した後、オランダ人の国民性について以下のように述べる。

〈オランダの努力〉

地球上には様々な国を形成して様々な民族が暮らし、その風俗や生き方は別々で百

花繚乱《りょうらん》の感がある。欧州各国などの場合には元々同じような政治制度にも見えるが、国が異なれば暮らしも異なって、ベルギー人は我が日本国の九州程度の面積ながら懸命に自主独立の暮らしを立てているのを見てきた後、またオランダに来てみると北九州四県程度の人口ながら泥沼に富を築こうとするような努力をしている。その様子を見て感じるところがあった。ああ、天然に恵まれた者は努力を怠り、天然に乏しい者は努力する。天が均衡《バランス》をとっているということだろうか。

聞いた話では、中国に旅して揚子江《ようすこう》河口まで行って見ると汚泥が海面に露出するまでになって果てしなく広がっている、この泥土は江蘇《こうそ》、浙江《せっこう》にまで続き、果ては湖南《こなん》、湖北《こほく》にまで到《いた》る、その面積は日本の何倍にもなるだろう、そこに暮らす人々の数は億にも及ぶと言いながら、その土地を稲田としたのは十のうちの二、三に過ぎず、無尽蔵の沃土《よくど》は雑草の繁茂するままに放置し、わずかな天候不順で飢え彷徨《さまよ》う流民が路上に溢《あふ》れるという。

オランダの一部の土地はまさに北方寒冷の緯度にあり、泥土は稲田にもならず、砂《さ》糖黍《とうきび》や綿花も育たない。鉱物もなく、石材もなく、山林もない。しかるに国民の努力勤勉によって世界の富国のひとつとされているのだ。オランダ人の精神で中国の原野に暮らすなら何百というオランダがアジアに生まれるか知れない。我が日本を振り返って見るなら、オランダが努力したのに比べられるだろうか、それとも中国の怠惰の同類であろうか。

＊以下、オランダ国土の大半がいかに低湿地で、その悪条件を克服するための堤防造成などの対策を講じているか、また風や霧、寒冷などの気象条件を述べ、ついで寒冷のため農業は収穫が上がらないこと、湿地が多いので牧畜は盛んなこと、漁業は北海沿岸で盛んなこと、工業は植民地から仕入れた綿花やコーヒー、砂糖、煙草などの原材料を加工して輸出するなどの軽工業が得意なこと、運河など水上交通を駆使し、貿易が盛んなこと、鉄道や電信も整備されていることなどが列挙される。

国民性は温順、勤勉、清潔好き、倹約家で、教育水準は欧州でも最高水準にあり、宗教はプロテスタントで信仰深い。

＊二月二十四日、ベルギー最後の訪問地アントワープを汽車で立った一行は一時間でオランダ側の国境駅ローゼンタールに到着した。両国の鉄道はひと続きで乗り換える必要はなく、出入国の手続きも迅速で、オランダ政府接待委員に迎えられ、そのままロッテルダムを経てハーグに向かった。

〈堤防について〉

＊　二月二十五日、ハーグ到着翌日、使節団は王宮で国王に謁見。翌二十六日、汽車でロッテルダムに移動。村落に近づくと風車が回っており、堤防の上を水路が流れ、線路は地上一メートルほどの高さに砂を敷いて堅固にしているのが見えて水面下の土地ということを実感、次のような感想を記す。

オランダには山がなく、急流もない。堤防を設けてあるのはもっぱら水路が溢れて水浸しになるのを防ぐためであり、風車の回転が少しでも止まると国中が損害を受けることになる。日本の利根川銚子河口《とねがわちょうし》、越後信濃川《えちごしなのがわ》末端、肥前肥後《ひぜんひご》の海浜部などと土地の状況が同じところがある。

一方、日本各地の河川が急激に溢れるかと思えばたちまち干上がってしまうようなことはオランダ人には夢にも想像のつかないことである。日本は太平洋の熱帯に面して、降雨量は大陸の十倍にもなるのであり、水利の方法も異なることになる。そう聞いてオランダの水利専門家で愕然《がくぜん》としない者はない。こうした実情を知らないままオランダ人が水利に長《た》けていると聞いて、日本にも同様の堤防を築こうなどとするのは木に登って魚を取ろうとするようなものだ。

＊　ロッテルダムはオランダ第二の都市だが、大きな建物などはあまり見当たらず、間口狭

ロッテルダム市街

同市、風車と運河の眺め

く五、六階建ての赤レンガの建物が運河に面して立ち並んでいる。水路が交錯し、荷車の代わりに川舟を使っている。一行はロッテルダムの脇を流れるマース川を蒸気船に乗って下り、造船所を訪問した。日に千人から千五百人が働いているというが、外国人はいないと聞いて久米《くめ》は次のように記す。

〈外国人雑居の困難〉

工場で外国人を雇うことはない。これは抗議を招き、騒動となりかねないからだという。欧州各国はそれぞれ公法に従い、礼儀を守って外交しているように見えながら、内実を察するに、強弱を争いあって自主の権利を全うできないようなことが日々あるのであって、まして国民同士が直接接触する細々した状況では大国の国民は自《おの》ずと傲《ごう》慢《まん》になって小国を見下すようになるのを免れない。またイギリスとオランダのような場合、一方は活発、他方は晦渋《かいじゅう》と性質が対照的であり、その上、国の大小が関わってくれば自ずと屈するに甘んじられないという思いがあり、必然的に諍《いさか》いが生じやすいだろう。そもそも西洋の政府同士は兄弟のようなものであり、人種も同類ばかりであるとは言え、国情が異なったまま混じり合って過ごすなら混乱も生じやすいはずである。ましてや東西両洋の関係では安定を欠くのも当然である。

＊　一方、オランダの造船業のあり方については次のような点にも注目している。

〈資材不足を補う努力〉

オランダでは鉄を生産していない。鉄はイギリス、ベルギーから輸入している。ドイツからも仕入れるが、軟質で劣っている。スイスからくる鉄は最も上質であり、それでもっぱら装飾用にする。オランダはまた木材にも乏しい。国産では需要を満たせずノルウェーから、またアメリカから仕入れる。いずれも良材ではなく、インド地方から来るものが最良とされる。その質が緊密だからということである。

このようにオランダの造船はその材料をすべて外国産に頼っているが、それでいて船舶数の多さと国外への航路の多様さでは米英に次ぐのである。海運貿易の成果は天然資源の有無に左右されるのではない。人々が勤勉であるかどうかということにかかっているのだ。

オランダでは石炭も産出されない。イギリス、ベルギー両国から仕入れるのであり、それで、この工場では蒸気機関の設置も少ない。四基だけで、合わせて七十五馬力に過ぎない。それを用いて鉄板を曲げ、穴を開け、切断し、削るなど多大な労力を必要とする大規模な作業に用いる。プレス機や旋盤なども備えている。

＊　このように久米は、オランダが（先に述べたように立地条件が難しい上に）資源に乏しい国でありながら、それを補うべく現場労働者が懸命に努力し、働くことによって生産活動を支えていることを強調する。

これに続いてオランダのジャワ植民地経営の概要を紹介した上で、鋳物工場訪問の報告を簡単にしてこの日の記録を終える。

翌二十七日、午後、海軍省を訪問。オランダは貿易立国であることから海軍力を重視し、イギリスやスペインの艦隊を破ったこともあるとして捕獲したイギリスの船や機械の模型が展示されていたことを報告する。

宿泊先のホテル近くに深い森が広がり、その先に王宮があること、その建築は壮大、華美を排し、ゴテゴテ彫刻で飾り立てるようなことはないと述べたうえでオランダ人の繊細な審美感覚を浮き彫りにするような独特の絵画技法を紹介する。

〈オランダの画法〉

オランダの画家には一つ得意技がある。薄墨で隈取《くまど》りするように人物を描き、明暗の効果を模写するのに極めて巧妙なのである。この画法を用いて壁のアーチの内側に描いたところを離れて見ると白壁を彫刻したように人物像が浮き上がって見え、よくよく注視しない限り絵とは見分けられない。いくつかの部屋はこの技法を駆使した壁となっており、名人が精巧に彫刻を施した石室ではないかと錯覚させられる。この画法はドイツなどでも流行している。

＊これに続いて日本との長い交易の歴史を反映して日本工芸の名品も展示されている、有名画家による幾つもの油絵の傑作は一日かかっても見飽きないなどと美術鑑賞を堪能《たんのう》したことが記される。

これまでアメリカ、イギリスではもっぱら政治、社会制度や地形、産業などの記述に終始してこうした芸術談義がほとんどなかったのに対して、大陸に来てからは頻繁とは言えないものの、パリの都市景観に始まり、文化、芸術への目配りが少しずつ現れてくる。行程半ばを過ぎて視察の眼差《まなざ》しにゆとりが出てきたからだろうか、欧州大陸諸国の文化特質によるのだろうか。

二十八日、長崎《ながさき》で八年間医学教育に当たったというポンペ博士の案内でライデン市を訪問。林や森、牧草地の間に瀟洒《しょうしゃ》な館《やかた》や小さな村落が点在する田舎道を馬車で行く行程を楽しむ。ライン川に面した古都ライデンは学問文化の地として知られるが、久米はその由来について、十七世紀にスペイン軍がオランダに侵入した際、この町の義勇兵が撃退し、その報奨として市民の希望に添い大学が創設されたという故事を紹介した上で次のようにこの戦争の発端となった宗教問題について語る。

〈宗教と抗争〉

世界各国の人々は破ることのできない牢獄《ろうごく》のように固い信仰心によって団結している。それが人々の関係や政治、軍事にどれほど影響するか、東アジアの徳治《とくち》（＊儒教道徳に基づく人間関係のあり方を重視する政治のあり方）によって育った人間にはほとんど想像することができないだろう。西欧人が物事を論じるに当たって必ず当事者の宗教を確かめるのには理由があるのだ。中世ならば十字軍の戦い、近世ならばプロテスタントの反抗など、草木のように無造作に人を殺し、何百年も流血が続いた。近年ではフランス皇帝ナポレオン一世がロシアを攻めた時、ナポレオンは手兵を鼓舞してフランスの武勇を輝かすはこの戦いにかかっていると愛国の精神を鼓舞したのに対し、ロシアの方は僧徒たちに（彼らが奉ずる）ギリシャ正教の法敵はナポレオンなり、この戦いは正教の興廃に関わると敬神の念を掻《か》き立てさせた結果、一同ことごとく怒髪天を衝《つ》き、口々に相手を法敵と罵《ののし》る声は万雷のごとく響き渡ってフランス軍を圧倒した。翌日の戦いではフランス軍も健闘したがロシア人の方はもとより宗教を捨てて生きる思いはなく、ひとり兵が倒れたならその銃を別のひとりが取って進むという具合に、その勢いは当たるべからず、死屍《しし》累々《るいるい》、フランス軍はついに敗北した。その他にも欧州の戦いを見てみるが良い、民心を一つにする力は常に宗教にあるのであって、宗教をめぐる戦いでは猛《たけ》り狂う猛獣のように民心の怒りは燃え上がるのだ。

オランダ人を見ると落ち着いて温和な性状であり、教養もあってベルギー人の剛毅《ごうき》な性格などとは似ていない。にもかかわらず、スペイン王フェリペが、当時は日の没することなきとまで言われた強大な武力をもってこの小国、その百万余ばかりの民衆を征服して威信を誇ろうとして果たせなかったのも宗教の力のお陰なのだ。フェリペは自国内のイスラム教徒を迫害し、残虐を極めるとともにプロテスタントのオランダを自国のローマ・カトリックに改宗させようと暴威をふるったが、論語に「強大な軍隊の司令官を打ち負かすことはできても一介の個人と言えど、その志を奪うことはできない」と言うように、ましてや国民の宗教への帰依を覆すことはならなかった。オランダが自主独立を遂げたのもこの戦いによるのであり、同時に、その犠牲として惨《さん》憺《たん》たる兵火の害をも蒙《こうむ》ったのである。ところがその後、ナポレオンの攻撃を受けた時には朽木が倒れるようにもろくも敗れてしまった。後になって各国と連合した時には率先して健闘したが、国威の感情は宗教のように人心を鼓舞するほどには足らないのは明らかである。

＊　これに続いてベルギーが武勇の国柄であるのに対しオランダはむしろ文の国柄であり、全般に士気も高くない、徴兵忌避の傾向すら見られる、これは近年どこの国にも見られる

悩みの種であると述べる。

ついでライデン市内が文教の府らしい静穏、清潔な雰囲気をたたえている印象を記した上で大学の付属博物館見学の記述に移る。

この博物館は幅広く、豊富な収蔵品によって欧州中でも名高いが、日本人にとっては何よりシーボルト博士が持ち帰った日本関係の物品が目を引く。博士が当時、国禁を冒してまで運び出した品々を目にして久米は博士の熱意のほどに感慨を覚える。

三月一日、ライデンに続きハーグの博物館を訪ねる。日本と中国の美術品を多く集めていることで有名だといい、日本でも見たことのないような品々が展示されているが、その中には鬼の首や人魚などという珍品もあって出展当初人々を驚かせたが、実は精巧に作られた張り子の偽物だとわかって日本人の器用さにあらためて感心し、そのまま展示されているのだという。中国の美術品などもそうだが、東洋人の手先の器用さ、丹念さは西洋人の及ばないものだと久米は記している。

博物館に続き美術館を見学、午後、オラニエ皇太子に謁見した後、夕方には再び博物館に戻って古代エジプト、ギリシャ、ローマなどの美術品を鑑賞、文化への関心が深まっている様子がうかがわれる。

＊

三月二日、汽車でアムステルダムへ。オランダ最大の都会であり、日本とも縁の深い貿

開閉橋

易都市である。市内には縦横に水路が走っており、その間に建物が立ち並んでいる風景に久米はしきりに東京の下町、深《ふか》川《がわ》あたりを思い浮かべる。また、これらの建物には必ず地下室が設けられているとして次のように述べる。

〈建築と気候〉

日本で土蔵を建てて火災に備えるように西洋では家屋の下に地下蔵を造り、物を蓄える。これは都会の地価が大変高いからである。蔵の周囲にはびっしりレンガを積み上げ、石灰を塗る。地中であっても通気が保たれる。西洋の建築は瓦《かわら》の材料を選び、石材の質を選んでつとめて屋内の爽《さわ》やかさを保とうとする。それで書斎や書庫などは毎年虫干ししたり、湿気を防いだりする必要がない。これは欧州の空気が日本とは比べ物にならないほど乾燥しているからばかりでなく、建築の精密さのためでもある。日本の土壁などは晴れると湿気を放出し、雨が降ると湿気を溜《た》め込むので屋内の空気は必然的に水分が増加することになる。それで屋外に倉庫を建てても貯蔵する什器《じゅうき》など虫干しさせないと劣化してしまうことを避けられない。日本では、空気が湿気《しけ》ているばかりでなく、そもそも建築の風通しに留意しないのである。レンガ壁、石造りの建物は火災を防ぐと共に水気をも防ぐ。利点が多いゆえんである。

＊　王宮、美術館などを巡り、入江に面した眺望の良いホテルで窓ガラスの向こうに広がる穏やかな早春の風景を楽しみながら昼食をとる。イギリスの水晶宮を小ぶりにしたようなクリスタルパレスと呼ばれる鉄骨ガラス張りの遊園地の賑《にぎ》わいが見える。中に入ると、広いホールでは楽団が演奏し、大勢の男女が集まっている。複製名画を並べて売っている店を覗《のぞ》いた久米はそのうちの一枚に注目する。

〈芸術の道徳性〉

これらの絵のうちで特記すべきは当国の孝行息子の絵である。二百五十年前スペイン兵がオランダの国境を冒して侵入した際、兵隊たちは乱暴狼藉《ろうぜき》を極めた。ある辺鄙《へんぴ》な村に一人の男が老母と暮らしていたが、この母親を手押し車にのせて自ら引っ張り、氷結した川を渡ろうとしたところをスペイン兵が発見し、略奪しようとした。それに対し、この孝行息子は懸命に事情を訴えたところ、乱暴なスペイン兵も心を動かされ、逃れ落ちるのを助けてやったというもので、オランダ史上の美談だが、その情景を描いた絵であり、老いた母、誠実な孝行息子、暴虐な兵卒が真に迫って描かれているばかりでなく、主題の精神が見事に表現されている。

イギリス、フランス訪問以来、絵画を見る機会が多かったが、いわゆる名画と言われるものは宗教画を除けば裸体の婦人、時には猥褻《わいせつ》と思われるようなものだった。それに対し、この絵などは西洋人の孝行道徳を描くもので極めて希少にして讃《たた》えるべきものである。

＊　入欧以来しきりに博物館、美術館を訪れ、美術鑑賞に関心を示して来た久米だが、ここでは絵画描写の美的、感覚的な面ではなく主題の道徳性を重視、評価する見方が示されている。これはもともと久米が儒者であったことから養われたものだろうか、道徳教育の立場から美術を意義づけようとするものだろうか。

この日はその後ダイアモンド研磨工場を見学、夜はオランダ側接待役の自宅に夕食に招かれた。

三日、ハーグ近郊の村へ銀器製造工場見学に行く。材料の銀はドイツから輸入し、製造機械はイギリス製が多いという。

四日、外務省で岩倉《いわくら》大使、伊藤《いとう》副使がオランダ側外務卿《きょう》と条約改正について下交渉を行った。

五日、木戸《きど》副使は北海からアムステルダムに通じる運河造成の様子を視察した。深さ六メートル、幅六〇メートル、距離二五キロという大規模な工事で一八六五年に着工され、まだこれから完成まで五年かかるという。一時は資金切れから二年ほど中断していたのがイギリスの実業家の出資により継続されることになったという。

一方、久米らは北海沿岸の防波堤工事の様子を見学したが、足元の砂に火山灰と砂利を混ぜ、水を注いで木枠に流し込むという製法による人造石すなわちコンクリート・ブロックで防波堤を築くと説明され、「科学の秘法というものは奥を探っていけばどれほど素晴らしい用途に導いてくれるものだろうか」と感嘆した。

防波堤から運河に入ると一キロほど進んだ所に水位調節のための堰《せき》が設けられ、大きな船一隻を入れられるドックになっている。これによって自由に船を通行させることができる仕組みとなっていることに改めて久米は感嘆した。

三月六日、動物園訪問。欧州大陸一と言われる規模で、日本産の丹頂鶴《たんちょうづる》などもいる。オランダは漁業国であることから養殖などにも力を入れていることが詳しく報告される。もともと西欧諸国は肉食を主としてきたが近年では魚肉も食べるようになり、需要が増大して乱獲を防ぐための規制が行われるようになったという。

翌七日、ハーグを出発してドイツに向かう。

第五十五〜五十六巻　西部鉄道でプロイセンへ

（三月七日〜八日）

＊「欧州大陸において中央大平原がドイツ人種の住む地域であり、その全土は大変広く、中世より帝王諸侯が盛衰を繰り返し、他の諸国の君主たちも皆、これと姻戚《いんせき》を結び、瓜《うり》の蔓《つる》のように全欧州に広がった」とドイツが数多い王侯が割拠しつつ緊密な関係を結んで歴史を形成してきた国であることを述べた後、大きくは南部オーストリア連邦、中央ライン同盟（南ドイツ）、北ドイツの三地域に分れ、そのうちでも北ドイツに君臨するプロイセンが勢力を増大し、国王ウィルヘルム一世が南北ドイツ統一を成し遂げ、ドイツ皇帝として首都ベルリンに連邦議会を開いたと述べる。

さらに中世以来のプロイセン王家の家系、改革派プロテスタントであること、元々は貧しい土地柄だったが中興の祖フリードリッヒ二世によって版図を拡大し、その後ナポレオンに一時は侵略されたもののワーテルローの勝利によって巻き返し、普仏戦争勝利を機に現在のドイツ帝国となったという歴史の概略が紹介される。

ついで、こうした歴史を反映し、帝国を構成している十一の州とそれをさらに区分した三十五の県があること、河川、運河、鉄道、気候、農林業、石炭など豊かな鉱業資源、工業、貿易などの概要が述べられる。国民性としては勤勉、慎み深く、学術でも軍事でも高い水準にあり、武勇に優れている。教育は政府が力を入れ、欧州で最も進んでいる。宗教はルター派プロテスタントを国教としており、知識層はローマ・カトリックの弊害を批判し、モラル・フィロソフィーを支持する者が多い。風俗面では英米の女性尊重を嘲笑《ちょうしょう》するような傾向が目につく。度量衡ではメートル法を採用している。

以上、各項目について詳しく具体的な内容や数字をあげるなどしてフランス総説などに比べても上回る分量の記述をおこなっており、プロイセン――ドイツに対する久米《くめ》の関心の高さがうかがわれる。

＊

三月七日、ハーグを汽車で出発し、国境を越えて南下、ミュンスターを経て夕刻、エッセンに到着した。車窓から見える風景はあまり地味が豊かそうには見えない。畑地には麦を作っている所が多い。アメリカのように広い面積にただ麦をばらまくのではなく、馬に鋤《すき》を曳《ひ》かせて畝を作り、馬糞《ばふん》を肥料として施すというように農業と牧畜を組み合わせていることを東洋人に知らしめたいと久米は注意を喚起する。ミュンスターを経てライン州に

ドイツ、ライン川風景

入るあたりから沿線に黒煙をあげる煙突が目立つようになり、このあたりが豊富な石炭の産地で工業が盛んであることをうかがわせた。

エッセンでは鉄道や大砲などを製造して鉄鋼王と呼ばれたクルップ社のゲストハウスに招待されて宿泊した。クルップ社は、プロイセン国王ウィルヘルム一世、宰相ビスマルクに重用されて普仏戦争勝利の原動力となったとも言える企業だが、エッセンはその発祥の地であり、本拠が置かれている。

翌八日、一行はクルップ社の工場を見学する。イギリスに遅れて鋼鉄製造に乗り出したクルップ社だが、今や世界一の規模を誇る企業となり、諸外国の軍備に影響を及ぼして国際情勢を左右する一因とまでなっているのである。

見学を終え、一行はベルリンに向かうべく夜行列車に乗り込んだ。時速五十キロで中部ヨーロッパの平野を進んで行く急行列車は至極快適であると久米は記す。

この章の締めくくりとしては、以下のようなドイツの産業構造についての考察を行なっている。

〈農業国から商工業国へ〉

プロイセン国民の産業は農業牧畜を主としている。国民の半数千二百万人は農業を家業としている。この国とイギリスの貿易関係でもわかるように農産物は余剰分を輸出にまわすほど余裕がある。その利益をもとにして鉱業と工業に力を入れ、外国と交易して遠方の国々とも往き来するようになったが、イギリスやフランスが海外貿易に力を入れ、原材料を常に遠方から仕入れて自国内で加工したうえで再び外国に送り、価格差額の利益をあげることで国を富ますことを目的としているのとは差がある。それで武力に長じているということ以外にはあまり遠方の国には知られていないが、立国の方針ということではかえって我が日本に非常に似ているところがある。この国の政治、風俗を研究すれば、イギリスやフランスの事情より有益なことが多いだろう。

そもそも欧州の経済学者の説によれば国民のうちで農民が占める比率が高いという

ことはよろしいことではない、工業に携わる人口と比べた割合を推察しなければならない。例えば農民百人に対し工業に従事する人数を比較するならスイスは七十六人、ベルギーは六十人、ザクセンは六十四人で、これらは最上級である。これに対し、日本ごときは五、六人に過ぎないだろう。プロイセン国では千二百万人の農民に対して工業従事者は五百四十万人であり、農民のうちで自分の土地を持っている者は五百万人に及ぶが、広い土地を所有しているのは東プロイセン地方、ロシアに近い人口の少ない貧しい地域ばかりであり、中部や西部では土地を最小区分に分割して百十万の地主に配分しており、各人の平均は五モルゲン（日本の一町三反）に過ぎない。

人口が最も密集しているのはライン州で、そのうちのデュッセルドルフ県の人口密度は全国平均の四倍に達するが、これはその地域で製造業が盛んであることによる。プロイセン国民は年を追うごとに村落を離れて都会に移り住む者が増えているというのはイギリス、フランスなどと同様である。（中略）農民が耕作して収穫した天産物を醸造したり加工したりしたうえで商業ルートに乗せ、付加価値をつけて流通させることにより国益が増大するのであり、その傾向は都会と田舎の人口比較に現れる。これがこの国の産業統計の大筋である。

第五十七〜六十巻　ベルリン、付ポツダム

（三月九日〜二十九日）

＊　白く霜の降りた野を抜けて朝七時、一行を乗せた汽車がベルリン駅に到着すると、ベルリン在弁務使、書記官の他、在留学生までが迎えに出ていた。ドイツでは国や公人を敬う気風があり、それで地方在の留学生まで教師に促されて出てきたのだと聞いて、アメリカやイギリスなら笑われるところだろうと国民の気風の違いを久米《くめ》は感じた。目抜き通りのウンター・デン・リンデンに宿を手配し、護衛や連絡係をつけるなど宮内省の配慮も他国に見られない手厚さだと記す。

〈ベルリンの発展変貌〉

ついでベルリンの概要紹介に移り、この百二、三十年ほどの間に急激に発展してプロイセン国、ドイツ連邦の首都となったこと、大きく五つの区に分かれていること、新興都市として最初は素朴な雰囲気だったのが発展するにつれて頽廃的《たいはいてき》な気風に変わってきたこと、ビールや煙草消費が盛んなこと、兵士と学生が威張り、風俗が荒っぽく、淫猥《いんわい》なところがあること、これを心配した政治家たちが公共秩序維持の方策として江戸《えど》の吉原《よしわら》に注目した

りしたことなどを挙げて一流文明都市とは言えないとする。

また、ドイツ諸邦は中世から長く封建遺制のまま社会、文化が停滞してきたのが十八世紀以来、上流階級がパリに遊学してフランス文化に感化され、移入模倣しようとしたが実質化しなかった、それが普仏戦争を機に自国本来の実質的な発展を進み始めるようになった、ただし、これまで近代化の障害となってきたのはローマ・カトリックとの軋轢《あつれき》であり、学校教育を阻害することなどにもなっている、それで最近では社会生活への宗教の介入を排除する施策が取られているなどと指摘する。

これに続き、日本とプロイセンの関係からプロイセンの東洋貿易のあり方、ドイツ人種の民族性についての詳しい考察が展開される。久米の鋭利で俯瞰的《ふかんてき》なドイツ観が展開される重要な一節であり、以下に全文を引用する。

〈日独交易の重要性〉

今から十九年前の我が国で言えば安政《あんせい》二年の秋、プロイセン国の軍艦が初めて長崎《ながさき》に入港したのが我が国にこの国の名が知られることになった最初であろう。その後七年を経て一八六一年一月に和親通商条約を結んだ頃にはようやく欧州にこの強国ありと聞き知る程度だった。そして六六年にオーストリアを破ったという知らせを受け、この国が日の昇る勢いで欧州に国勢を振るい始めたと評判になったが、イギリスやフランスと並ぶ大国であることが一般にまで知られるようになったのは三年前、その名を世界に轟《とどろ》かせた普仏戦争勝利以来のことである。

しかしながら、我が日本人にあっては、この国は政略に優れ、文学が盛んで、軍制が充実している点が称賛されるにとどまり、和親条約の趣旨である貿易の関係については未《いま》だ漠然とした理解の程度にとどまっていると言わざるを得ない。思うにプロイセンと日本の貿易はアメリカ、イギリス、フランス、オランダなどとの盛んな関係と比べて必ずしも劣っている訳ではないのだ。試しに一八七一年の分で比べるならドイツの船舶で日本の開港場に入ったのは八十三隻、二万七〇〇〇トンでフランスと同格である。中国に入ったのは一三〇四隻、三七万余トンでほとんどフランスの五倍である。この国の東洋貿易の繁栄ぶりはアメリカに次ぎ、フランスに優っているのである。

直接に往来する航路としては北海のハンブルグ、ブレーメンから出航する。これはオランダからに比べればいくらか遠いが、それでもこれだけの成果をあげているのだ。

三年前にスエズ海峡の運河開削工事が完成し、アジア・欧州間の航路は直接この運河を通ってアドリア海へ出入りすることができるようになった。それでオーストリア及びイタリアの両国は東洋貿易に深く関心を寄せるようになったので、この航路から間接的にプロイセンへ物品を交易することがますます盛んになるだろうという兆しがある。そうなれば、欧州貿易においてイギリス、フランスを経由せずに新たな東洋市場を開拓するにはベルリン及びウィーンの二大都市へ陸路で物資を輸送する経路が必要になる。ドイツの情勢を注視するにあたってはこの点に留意しなければならない。

ベルリンは北海の湾口であるハンブルグからほぼ二〇〇マイル内陸に入った位置にある。南にはエルツ山脈を挟んでオーストリアと背中合わせになっているが、鉄道網は十分に備わっていて陸路運送の便は整っているのでベルリンからマグデブルグ（ザクセン州都）に、それからザクセンのドレスデンを経てボヘミアのプラハからウィーンに至る旅客貨物の便は日夜を通し轟々《ごうごう》たる響きをたてて運行されている。また支線はベルリンからブレスラウ（シュレジン州の首都）を経てオーストリアのシュレジア及びモラヴィアに通じるというように繁華の地であることを忘れてはならない。

〈欧州都市の発展〉

欧州諸都市の盛衰は東洋ともアメリカとも事情が違う。東洋の都市の場合、その活動は政府からの発注に頼っており、アメリカでは大資本家や経営者が動かしているが、欧州諸都市は王侯貴族によるのである。ドイツの州都にはどこでも侯爵、伯爵らが居城を構え、それぞれの都市に物資や資本を集める原動力となっている。ベルリン発展の経過について言うと、一八〇〇年あたりまではまだ小都市の一つに過ぎなかったのが一八五〇年には人口四十二万四千人となり、さらにそれから二十年を経て今はその倍にまでなっている。これは、近年、欧州では封建遺習を脱し、商工業活動の自由を拡大したことにより経営を競い合い、製鉄設備を立ち上げ、便利な道具、美味な食品を生み出して人々の嗜好《しこう》に投じ、贅沢《ぜいたく》の度合いが年々増長して止《とど》まるところを知らないという状況に照応した傾向であって、ロンドン、パリからベルリンに来てみると、一見した都市の様子はまだ質素を旨とするように見えながらも、その贅沢、淫《みだ》らさの度合いの増長ぶりには昔の面影もないという。

元来、プロイセンの政治はフリードリッヒ二世の遺業を基としていた。この王は先帝の贅沢をかえりみて倹約に身を律し、見た目を飾ることを嫌って死後に一枚の新しい衣服も残さなかったという。それで今に至るまで要職につく為政者などはこの遺風を守ってきたが、もともと質素勤倹の資質を示してきたドイツ人は、その一方で外からの影響に動かされやすい性質でもある。かつてフリードリッヒ二世はこう述べた――プロイセン人は普段は質朴だが、それは本来好むところではなく、少しでも金が入るとつとめて見かけを飾ろうとし、高い帽子や長靴、ステッキ、軽い衣服を身につけて意気揚々としている。

〈消費文化と交易〉

この言葉はよく言い当てているだろう。ドイツの貴族はフランスの文化に心酔し、オーストリアの貴族は贅沢な衣食に耽溺《たんでき》している。いずれもドイツ人の国民性を察するに足るだろう。まして人情の常として一度覚えた便利さを捨てるというのはできることでない。一度味をしめた好みを洗い落とすことはできない。近年、欧州の人々に便利さや好みを覚えさせた元の品は外国から輸入したものである。紡織用の棉《めん》、毛、麻、絹、藍《あい》、茜《あかね》など、工場用の樹脂、菜種油、木蝋《もくろう》など、嗜好品の砂糖、煙草、茶、コーヒーなど、どれも国内で供給できるのはわずかであり、ワインやビールの醸造にしても国内で供給できる分だけでは決して足ることはない。これら原料を輸入するのはインド、西インドからでなければ東洋からである。以前までは欧州と日本の交易はオランダ一国に限られていたが、イギリスとフランスがまず門を開き、ついで分け前を得ようと競ってきたのがプロイセンである。昨今は欧州各国が東洋に一大市場を開き、製造原料の不足分を満たそうとする機会を求めている。となれば、これまでロンドン、パリに向けられていた目はベルリン、ウィーンにも向けられない訳にはいかない。ベルリン、ウィーンは緊密な関係にあって、エルツ山脈のあちら側とこちら側は貨物流通の要《かなめ》となる所である。

＊　三月十日、ベルリンの中心部――ブランデンブルグ門、動物園、ティアガルテン（中央公園）、水族館などを見て回った。

ブランデンブルグ門

ウンター・デン・リンデン、フリードリッヒ（二世）像

十一日、王宮にてウィルヘルム一世に謁見。夜は王立劇場でオペラを鑑賞した。

＊三月十二日、再び王宮に上がり、礼拝堂で文武官僚の出席する礼拝に出席し、続いて議事堂での議会開会式に立ち会った。皇帝の臨席のもと、宰相ビスマルクを始め政府高官、ドイツ連邦各国からの議員、各国公使が出席し、皇帝の勅語、政府の施政方針演説が行われた。

以下、プロイセン及びドイツ連邦の政治制度の概要が紹介され、王宮で饗宴《きょうえん》にあずかったこと、帰途、市中で皇太子の病気平癒《へいゆ》を祝う市民たちの賑《にぎ》わいを見聞きしたことが記される。

十三日、サーカスへの招待を受ける。その感想を久米は以下のように記す。

ベルリンのサーカスは大変規模が大きく、壮麗である。貴人も鑑賞する。西洋では牧畜が盛んで乗馬がたしなまれ、身分の上下を問わず曲馬の技能が賞される、日本の武家の庭で相撲が催され、観覧したのと同様だろう。

〈通気衛生の重要性〉

＊十四日、ジーメンスの電気機器製造工場を見学する。主として様々な電信機器を見た他、火薬の強弱を計測する機器、海底に沈めた水雷を遠隔操作により正確に起爆させて敵船を

破壊する装置など軍事関係の機器の説明を受けた。

続いて病室七百、収容患者千六百人という新式の病院を訪れた。ここでは院内の衛生環境、とりわけ通気性に配慮して病棟に換気装備を導入し、調理場の排気管を一キロ先まで地中を通して延ばしていると聞いて次のような意見を記している。

空気は人の健康において最も効用の大きいものであって、病を治す力も薬以上である。また炭酸ガスが人体に有害であることなど少しでも物理と生理の常識を学んだ者なら理解されるだろう。とは言え、世間ではまだその理由を知らない者も多いとあれば、ここであらましを述べておこう。

世間では人の健康を保つには飲食こそ一番効用があると言うだろう、なぜかと言えば、飲食で人体が養われているからである。だが、空気が人体を養っていることは日々目にしているからである。だが、空気が人体を養っていることも飲食同様、朝晩絶えず効果を現しているのだ。人にはこれが目に見えないので知らないままでいるが、試しに考えてみるが良い。数十日の間食を絶っても死ぬことはないが、空気呼吸が絶たれたら即座に死んでしまう――これこそ空気が人体に最も大切であることの明らかな証《あか》しではないか。……

＊　以下、人間は呼吸によって空気中の酸素を吸収し、身体活動の資として消費した後、不

要な炭酸ガスとして排出する、その排出された炭酸ガスは植物が吸収し酸素に変換して排出するという循環システムを説明した上で病院ではこの循環システムに基づき緑の多い環境で排気管理に留意して設営することが肝要だと詳しく説く。

また新病棟は皇后によって建てられ、多くの上流婦人たちが奉仕活動に参加していると女性の奉仕精神をも強調する。

午後は博物館を見学。大英博物館をも淩《しの》ぐかと思われるほど大規模な施設に驚かされるが、収蔵されているおびただしい数の古代ギリシャ、ローマの彫刻は英仏など他国で保存されている名高いオリジナル作品を模刻したもので本物の発掘品は五分の一もないとプロイセンの後発文化国であることを暗にほのめかすような紹介をおこなっている。

十五日、郊外の陶器工場を訪問。大規模な施設で敷石の代わりにコンクリートを用いるなど実用性、機能性を重視した設備を整え、高級品とはいかないが堅牢《けんろう》な生活用品を量産している。

ついで美術館を訪問。ここでは裸体モデルの写生現場を見学するが、その描写の緻密《ちみつ》さに驚くと同時に、このように精密に裸体を再現しようとすることを醜悪厭《いと》うべきことと嫌悪を露《あら》わにする。

晩には宰相ビスマルクの招宴があった。ロシアやフランスなどでの外交経験を踏まえて対外拡張戦略を練り、次々に周辺諸勢力を支配下に納め、遂には普仏戦争に勝利して祖国ドイツを欧州大陸の盟主たらしめた立役者としてビスマルクを紹介したうえで、その演説趣旨を次のように久米は引用、称賛する。

〈ビスマルクの演説〉

「近年、世界各国はいずれも親睦《しんぼく》、礼儀を守って交際しているとは言え、これは全く表面上の体裁であって、その裏にまわって見れば、強弱が争い合い、大国小国が侮蔑《ぶべつ》し合うのが実情である。私がまだ幼かった頃、我が国が貧弱であったことは皆様もご存じであろう。当時、小国であることの実態を身近に目の当たりにし、常に憤懣《ふんまん》遣る方《かた》無い思いをしていたことは未だに鮮明に脳裏に残っていて離れない。いわゆる国際公法などというものは各国の権利を保証する典拠と言いながら、いざ大国が利益を争う段になると、自分に有利ならば公法に従って曲げたりしないものの、不利な場合には武力を盾にひっくり返し、いかなる時にも法に従う精神など全くない。小国は懸命に公法の語句と理念を踏まえ、そこから外れないことによって自主権を維持しようとするものの、これを翻弄《ほんろう》、陵辱する政略にぶつかってしまえばほとんど自主を維持するなどできないまでに至ること常々である。これに憤慨してなんとか国力を振興し、対等の権利で外交を全うできる国になろうと愛国心を奮い立たせること数十年、ついに近年に至り、なんとかその望みを達した。とは言え、それぞれの国が自主の権利を全うするという願いを実現したに過ぎないのであって、にもかかわらず、諸外国は皆、我が国が四辺に兵を配備したことをいたずらに憎んで、侵略を好み、他国の国権を侵そうとするものと非難しているという。これは全く我が国の志に反している。我が国はただ国権を重んじて各国が自主対等に外交し、相互不可侵の公正なる立場にとどまることを望むものなのである。これまでの戦役も全てドイツの国権のためにやむなく起こしたものだったことは幸い世の識者方に理解していただけるところだろう。聞くところによれば、イギリス、フランスなどの諸国は海外に植民地を貪《むさぼ》り求め、物産を搾取し、ほしいままに権力を振るって、その為《な》すところに多くの国々が苦しんでいると言う。欧州親善の外交関係はまだ信頼を置けるまでになっていない。諸君も心中振り返って懸念を払うことはできないであろう。私自身、小国に生まれ、そうした心持ちをよく知る故に最も深く理解できることなのである。私が世間の論議も意に介さず国権を全うしようとするのも同様である。故に、日本には親睦な付き合いの国々も多くあるだろうが、その中でも、国権自主を重んじるドイツなどは親善国の中の親善国であるだろうと言えるのである。……」

友好使節が宴に集う機会にあってこの宰相の言葉は甚だ意味深いもので、その弁舌の習熟していること、政略に長《た》けていることをよく認識して玩味《がんみ》すべきである。

＊　三月十六日、兵器庫を見学する。前庭にブロンズの獅子《しし》の巨像があり、昔デンマークがプロイセンとの戦いに勝利した記念として戦利品の武器を溶かして造ったものを一八六四年の戦いで今度はプロイセンが勝利した記念に奪い取ったものだと聞いて以下のような感想を久米は記す。

〈西洋人の愛国心〉

西洋諸国はそれぞれ分れ立って互いに競い合い、屈しない。数百年もの長い間を経ても報復の念を忘れないのは国を愛する気持ちが大変熱いからで、独立を全うする根本はまさにここにある。愛国心と言う点では西洋人は東洋人より強いと思われる。アメリカ合衆国の議事堂はイギリス軍に勝利した場面の絵を掲げている。それ故、イギリス人はこの議事堂に入りたがらない。ベルギーのワーテルローには連合軍を組んでナポレオンを破った昔の栄光を偲《しの》ぶイギリス人の来訪が絶えないが、敗者側のフランス人は見かけない。ベルギーが建てたワーテルロー塚に立つ獅子はパリの方角を睨《にら》んでおり、フランス人はこれを憎んで壊そうとしたが、ベルギー人は必死に守り抜き、フランスに勝利した栄光をとどめようとしている。またフランス人は以前プロイセンを破った際、ベルリンのブランデンブルグ門上の銅像を奪い取って持ち帰り、王宮の門に据えたが、一八一五年にワーテルローで連合軍の一員として勝利したプロイセンはこれを祖国に持ち帰って元の所に戻し、さらにプロイセン軍がパリに入城した際には城門の銅像を分捕って持ち帰った。勝者は勝ち誇り、敗者は恨み憤って、銅像一つをめぐり奪い合い、取り戻そうと怨恨《えんこん》の種をまいていつまでも取り除くことがない。そもそもこんな怨恨の種となるものは壊して恨みを消し去ってしまえば、将来の平和を実現する良い企てとなるのではないか。西洋列国の政治は国民の声を聞いて進められる。流血にまみれて凱旋《がいせん》する際には国民は興奮激昂《げきこう》し、こうした乱暴狼藉《ろうぜき》を尽くさずにはおさまらないのだろうか。将来、フランス人はベルリンの銅像を再びパリに据えようとし、デンマーク人もこの兵器庫の銅像を自分たちの都に取り戻そうとする念はやまない。一体、きりがあるのだろうか。

＊　この感想の見本のように兵器庫にはワーテルローで奪取した軍旗など戦利品が展示されているのと共に十七世紀初めに制作された六十四の銃身を備えた銃など珍しい銃器の数々なども展示されており、久米はその工夫、進歩の跡に感慨を催した。

その後、プロイセン初代の王、フリードリッヒ一世が仮住まいとしたと言うモンビジュー城を訪問したが、王の首の蠟《ろう》人形が台の上から目を開いて睨んでいる展示に出会って、奇怪きわまる、ロンドンの蠟人形館といい日本人の感性とはまるで違うと驚きを記している。アメリカの教会でキリスト磔刑《たっけい》の図に抱いた印象と共通するもので、裸体画への拒否反応同様、むき出しの人体に対する違和感が一貫している。

十七日、ゼルツワッサー（ソーダ水）工場、王立印刷所を見学。後者では国債証券、紙幣、郵便切手などを印刷しているが、紙幣の印刷場では偽札を防止するための複雑な仕掛けが詳しく紹介される。夕刻には郊外の天文台を見学。反射鏡を用いた最新の観測装置などの説明がなされ、また、電信によって諸外国の天文台と観測記録をやりとりしていることが紹介される。

〈モルトケの演説〉

＊　十八日、七千人の兵士を収容する新造の大規模な兵営を訪問する。訓練の様子、兵営の設備など極めて整然としており、プロイセンの軍事力、臨戦態勢を実感させられる。一八六六四年（ワーテルローの戦いの前年）以降、プロイセンでは男子皆兵制度が敷かれ、六六年にオーストリアを征して北ドイツ連邦を結成してからは常備軍約三十二万、戦時には七十万の兵力を保持し、普仏戦争に勝利してドイツ連邦が成立すると一八七四年（岩倉《いわくら》使節団訪問の翌年）参謀総長モルトケは常備兵四十万余を提案してドイツ国会で概略以下のような演説をおこなったとして紹介する。あえて回覧実記に回覧後のモルトケ発言を紹介するのは「現在の欧州の実情を理解するのに十分であるから」と久米はその重要件を強調して引用するのである。

政府たるものはただ節約のみを本意として国債を減らし、税を薄くすることばかり配慮するのであってはならない。国の歳入はすべて国の急務に当て、国の勢力を国外に振るわせるべく努めなければならない。法律や正義、自由の原理は国内を維持するには十分であっても、国際関係を維持していくには兵力でなければ無理なのだ。国際公法というものも国力の強弱で左右される。局外中立の立場から公法を守るばかりに終始するのは小国のやり方である。大国の場合には国力を駆使して権利を遂行せざるを得ない。軍備の費用を節減して平和のために当てるというのは、誰しもこれを望まない者があろうか。だが、一度戦いが起これば長年節約して蓄えてきたものも瞬時のうちに使い果たされてしまうではないか。ナポレオン皇帝は我が軍の兵が少なく、軍備費が乏しいのに乗じてこの貧しい小国プロイセンから一億ドルの賠償金を奪い取ったが、これこそはまさに自国を守る費用を節約したおかげでその十倍も他国の軍備に資することになった見本である。近年、国内では士気を養い、鼓舞して人心一つに和し、教化が進んで堅固な基礎が築かれたとは言え、国外を振り返るなら果たしてどうだろうか。平和の兆しが見えたとして常備兵を解くようなことは後世に望むこととして今は行うべきでない。まずは兵備を固め、武力によって欧州の平和を守ることが第一である。今や我がドイツ国の行動は歴史上の大きな動きを左右するのであり、半年間に兵器を用いて得たものは向こう半世紀の間、兵器を用いて護《まも》らねばならないのだ。

これは実際、本当の事だ。我が国は幸いにして大きな勝利を収めたにせよ、まさに世間から注目されるところとなり、一体、我が国に親愛の情を抱く国がどこにあるだろうか。隣り合わせるどこの国も我が国が強大なのを恐れ憎むこと、壁に掛けた悪魔のような具合だ。（＊以下、ベルギー、オランダ、デンマーク、とりわけフランスのドイツに対する敵愾心《てきがいしん》の有様をそれぞれの軍備状況をあげて列挙した上で）こうした現在の情勢を考慮すると今後十二年の間何らかの乱が起こらずに平和を保つことは難しい。ひとたび隣国と平和を維持することができなくなったならば速やかに戦うのが良い。これは他でもない、我が国の威光を世界に輝き放ち、また、我が国民は名誉、勝利を貪ろうというわけではなく、ただ平和を乞《こ》い願う民であることを世に明らかにしたいと欲するからである。今ここで希望するのはただ平和を保つということだけではない、この平和を統率し、各国をしてドイツは欧州の中心にあって欧州全体の平和を保護するものだと言わしめたいと望むのである。これには軍備を盛んにして整備するしかないのだ。

＊兵営訪問に続いて陸軍が管轄する電信局を見学する。電報は軍の活動にとって重要なので兵士が運営にあたり、技術の習得に努めている、また退役後の職業訓練の役割を果たし

てもいると紹介する。

ついで造幣局を見学してこの日は終わる。

〈漁業管理〉

＊

三月二十一日、監獄見学。良く整備された施設であると評判を聞いていたことから熱心に見て回り、入所者と面接までして詳しい報告を記している。一口で言えば、アメリカのフィラデルフィアやイギリスのマンチェスターで見学した監獄と似通うところが多く（国を越えて情報交換もされており、このベルリンの施設が最も近代的に整っており、他国の監獄の手本となったという）、入所者の人権や厚生、教育の配慮までされているという。

二十二日、皇帝誕生日を祝した王宮での饗宴に招かれる。市中も祝賀気分でにぎわっていた。

二十三日、朝、小学校を視察、夕方、大学見学。学生数は聴講生を合わせて三千人ほどの知られた大学だというが、そのホールには一八一三年から一五年までのフランスとの戦争に出征して戦死した学生の名が金文字で記されており、今回の普仏戦争で同様に犠牲になった学生の分も予定されていると教えられる。他に様々な希少な生物や鉱物の標本などを見学する。

二十五日、消防署を見学。各種訓練の様子に立ち会い、また、緊急出動の体制について説明を受ける。それから市庁舎を訪問し、さらに漁業会社主催の展示会に出席する。皇帝や女性皇族まで出席する大規模なもので日本の漁船や漁師の家の模型まで展示されていることに感心させられる。そして以下のような感想を記す。

近年、欧州では漁業の規制、養殖の技術などがしだいに精密なものとなり、北海、バルチック海で漁業を行う者には規制があって魚が減少するのを防ぎ、また漁業学と合わせて養殖の研究なども行われている。ドイツとロシアが特に進歩しているという。文明国はそれぞれ国民生活に周到に配慮し、貿易によるだけではなく、生活の質の向上に努力していることはこうしたことにも表れている。

＊この後、一行は製鉄所を訪問した。蒸気機関車用の製造を行っているが、同時に敷地内にガラス張りの温室があって様々な花や熱帯樹を育てて販売すると共に観光名所として政府の助成金を受けている。

二十七日、皇帝のお召し列車でベルリン郊外のポツダムを訪問、風光明媚《めいび》な地形に点在するいくつもの宮殿を順に見学する。

二十八日、大久保《おおくぼ》副使が使節団と別れて帰国の途についた。当時、日本国内で征韓論などをめぐる政争対立が激しくなり、留守政府から帰国の要請を受けての判断だった。残っ

ポツダム、ノイエ・パレス

た一行は夜行でベルリンを立ち、プロイセン東端のケーニヒスベルク（現在のロシア領カリーニングラード）に向かった。

二十九日、夜明け方、車窓から麦畑に芽が出始めている様子を眺めて日本など東洋ではもっと早く初冬に麦播《ま》きが行われている、太陽暦と太陰暦の差であろうか、農業はそれぞれの風土気候に合わせて営まれるものだなどと思い巡らしたりするうちにケーニヒスベルクに到着した。ここで汽車を乗り換え、さらに東に進み国境を越えてロシアに入った。

第四編　欧州大陸の部（中）

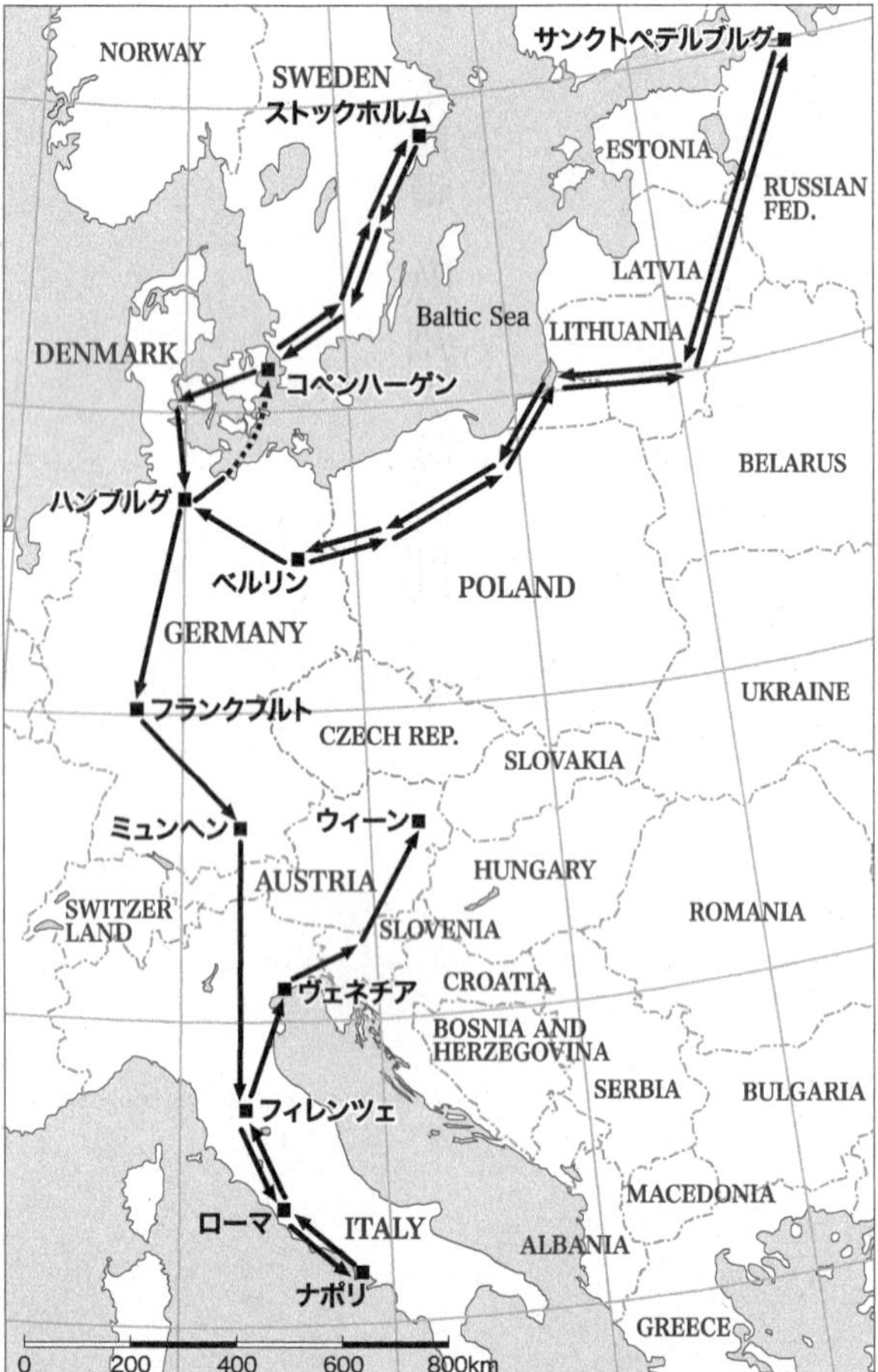
NORWAY
SWEDEN
ストックホルム
サンクトペテルブルグ
ESTONIA
RUSSIAN FED.
LATVIA
Baltic Sea
LITHUANIA
DENMARK
コペンハーゲン
ハンブルグ
BELARUS
ベルリン
POLAND
GERMANY
フランクフルト
UKRAINE
CZECH REP.
SLOVAKIA
ミュンヘン
ウィーン
AUSTRIA
HUNGARY
SWITZER LAND
SLOVENIA
ROMANIA
ヴェネチア
CROATIA
BOSNIA AND HERZEGOVINA
SERBIA
BULGARIA
フィレンツェ
MACEDONIA
ローマ
ITALY
ALBANIA
ナポリ
GREECE
0
200
400
600
800km

第六十一～六十二巻　ロシア国総説、ロシア鉄道とサンクトペテルブルグ総説

（三月二十九日～三十一日）

〈広大、未開のロシア〉

＊　冒頭まず「欧米諸国を歴訪してきた中で最も辺鄙《へんぴ》な奥地まで入ったのはロシアである。フランスのパリを出発して東に進むにつれ、しだいに文明開化の度合いが薄れていき、バルト海沿岸からポーランドの北は茫々《ぼうぼう》とした荒れ野、深々とした森の間にポツポツと人家が暮らしを立てている様子はアメリカの大平原を思い出させた。地図を開いて確かめてみれば、欧州の大半は未《いま》だなおこのような有様であることがわかる。とすれば文明と言い、開化と言っても全地球上から言えばほんの一隅を星の光が照らしたようなものに過ぎない。大地の九割以上は未だ野蛮のままなのだ。ロシアの領地は広大とは言っても大半は酷寒不毛の原野で誰も見向きもしないのを所有しているに過ぎない。西に目を向けて欧州諸国と交わるようになってからも日が浅く、努力して開化の水準に達したと言ってもまだ新参の青二才として待遇されているに過ぎない」とロシアの未開性を強調し、その広大な領土のうちでもアジア側は野獣が走り回るばかりの荒れ野であり、西の欧州側はやや人口が多い

とは言ってもたかが知れている、耕作困難な土地に原住民がパラパラと暮らしている様子は北海道の暮らしぶりに似ていると述べたうえで、やっと二百年ほど前からピョートル大帝の努力によって欧州の大国の一つになり、十九世紀に入ってからは兵力増強によっての し上がってきた、しかし、国内では強権的な専制政治が支配し、教育・文化は古い宗教の迷妄に圧迫されている、貴族階級が富を独占し、一般人民はまだ文明開化半ばの程度にとどまっていると述べる。

ついでロシアの対外関係について、まず中央アジアの遊牧諸民族との軋轢《あつれき》に悩まされてきたこと、またスウェーデンなど北欧諸国やポーランド、トルコなどからも圧迫されてきたことを指摘する。

政体としてはロマノフ家を皇統とする皇帝政治であり、一六八二年に即位したピョートル大帝が帝国西端のサンクトペテルブルグに都を開いて積極的に西欧への進出を図り、以後、周辺のスウェーデンやポーランドなどと戦って現在の版図にまで広げてきた。ただし、この拡張策の特色としては自国の版図に組み入れてもそれぞれの地域の従来のあり方に任せるということで、こうしたやり方で現在までの広大なロシア帝国が成立していると言う。

地形的には平原地帯が多いので水運に都合が良く（ただし冬季には長く凍結し使い物にならない）、また土地が広大過ぎて不足する道路を補おうと鉄道が導入されつつあるが、まだ量的にも質的にも不十分である。イギリスの鉄道に比べれば総距離で半分、乗客数では三十分の一、投下資本に対する利益率は三パーセントに過ぎず、振動がひどい。

気候は地域によって大きく違うが、中心地モスクワから北は厳冬、夏も暑い。南下して黒海《こっかい》沿岸地方は温暖で土壌も肥沃《ひよく》であり、農作に向いている。

社会的には貴族、地主などと小作農民の格差がひどく、これを改めるべく皇帝の詔勅により農奴制が廃止された。

農作については肥沃な南部が軸で、クリミヤ戦争（一八五三—五六）の敗北をきっかけとして政府が土地所有や耕作の自由を認めるなど近代化政策を進め始めたことにより著しく進歩した。

工業は、大都市で貴族や富豪の需要に応じて発展し、西欧諸国への輸出も盛んになってきたが、内容としては一次産品に手を加えた程度のものでしかない。


〈自律、主体の欠落〉


貿易はイギリスとドイツに握られ、ろくに自前の商船すらないとして次のように言う。

「要するに、この国の富はすべて帝室、貴族の手に集まり、人民は概して貧窮し、自立する力に乏しく、資本を集めて船舶を所有し外国人と対等に交易できるような者はほとんどいないのであり、一方、財力と権力を有する貴顕紳士は壮麗な宮殿で高尚な学術論議にふけるなど富貴な暮らしを安穏と過ごしているだけなのだ。こうした有様からすれば、専制政治によって国内治安を保ち、兵力を維持しているとは言え、国の繁栄という点では甚だ未開であるとしか言いようがなく、貿易において主導権がないのもそのためなのだ。国内の商業と輸入の利益はドイツ人に制せられ、海外貿易の利権はイギリス人に独占されて、この国土は西欧のマーケットに化したのが現状なのだ」。さらにこうした海外貿易力の欠落の背景として元々この民族が大陸原野の遊牧民出身で海岸線活用の経験が乏しいことがあり、それよりは中央アジアを中心とする陸上交易の方に慣れているとも述べる。

ついでロシアは多民族国家であり、言語も文字も単一ではない、全体として教育程度は低いが、都会では熱心であり、女性で教育を受ける者もいる、宗教はギリシャ正教を国教とし、皇帝がその長となる、しかし、これはローマ・カトリック以上に愚昧《ぐまい》で迷信的な教えであり、民衆を迷わせ、同時に盲目的な皇帝崇拝を助長させる温床になっていると批判し、最後に通貨、度量衡単位を簡単に紹介して総説を終える。

〈近代化の困難〉

＊　三月二十九日夕刻、国境を越えてロシアに入国するとロシア外務省接待係に迎えられ、皇族用の特別仕様車で首都サンクトペテルブルグに向かう。それまでのプロイセンの田舎と変わらない荒涼とした畑地が続き、翌朝になると荒れ野に残雪が溶けかかっている。たまに集落が見えるが、家々は見るからに粗末な様子でアメリカ大陸横断中に見かけた原住

民の穴ぐら住居よりわずかにましな程度だろうか、北海道の原住民の住居もこんな具合だろうかと想像したりする。ようやく溶け始めた残雪をかき分けるようにして農作業にとりかかっている人影も見えるがまばらで広大な土地の八、九割は手つかずのまま深い森に続いている。ロシアの土地は緯度が高いうえに湿原で稲田にも牧畜にも適さない、こうした田舎では教育も行政も未発達であり、前近代的な専制政治が続いているのもやむを得ないとして久米《くめ》は次のように農奴制度に言及する。

従来、ロシアの国土は皇帝と貴族が所有し、人民の大半はその農奴で酷使されていたが、一八六一年にこの農奴制は廃止され、農民が地主から農地を買い取って自作農になることができるようになった。アメリカの南北戦争（奴隷解放）、日本の土地売買解禁と同時期の動きであるが、ロシアの場合には長期間、元の地主に負債を返していかねばならなかった。

またロシアは国土が広大で森林が多いが寒冷のため樹木の成長が遅く、やたらに伐採すると丸裸になってしまう。それで規制するようになったが、まだ西欧諸国のように十分な保護管理にまで至っておらず、木材の利用の仕方も不十分である。農耕も同様だ。

以上のように久米はロシアが、その特異な地理的、気候的、歴史的条件ゆえに近代化を進めようとしてなかなか進まない状況を指摘する。

三十日夕刻、ようやく目的地サンクトペテルブルグに到着、駅を出ると寒空に三日月がかかり、その月から氷が飛んできたかのように馬車を襲う寒気が身を刺して、北緯六十度の地でこの月を見るとはよくもはるばる地の果てまで来たものだと感慨を覚えるのだった。

〈サンクトペテルブルグの歪み〉

ついでサンクトペテルブルグの紹介に入り、西欧各地から遠く離れ、一年のうち半分は港が氷に閉ざされるといった土地にありながら年々繁栄が進み、移り住んでくる人々も多いとまず述べる。歴史的にはピョートル大帝が西欧諸国との交通交易の拠点として開発したことに始まり、整然とした都市計画に基づいて壮麗な建物が立ち並ぶ見事さは西欧一といっても良い。産業としては麻織物、革製品、煙草、製紙、書籍、政府が力を入れている兵器生産などが盛んで、支配下のフィンランド産の鉱産物や水産物も豊富である。

人口六十万の大都市でパリやロンドンにも劣らない繁栄を誇っているが、違うのはその繁栄が上流階級に独占されていることであり、一般庶民は専制政治によって奴隷のように抑圧されていることである。その結果、外国人が利権を独占し、めぼしい商店はドイツ人の経営するところとなるが、そのドイツ人はロシア人を見下し、両者は反目しあうようになる。一方、フランス人、フランス文化は敬意をもって受け入れられており、ロシアに来てフランス文化の影響力を認識させられるほどである。イギリスはその強大さを恐れられている。ロシア人はこの仏英二国を非常に崇《あが》めている。

サンクトペテルブルグ、聖イサク教会

ピョートル大帝銅像

ついでロシアとドイツの複雑な関係について久米は次のように概略を語る。そもそもはピョートル大帝が西欧への進出を求め、その入り口として政略結婚などを通じドイツに接近した結果、ドイツ人がロシアに入り込んで政治を左右し、利権を握るようになった。それが現在のプロイセンとロシアの関係にまで尾を引いて両者は密接でありながら憎み合うような間柄となっているというのである。

サンクトペテルブルグ紹介の最後には気候について、夏暑く冬は極寒、総じて不愉快な気候であると述べる。

六十一、六十二巻を通じて久米のロシアに対する見方は、この国が宿命的に負わされている特異な風土的、地理的、歴史的条件を重視して、それら条件ゆえに欧州文明圏の一部でありながら異端たらざるを得ない国家、社会として位置づけようとするものと言える。

第六十三～六十五巻　サンクトペテルブルグ

（四月一日～十五日）

＊四月一日、ロシア政庁内の外務省を訪れ、外務大臣、アジア局長官などに挨拶《あいさつ》した。政庁は皇帝宮殿内にあるが、その前庭は見事な広場になっていてパリ、ロンドンに匹敵する

と感心する。ロシアの政府は国家評議会、大審院、大教院（宗教管轄）、内閣の四部門から構成されるが全体は皇帝の支配下にある絶対帝政である。

二日、農業博物館を見学。農家の木戸の開閉装置などスプリングを利用したアメリカの発明を取り入れた工夫に感心する。また様々な食材成分分析や害虫の発生過程の展示、イギリスやドイツで見た揚水機械の展示などにも注目する。この欧州辺境の地の農業にも同時代の先進国の知見が取り込まれているのを知って久米《くめ》は以下のような感想を記す。

〈進歩変革への姿勢〉

西洋各国では製鉄業が盛んなので大小各種機械がどれも購入しやすく、修理も便利なので、普通の鋤《すき》、洋鋤、鍬《くわ》、鎌など様々な形のものがあり、それぞれに長所がある。水力機械、歯車、補助器具などは普通の家で日常的に使っていて当たり前としている。井戸から水を汲《く》んで高いところまで揚げるのに日本では滑車を使うところを西洋ではポンプを使う。こうした利便な器具がこのように普及して、そのうち新たな発明が生まれ、強力巨大な機械が出てくる。このような手本となる元があって具体的な進歩が実現していくのであり、ロシアの田舎といえどもこうした器具に慣れることで自《おの》ずとその利便さを知っていくのだ。しかるにこうした器具の利用がまだ起こっていない日本人に示して見せれば日本人は変なものだとして受け付けないだろう。これは西洋は賢く、東洋は愚かだということではない。人々の関心の向き方が違っているからなのだ。要するに生活向上には実際に利用することが必要なのだ。これから製鉄事業を起こして種々の機械を利用することはまさに緊急の政治課題である。

＊その後、王宮広場での騎馬消防隊訓練を見物し、王宮宝物館（エルミタージュ美術館）へ。絵画、装飾品、考古品など膨大な展示品に圧倒された。夜にはサーカスに招かれるが、これもベルリンに匹敵する大規模なものだった。

〈貧富の格差〉

＊三日、皇帝アレクサンドル二世に拝謁。ロシア皇帝は莫大《ばくだい》な富を所有し、その歳費は英国王の五倍も多いという。周囲を取り巻く貴族、上流階級の贅沢《ぜいたく》も甚だしく、サンクトペテルブルグやモスクワといった大都会の眩《まば》ゆいばかりの繁華はその産物である。一方、一般国民は貧困にあえいでおり、国家財政も逼迫《ひっぱく》している。こうした歪《ゆが》みを久米は指摘して、その背景に西洋人の強欲さがあり、反動として民衆の側からの王権批判、民権運動が起こる下地となっている、生来淡白で道徳政治を旨とする東洋人との差であると評する。
五日、一メートル近く結氷するというネヴァ川を渡って王宮の対岸にある要塞《ようさい》を訪問する。要塞とは言いながら今では実用には供さず、皇帝一族の墓所となっている。

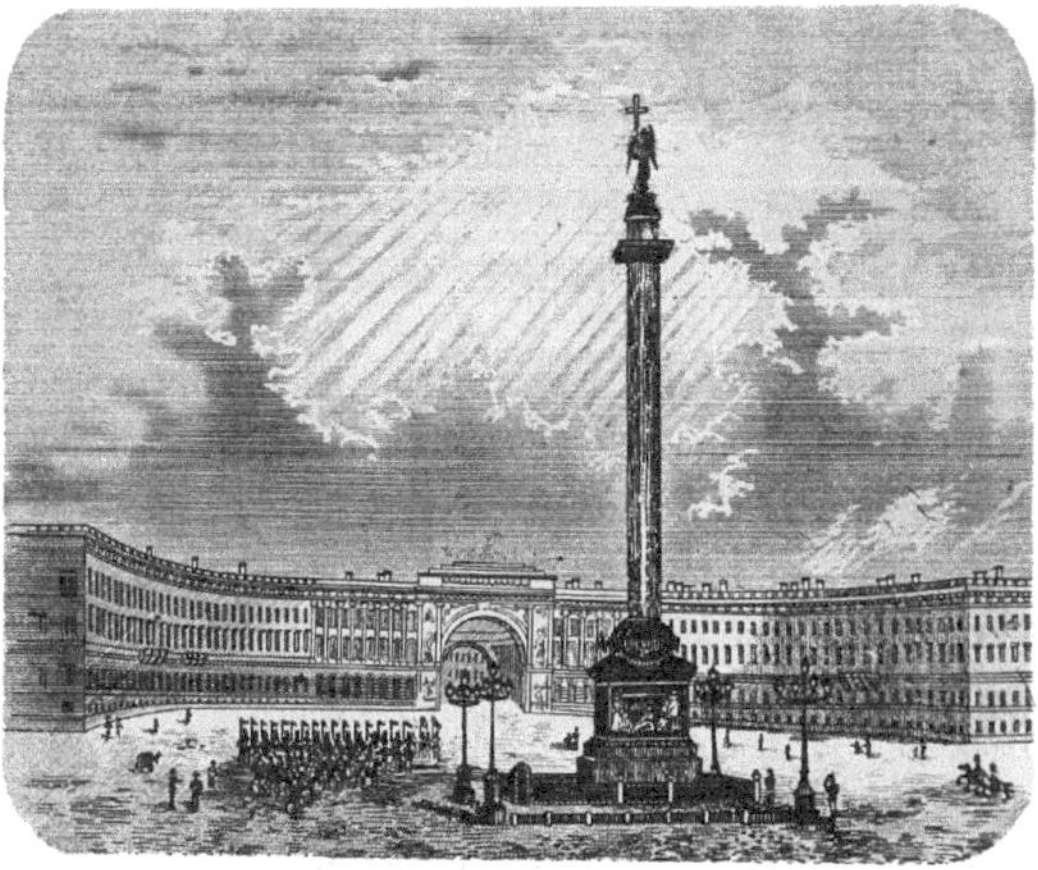

サンクトペテルブルグ宮殿

ネヴァ川の船橋

この機会に久米は大略以下のような宗教と国家の関係についての論を展開する。

＊〈宗教と国家〉

ロシアにおけるキリスト教は元々ローマ・カトリックから分れて成立した東方キリスト教の一派で大主教に統率されていたが、ピョートル大帝によって皇帝の絶対支配体制に組み込まれた。ロシアに限らず、イスラムを信奉するトルコにせよ、オーストリアやフランスなどカトリック国あるいは英米などプロテスタント国にせよ、西洋諸国では庶民の熱烈な（言い換えれば無分別な）信仰心につけこんで支配者に隷従（服従）させる仕掛けとして宗教が利用されてきた。ピョートル大帝自身は本来こうした心性と無縁の知性的な人物だったはずだが、あえてこの庶民の信仰心を道具として利用し、絶対支配体制を確立したのだ。

しかし、こうした西欧における伝統的信仰文化のあり方も、時代が進むにつれて内部での宗派対立の原因となったり、社会の近代化を阻害したりといったマイナス面が目立ってくるようになった。プロイセンのフリードリッヒ二世がこうした宗教のマイナス面を認識して、その勢力削減に力を入れたのは素晴らしい洞察力だった。ロシアがこれからどのように宗教に対していくか、この国の盛衰がかかっている。

＊こうした久米の宗教に対する批判的な見方はすでにアメリカ滞在中から始まっていたが

このロシアでの見聞に至って頂点に達する。単に荒唐無稽《こうとうむけい》な俗信というばかりにとどまらず、合理的、近代的な社会体制の進展を阻み、停滞させる元凶として糾弾するのである。

要塞の一隅にある造幣局、ついで弾薬製造工場、大砲仕上げ工場を見学してこの日の行程を終えた。

六日、午後から練兵場の訓練を見学した後、皇帝の弟であるコンスタンチン大公（これは久米の誤りで皇帝の従兄弟《いとこ》であるプリンス・オルデンブルグスキーだという）に拝謁するが、この席にも礼拝日ということで聖職者が招かれていることを印象的に久米は記している。

＊七日午後、外務省を訪ねた後、紙幣印刷局を訪問。大規模で品質管理も優れていることはイギリスをも凌《しの》ぐほどであるのに感心するが、その一方で、軍事費などの調達のため無制限に印刷発行した結果、著しく紙幣価値が下落し、信用を失う結果になったことに久米は注目する。

それから大図書館を見学、古代からの写本など百万冊に達しようとする蔵書を誇る施設だが、一万二千人を収容できるという閲覧室に実際に来るのは千人に満たないという。

〈農奴売買市場〉

＊その帰り、通りかかった市場に人だかりがしているので尋ねて見ると奴隷（農奴）を売

り買いしていたところで、十年前に農奴制を廃止してからは「雇われ人」と呼ぶようになったと聞かされる。

この造幣局、図書館、市場のコントラストについて久米は何も述べていないが、いかにもロシア社会のアンバランスを浮き彫りにするような記述と言えるだろう。

八日、汽車で郊外の保養地に出かけるが雪のために人気もなく、田舎臭い。欧州諸国の村々とは比べ物にならない。

村の教会に入ると美しい造りに感心するが、祭壇脇のキリスト磔刑《たっけい》像に米を盛った杯が供えられているのを見て神におもねるのは日本の寺とそっくりだと評する。ここでキリスト教ばかりでなく仏教をも同様の偶像崇拝として批判的に見なしているのは久米の儒者として、また近代的合理主義者の立場からであろう。

この村には海軍の製鉄所があり、軍艦の資材を製造している。機械設備はイギリス製で燃料の石炭もイギリスから輸入している。鉄鉱石はウラルやシベリアから出るが長距離の輸送が手間がかかり、石炭も鉱脈は豊富ながら採掘量は乏しく輸入に頼る状態なのだという。さらに気候条件が厳しいことも製造工程に様々な困難をもたらす。

こうした困難にもかかわらずロシアが海軍に力を入れ、軍艦製造に努力するのは西欧への進出を念願としたピョートル大帝の遺志を継ごうとしてきたからであり、その結果、イギリスやフランスの技術を借りながらも第一級の軍艦を製造するまでになったと久米は述べる。

九日、皇太子に謁見後、育児院を訪問する。親が貧しくて育てられない子供を養育する慈善施設でカトリック団体によるものが多いが、ロシア政府が設けた育児院は規模が大きく、内容も行き届いている。久米は具体的に詳しくその仕組みを紹介し、併せて聾唖《ろうあ》学校についても触れる。
＊
四月十日、皇弟ニコライ大公に謁見後、軍服の縫製工場を見学する。三百人の工員で年間二十万着の服や靴をニューヨークで発明された機械などで作っている。

ついで鉱山学校の博物館を見学した。ここでは久米は鉱物に含まれるアンモニア、炭酸、リン酸などの成分が植物成育の肥料として重要であるにもかかわらず日本人はあまり自覚していない、鉱物学を学んで役に立てることが必要であると指摘する。

十一日、フィンランド湾に面した有名なクロンシュタット砲台を見に行く予定だったが吹雪が激しいために取りやめ、医学校付属の解剖学教室を見学した。大規模な所で、ロシア人ばかりでなくモンゴル人や満州人、また女性もいることに驚かされる。ロシアは欧州中でも医学が進歩していることで有名だという。

〈広大な国土と兵器生産〉

十二日、政府の助成を受けて海軍用の設備や大砲、小銃などを製造している鉄工所を訪問する。人件費が安価なせいか機械設備よりは多くの人力に頼るもののクルップに匹敵するような大規模な工場の様子を見て久米は次のようにその背景となる国際状況を考察する。

ロシアの領土は広大であり、国境を常時警備する兵営は非常に多い。今や南方ではトルコ、ペルシャ及びトルコからの半独立国（バルカン諸国）方面に国境を開いてインドへの航路を確保しようと望むことから国を挙げて武器製造に励んでいる。

＊

十三日、正装して練兵場に新兵の訓練を見に行く。皇帝臨席の下、コサックの騎乗演技が披露される。コサックについて久米は、コーカサスなど主としてロシア南方に散在する半自治民族で種々の自主権を有し、租税を免除される代わりに辺境の警備に当たり、ロシア南部からモンゴル、中国西部などに及ぶ周辺異民族の侵入を排除する役割を果たしている、その用兵のあり方は欧州とは異質であると説明する。

十四日、サンクトペテルブルグ滞在を終え、そのまま来た時と同じ路線を折り返し帰途についた。一夜明けてナポレオンがロシアに進攻した際に渡ったネマン川にさしかかった際には歴史を振り返り感慨深いものがあった。やがて国境に到着、汽車を乗り換えてドイツ領に入った。

ロシア篇を終えるに当たって久米は以下のような世界情勢をめぐる長文の考察を記す。

〈日本人の恐露病〉

　欧州で最も勢力がある国としてはイギリス、フランス、ドイツ、オーストリア、ロシアの五国を挙げられる。欧州各国が強弱、大小それぞれに牽制《けんせい》しあって自主独立を維持できるのはこの五大国が互いに国力の均衡を維持しているからだ。その中でも最も強大なのはイギリスとフランスであり、最も遅れているのはロシアである。西洋人はロシアをトルコよりいくらか進んだ国とみなすぐらいのものである。ロシア人自身もイギリス、フランスの国威には屈服せざるを得ない。努力して国の進歩をはかろうとはするが、これら先進国と対等の栄光になんとか近づきたいと願うに過ぎない。ロシアの欧州における地位はこんなものなのである。

　ところが東洋人が思い込んでいるのは、これとは全く異なり、今に至るまで日本人はロシアを恐れることイギリス、フランス以上なのだ。人々は、イギリスやフランスはオランダ同様の商業国であり、ドイツやオーストリアは欧州内で勢力を競う国に過ぎないと思い込み、ただロシアのみが最大最強の国であって常に虎視《こし》眈々《たんたん》と世界を征服する志を抱いているというような空想を一様に口にして疑う者もいない。一体、こうした妄想が日本人の脳中に宿ることになったのは何が原因なのかと推量すると、これには訳がある。

昔、元和《げんな》偃武《えんぶ》（＊元和《げんな》元年の大坂夏の陣を最後に戦乱の時代が終わり、江戸太平の世になったこと）以降、イギリス、スペイン、ポルトガルとの通交を謝絶し、キリスト教禁制を厳重にして外国から探られないようすることにより国の平和を維持すること二百年余りになったが、文化《ぶんか》元年（一八〇四年）九月、突然にロシアの使節レサノット（レザノフ）氏の軍艦が長崎の神の島に入港して発した祝砲の響きによって日本中の太平の夢が破られた。それ以来、攘夷《じょうい》鎖国の論が沸き起こり、文化年間から嘉永《かえい》安政《あんせい》の頃まで鎖国を論じる者は外国の状況を探ろうとすると、まずはロシアを恐れる気持ちが先に立つようになったのだ。一体誰が書いたのやら、誰の言い草を真似たのやらわからないが、ロシアには五人の子に乳を与える母親の絵があって、これはかのピョートル大帝が描いたもので跡継ぎに五大陸を併合して子孫で分かち支配するようにという遺訓を描いたものだという（ロシア皇帝の博物館には絵画が収蔵されているが、こうした画題の物はない）。

こうした記事を読んでロシアの版図を見ると、すでに欧州の三分の二、アジアの半分を有する上に北アメリカにまでまたがり、我が日本は隠然としてではあってもこの常山《じょうざん》の大蛇（＊常山という山に住む大蛇は体のどの部分を撃たれても自在に対応するという中国の伝説）の懐に囲いこまれているように思われ、さらには、カムチャッカや樺《から》太《ふと》の原住民の間にはしばしば国境をめぐる争いがあった。それで日本中の志士たちはことごとく腕を握りしめて憤慨し、攘夷の声が方々に上がり、ついに明治維新となって我々一行が米欧各国を歴訪する機会を生み出すまでになった。

だが、今となってこうした成り行きを振り返ってみれば、こうした諸々《もろもろ》はすべて鎖国という井戸の中の蛙《かわず》が抱いた妄想であり、米欧各国の実情は必ずしも言われていたことのようなものではなかったのである。迷いから覚めた澄んだ心で昔の文書を見てみよう。ロシアの国情について早くから論述したものがある。享和《きょうわ》元年（すなわち一八〇一年）に訳出された鎖国論というのはオランダ人（＊正しくはドイツ人）のケンペル氏が日本について論じた書を引用したものだが、そこで、今やロシア人は大いに国を開こうとしている、北は氷海（北洋）に通じ、西はポメラニア（スウェーデンの属地）、プロイセンと、南はペルシャと通じ、また遠く東の方に向かっては東西の韃靼《だつたん》（タタール）を併合してネルチンスクという所にまで達して中国と通じ、さらに我が国北方のカムチャッカにまで達して我が国と通じようとしていると述べている具合からすると我々からしても新たな難題にぶつかったようにも思えるが、カムチャッカはロシア本国から二千里も離れ、我が国からは海を隔て、蝦夷《えぞ》を越えて行き来も容易でない。さらにロシアは外に向かってはトルコ、ドイツなどの強大国と対峙《たいじ》し、国内では諸地方の反乱がしばしばで常に手一杯であり、はるかに手を伸ばして我が国のような兵備堅固、上下和合した国を襲おうなどということは難事中の難事であろう。古人（＊孟《もう》子《し》）の言う敵国外患（＊敵や外部の脅威が緊張感をもたらす）の類《たぐい》であろうから蝦夷樺太の地をしっかり統治し、通商往来を濫《みだ》りに放置しない限り先方からの接近も我が国にとって良い戒めとなるであろう等々。

〈ロシアの地政学的状況〉

これはオランダ人（＊ドイツ人）が述べたことを翻訳したのであるが、ロシアの最近の国情に照らしてもそれほど違っていない。西側ではドイツ、オーストリアがますます勢力を伸ばし、西南方面はトルコが阻んで、これをイギリスとフランスが助けてロシアに海上権を許さない。国内ではポーランド、フィンランドを主として専制政治に不服の者が絶えない。そうした状況で酷寒の地、茫漠《ぼうばく》たる荒れ野を二千里も越えて東方に野望を遂げようなどというのはロシア人の思いにあるだろうか。カムチャッカ及びクリル（千島《ちしま》）列島ではアメリカ人と条約を結んで小麦粉、布地、道具の不足を補い、土地の産物と交換することを依頼し、軍艦一分隊を樺太（すなわちサガレン＝サハリン島）に配置しているのも自国民を保護し、辺境を守る義務をわずかに果たすだけに過ぎない。ロシア人でこの地に移住するのは大抵流刑人であり、この荒涼たる僻地《へきち》はロシアにとって非常に重視するような土地ではない。今やアメリカの州に属するベーリング海峡より東のアラスカの荒野をアメリカに売り渡したことから見てもロシアの勢力はまだこの遠方の僻地に開拓の功をあげるまでにはゆとりがないと察することができる。

　ロシアの状況は前面でプロイセン、オーストリアの両大国と対峙し、トルコに海への出口をふさがれて、なんとか西南方面に領土を広げるべく地中海《ちちゅうかい》およびアラビア海に向かう門戸を獲得しようとしているといったところであり、そこでロシアが政略を進展させるのはアジアにおいてだと言うのであるが、南方では遊牧民がしきりに暴れまわり、また近年ではモンゴルのカルカ王が勇猛であって絶えずそれらの刺激を受け、まさに前門の狼、後門の虎といった形勢である。これに加えて日本は新たに文明開化に進み、国勢振興の状況は欧州において高く評価されていることからロシアでは哀れにも悩みがまた重なり、首を垂れ尾を垂れるといった有様なのである。

　こうした実情をしっかり認識するなら今日の日本において敢《あ》えてロシアを侵略するなどという論を立てる者などいないし、ロシアの方にもまた日本を併合するなどという政略がありえようか。ただ文化元年の号砲によって鎖国の夢を破られた驚きの余韻から猛々《たけだけ》しいロシアとして恐れる妄想が生じ、両国民の間に奇怪な幻影が生れただけなのだ。両国の親善友好にとって憂慮すべきはむしろこうした状況である。国々が分かれて並び立ち、強国と弱国が互いに守り合ういわゆる親睦《しんぼく》関係というものも実は表向き、化けの皮をかぶっているに過ぎないと言うなら、疑い恐れるべきはロシアだけなどとなぜ言えるのだろうか。五大陸を制覇併合するという野望を抱いているのもロシアばかりなどと言えようか。英仏両国が植民地を広げているのも明らかに五大陸を領有しようという本心を示している。一方、ロシアが（*アメリカに）アラスカを売り渡したということは逆に三大陸に渡る領地から一つを放棄したということであり、ドイツはまだ海外に権益を有していないが、これも全くそうした意思がないと言えるだろうか。猜疑心《さいぎしん》を抱いて外国を疑えば、一体、野獣ならざる国などあるだろうか。もし親睦を図ろうという心がけで接するなら欧州どの国も皆、兄弟なのだ。そもそも各国がそれぞれ野心を秘め、政略を仕掛けようというなら、最も近づくべきはイギリス、フランスだろうか、ロシアだろうか、ドイツ、オーストリアだろうか。世界の真相を見極め、的確に深く理解しなければならない。これまでの妄想、虚影の論議は厳しく排除して精神を研ぎ澄ますことを識者には望むものである。

＊　これまで久米はいくつかの箇所で個々の報告事項にかかわる政治的な論評を加えることはあっても、ここまで明確に世界情勢全般を踏まえた自身の国際関係観を述べたことはなかった。そうした異例の記述にここで踏み切ったのは、米英仏独露という列強を一通り巡って来て自分なりの現状国際関係認識が包括的かつ明確になったと確信できたことと、その認識と同時代の母国同胞一般の井の中の蛙的な国際関係認識には大きな落差があり、そ

れを放置しておけば日本の国際関係が迷走しかねないと危機感を抱いたからであるだろう。

　この久米のパワーバランス的な国際関係認識、日露関係認識がどこまで的を射ていたかといえば、特に日露関係への楽観的な観測は見事に外れたとも言えるだろうが、当たり外れの結果は別として、ともかくも、こうした地政学的な視点を導入したリアルパワーポリティックス論は実地に自らの目と足で欧米を体験したことによって得られた知見であり、この回覧実記の一つの成果であるだろう。

第六十六〜六十九巻　北ドイツ前記、デンマーク、スウェーデン

（四月十六日〜三十日）

＊　ドイツに戻った使節団一行は、別行動をとって一足早く帰国の途につく木戸《きど》副使と別れ、北ドイツ方面に向かうが、久米《くめ》はその報告の前置きとしてまずこの地域を含むドイツ及び周辺地域の長く複雑な歴史を紹介する。

〈封建的地方分権から近代的中央集権への過渡期〉

＊　一口で言えば、古代ローマ帝国滅亡後、北欧から中欧周辺各地に勃興《ぼっこう》したゲルマン人部

族が大小様々な封建諸国に分れて離合集散を繰り返してきたのが、ようやく十九世紀に入ってそのうちのプロイセンがオーストリアを破り、ついでフランスを破って二十六カ国の連邦からなるドイツ帝国統一を果たしたというもので、この連邦の構成は王国、公国、侯国および自由市の四種に分れ、それらが連邦各地に複雑に分散しているというのである。

こうして、早くに中央集権化を進めた英仏と違い、今まさに封建的地方分権からプロイセンを軸とする近代的中央集権に移行しつつあるドイツのあり方は明治維新前後の日本の状況と重なるからだろうか、しきりに久米は通っていく地方のそうした来歴、状況を記す。

四月十七日、ハンブルグ到着。エルべ川が北海《ほっかい》に注ぐ地に位置する港町で、ドイツではベルリンに次ぐ大都市だが、自由市の代表格でもあり、久米はこの都市を紹介するにあたって、まず市民代表によって運営される自治の仕組みを紹介する。産業としては英仏などとの貿易が盛んで、アメリカに渡る移民を送り出したりしてもいる。一方、ここでは、久米には珍しく、いわゆる「飾り窓」と呼ばれる有名な花街を紹介して世界各国における売春規制の難しさを論じたりもしている。

ハンブルグ滞在を一日で切り上げると一行は夜行列車で立ち、バルト海に面する軍港で有名なキールで船に乗り換え、次の訪問国デンマークに向かった。

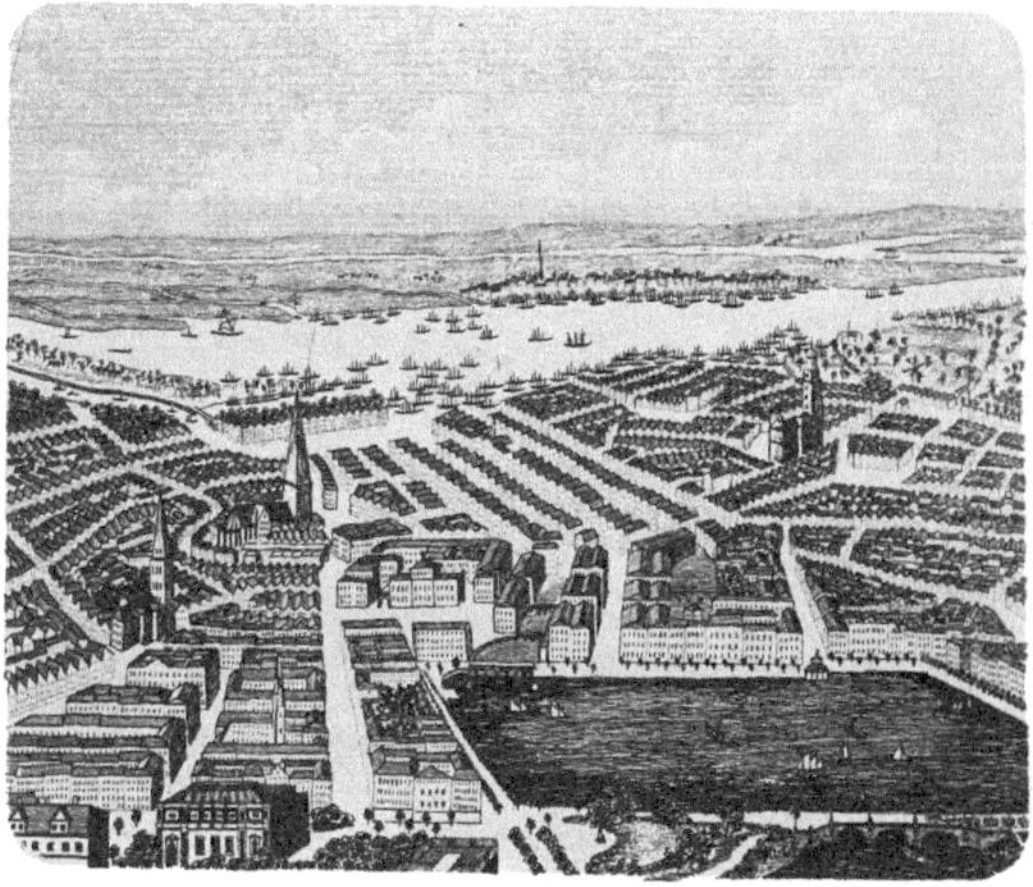

ハンブルグ全景（エルベ川下流）

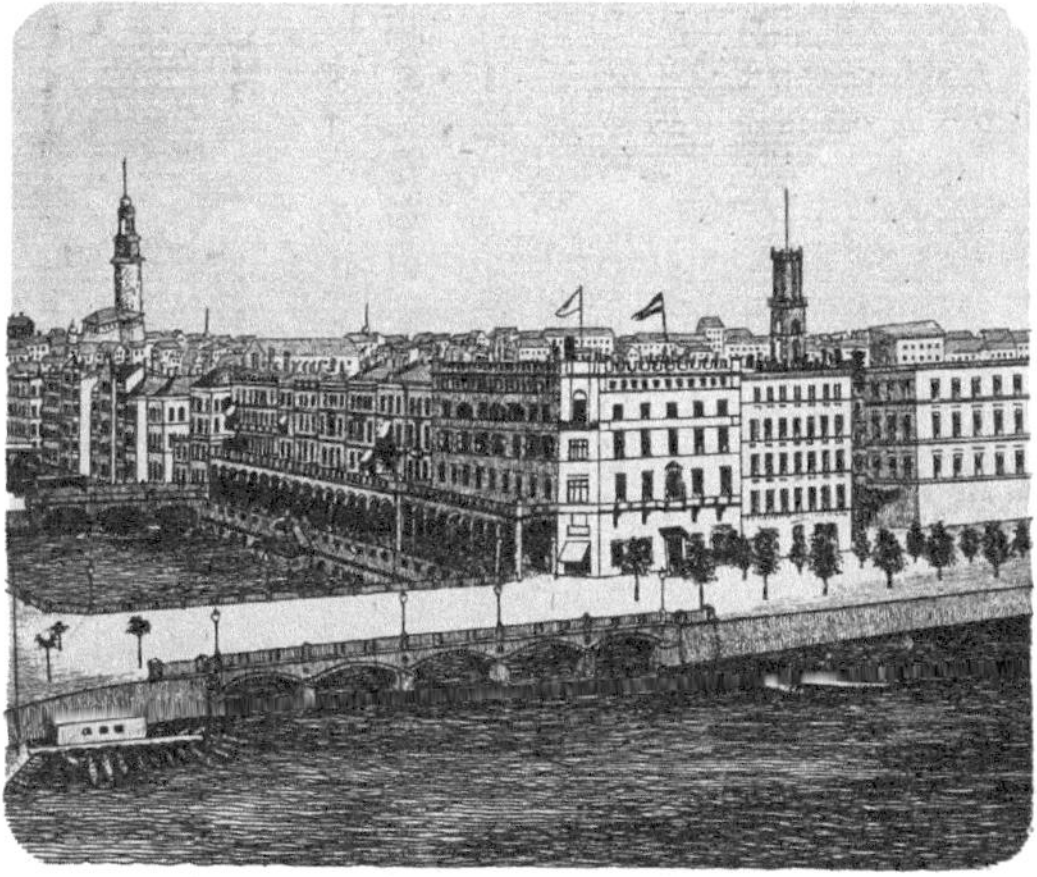

アルステル池前の繁華街

エルベ河岸

〈北欧民族としての国民性〉

＊　デンマーク紹介に当たって久米は冒頭まず次のようにそのドイツ民族との違い、北欧民族としての国民性を強調する。

ドイツの土地は北に向かって緩やかに傾斜しながら広大な平野に広がっていき、それを北海とバルト海がぐるりと取り囲んでデンマーク半島となって尽きる。ドイツとデンマークの境は山で隔てられているのでも川で遮られているのでもなく、ただ平野を区切って国境としているだけに過ぎない。にもかかわらず長年月を経ても人種がはっきり異なっていて、まるで天然の境界でもあるかのようなのは不思議と言わねばならない。ドイツとデンマークの民族は共にチュートン族と言いながら、スウェーデン、ノルウェーの地中から埋蔵物を掘り出すと刀剣や石斧《せきふ》の類《たぐい》が非常に多く、これをスカンジナビア考古品と言い、これらは同じ形のものがデンマークの地中からも出てくるが、それより南のドイツになると全く出てこない。と言うことは、スウェーデン、ノルウェー、デンマークの三国は元々同一民族で、土地もつながっていたことを証明しているだろう。人間は土地によってそれぞれ異なった種族として生まれてくる。鳥獣草木と同様である。その言語風俗は土地によって習慣づけられ、共同体を形成するようになると言っても元は天から定められた属性が多いのだ。ドイツとデンマークとは平野が地続きで、その境界は人為的に変遷してきたが、両人種は数千年を経た今になってもはっきり異なると言うのは天の定めと言わざるを得ないではないか。キリスト教徒は人類の始まりは一つだった、言葉も同じだった、それが異なるようになったのは後になってからだなどと言うが、とても信じられようか。（中略）デンマーク人はスウェーデン、ノルウェー人と同人種でスカンジナビア人種と呼ばれている。強健で航海術に長《た》けている。千年前まで北海やバルト海沿岸にはまだ国らしいものは現れておらず、デーン人は海上に出没して強奪行為を働き、強く逞《たく》ましく、一時はイギリスまで抑え込むほどになった。この頃まではどう猛な風習で、同族同士で戦い、今のスウェーデン、ノルウェー、デンマークの三国にあたる地域は常に血にまみれ、人を殺して鬼の生贄《いけにえ》にするなど残虐な風俗だった。それ故、かつて欧州北部では、このデーン人は悪名高い部族として威勢を振るったのであるが、やがて文明が開けるに従ってそのどう猛さは堅く法を守る民族性に変化し、極悪転じて極善、時の運の移り変わりにより、今ではフランスのパリ一都にも及ばない人口ながら大国の間にあって自主独立を全うしているのはその国民性の剛健にして仕事に励み、国を愛し、不屈の精神があることによるのだ。

＊ついで、この北欧三国間の王位継承をめぐる錯綜《さくそう》した関係を軸に十五世紀から現在に至る歴史をざっと辿《たど》って最後につい近年のドイツとの国境地域帰属をめぐるシュレスヴィヒ・ホルシュタイン紛争においてデンマークが果敢にドイツに対抗し、その気概の強さが評判になったことを述べた後、行政制度、地理、気候、農業牧畜を中心とする産業構造、対イギリスを主とする貿易状況、宗教はプロテスタント、教育が行き届いていることなどを簡単に紹介する。

四月十八日朝、バルト海に面したコルソール港に上陸すると汽車で首都コペンハーゲンに向かった。到着後、外務省を訪れ、帰りに近衛兵《このえへい》の教練を視察、その剛健な様子に感銘を受けた。それから王宮を見学、規模は大きくないが、内部の美しさに感嘆する。

十九日、王宮において国王夫妻に拝謁。王妃はドイツ貴族の出、長女はイギリス皇太子妃、次男はギリシャ国王、次女はロシア皇太子妃と言うように欧州王族の錯綜する姻戚《いんせき》関

コペンハーゲン王宮

海底電信本社

係が紹介される。招宴では三百十七年前のワインが供され、こうした古酒をふるまうことがもてなしであると久米は注記する。

二十日、民族学博物館を見学。アイスランド、グリーンランドなど近年になって足を踏み入れるようになった北方地帯や南洋、アジア各国の風俗文化の展示に接して久米は次のような感想を記す。

〈民族の多様性〉

様々な民族がそれぞれの地域に分れて国を作っている。その有様は、植物が分類されるように種々様々で文明開化の度合いも同じではない。好みや風俗も異なっているので自《おの》ずと足りるところ、足りないところを融通しあい、共に文明を発達させる機会を待っている。文明の精華を誇る欧州でも慣習に溺《おぼ》れて天分を発揮できないことがあり、古風で素朴な地域でも優れた趣きがあることがある。学芸の真髄は天与の賜物《たまもの》を見出《みいだ》し、衆知を集めることにある。求められる成果は技術、交易を広めて繁栄をもたらすことである。日本から欧州にやって来ると見る物ことごとく精華を極め、我が国の古拙な有様を恥じざるを得ないとは言え、欧州の人々からすると自文明の浮ついた華やかさを嫌い、かえって東洋の文物から真の趣きを悟らされることが多く、民族学博物館を見学してみればこうした有益な啓発を受けること多大であると言う。

＊その後、美術館、公園など市内を巡り、夜は電信会社のもてなしを受けた。この会社は日本政府との契約で上海長崎《シャンハイながさき》間の海底ケーブルを敷設したと言う。

二十一日、海軍造船所を見学。石炭をイギリスから、鉄をイギリスとスウェーデンから輸入してアメリカで発明された装甲艦などを製造していると説明される。また、大金を費やして三人の船大工を三年間スペインに派遣し、造船技術を学ばせたと聞き、技術進歩への西洋の熱意に感心する。

二十二日、特に予定もなく市中を散歩する。華やかな所はないが、質実な市民の暮らしぶりがうかがわれる。

二十三日、デンマーク滞在を終え、二時間ほどの船旅でスウェーデンのマルメ港に入る。

＊当時はノルウェーと連合王国を組んでいたことからスウェーデンとノルウェーを合わせて国情全般の紹介が行われる。北極海《ほっきょくかい》から南下するように細長く延びるスカンディナビア半島を縦割りにするように走るスカンディナビア山脈を挟んで両国は背中合わせになっている、人口密度が低く、アメリカへ移住する人々が多い、昔は獰猛《どうもう》で略奪や侵略などを働いたが今では剛毅《ごうき》で勤勉な国民という評判である、歴史的にデンマーク、ロシアなどとの争いが続き、また独立を求めるノルウェーとスウェーデンの関係も流動的である、世襲によらない「選挙王」と呼ばれる君主制をとっている、国土は山岳地帯が多く平野は少ない、

コペンハーゲン運河の港

王宮前の賑やかな河岸朝市

気候は海に面していることから緯度の割には温暖で、産業は農業牧畜が中心で漁業も盛んである、貿易は一次産品を輸出して二次製品を輸入する傾向が強く、イギリスが主たる相手である、海洋民族として航海術に長け、船舶輸送が盛んである、教育は進んでいる、プロテスタント信仰が盛んで他宗教に対し排他的な傾向もある等々。

四月二十三日、昼過ぎマルメ港に到着すると多数の市民が見物に集まっていた。マルメはスウェーデン第三の都会だがこれまで日本人がやってきたのは芸人がひとりいただけだという。首都ストックホルムに向かうべく汽車に乗り込んで走り出すとやがて岩がゴロゴロ露出する畑や荒地、小さな湖などが見えてきて風情がある。農家も田野も小ざっぱりして、貧しく荒れたロシアの田舎とは様子が違う。それを見て、久米は「国民に自主の気概あることがわかる」と記す。

四月二十四日、一夜明けると風景はこれまで見てきた欧州各国とは様子が違い、むき出しの岩の間に湖水や渓流、樹木が散在する眺めとなっている。昼前、首都ストックホルムに到着。豊富な石材を用いた壮麗な建物が連なる街並みは欧州でも他には見られない清潔感あふれるたたずまいである。

四月二十五日、午前中は博物館（王立アカデミー）見学。隕石《いんせき》、鉱石など。午後から国王に拝謁、招宴、舞踏会。

＊

四月二十六日、海軍工廠《こうしょう》を見学。ついで練兵施設において国王自らの案内で親衛隊の訓

コペンハーゲン市街

ストックホルム王宮

練を見学。午後、博物館見学。四千年前の石斧などから三千年前以降の銅器などへと年代を追って集められている。スウェーデン、ノルウェー、デンマークの三国で同じ様式の銅剣が出土していることで、すでにこの時期から同一文化を共有していたことがわかる。他にも日本の太刀や銅版画など美術品が展示されている。帰途、産業博覧会を見学。鉄製機械、木製器具、皮革や毛皮製品、毛織物、麻織物などがめぼしい製品である。

四月二十七日、国王の特別な計らいで仕立てられた蒸気船で水路、夏の離宮を訪ねる。白亜の洋風母屋に対し中国風の離れがあって中には日本人形や漢字の模写などが展示されていたが、いずれも珍奇なものを求める異国趣味に過ぎないと感じる。

〈軽工業の工夫〉

四月二十八日、ラシャ工場を訪問。ここは私企業だが政府の援助を受けて囚人を作業に雇い入れている。ついで造船所を訪問。米英では大型船を作る大規模な造船所が目立ったが、欧州大陸では小規模な造船所で小型船を作る所が多く、それで十分間に合うと久米は感想を記している。

午後には木工所を訪問。スウェーデンは木材が豊富なので多くの木工製品を製造するばかりでなく、燃料にも石炭の代わりに木屑《きくず》を使い木材乾燥や経費節減の助けとしている、それぞれの現場の状況に合わせた工夫が大切だと久米は評価する。マッチ製造工程につい

ボリンデル製鉄所

ても詳しく報告しており、スウェーデン製のマッチの評判がよく、日本にまで輸出されているのに驚いたなどとも記している。こうした木材を原料とする軽工業に久米が関心を示すのは状況が似ている日本での産業振興のヒントとしているのだろうか。

この日は他に製鉄所を訪問、ここでも溶鉱炉の燃料として石炭の代わりに木炭を使用し、その木炭を節約する工夫をしており、さらにまた、こうした木炭そのものを簡易に製造する民家が多くあるとも報告する。ここにも同様の事情を抱える母国への思いがうかがわれないだろうか。

四月二十九日、小学校を見学。生徒数一万人と記されているのはストックホルム全市の間違いではないかとも思われるが、ともかくも有名な大規模校だと言う。五、六歳から十四、五歳までの男女生徒たちは「大抵、貧民の子で普通教科を教え、卒業後はそれぞれの家業に就く」ということで学費は無料だが学校総予算四〇万フランのうち政府からの支出は六〇〇フランに過ぎず、残りは市民からの寄付に頼っているという。以下、具体的な教育内容、方針については久米の記述を直接引用する。

〈あるべき初等教育〉

教師は男女双方がいて、未熟な者は児童二十五人、習熟すると四十五人から五、六十人を担当する場合もある。その教導の仕方はアメリカ流を取っている。生徒にまず着席退席、動作などの作法を教えることは日本で立ち居振る舞いを躾《しつ》けるのと同様である。おおよそを言えば、生徒は二列に並び、歩調を揃えて順次それぞれの席まで進んでくると一斉に着席するなど歩兵教練のやり方と同様である。西洋の礼儀は立った姿が基本であり、それは日本では座った姿が基本になるのと同様である。また児童に持たせるための小型の銃を作ってそれぞれに持たせ、銃の扱い方を教えるのは男女双方におこなっている。

　在学中はなるべく多くの科目を学ばせ休ませないようにするのが肝要だ、並みの生徒に教える内容はなるべくやさしくして嫌気がささないようにすることが必要だ、ほんの少しばかり高いレベルの内容を与えるだけで並みの生徒では理解したり覚えたりするのが難しいことがある、これを強いて押しつければ子供に学問を嫌い、捨てる気持ちを生じさせ、かえって一生続く害を引きおこすことになり、文明化するようにという親心が逆に向上心を阻害する結果となってしまう、この点は平均的な教育を与えるにあたって最も肝要なことだと博士自ら語った。

西洋の小学校普通教育はどれも平易で身近な内容で、男女や身分の分け隔てなく、生命を維持し、人生の喜びを享受するために必要不可欠な事柄にしぼって教えるだけである。人には生まれれば必ず言葉を使うという本能が備わっているのであり、それでその国の言葉を教えてやる、これが国語学である。言葉を覚えるにつれてそれを書く術《すべ》を教えてやる、これを文法学という。文字は意味を伝えるが、物の姿を描くことはできない。言葉で言い尽くせない場合に手まねをするように文章では書き尽くせないものは図画で伝える、そこで図画を学ばせる。数より大きな人生の宝はない、これは一生用いるもので必要不可欠である、そこで数学を授ける。人はその家に生まれれば家系を知らないで済ます訳にはいかない。同様に、その国に生まれればその歴史を振り返り、国の由緒より今日に至るまで文明開化の次第がいかなるものなのか知らないでは済まされない、それで国史を教授する。人は世界を家とし、万国と行き来してその物産を利用することで事業を行う、それゆえ世界の地理を教授する、特に国内の関係は外国との関係より一般には関わりが深く重要である。それゆえ地理を授けるには国内地理を詳しくして外国は略しても構わない。人は空気の中に住み、万物を利用して暮らしを立てている。その理由、利用する訳を知らせないでは済まされない。そこで一般理学を授ける。歌を歌って心をのびのびとさせるのは人間性の自然である。これを指導して発揮させてやらなければ心が枯れ細って病んでしまう。唱歌の学も授けないわけにはいかない。

これら八つの科目はいずれも人として心得ないでは済まされない、また、習得したいと欲するものである。この道理に従って教育方針を定め、倦《う》まず弛《たゆ》まず、喜んで課業に励むようにさせるのが教育の本来の趣旨である。

また、これ以外にも体育があり、健康を維持する仕方を教える。さらには、もう一つある。これは必ず外してはならないものだが、八つの科目とは別種で修身学と言い、八つの科目の要《かなめ》として終生守るべき品行に関わるものである。貧富、禍福、困窮と栄達、繁栄と没落などはいずれも品行如何《いかん》によらざるを得ないが、これを一般に向けて教え導くのは大変難しい。西洋では僧侶《そうりょ》を招いて開講時に講話をしてもらう。あるいは教師が話し聞かせるなどしているが、近年では大抵、僧侶の手を離れて教師に委《ゆだ》ねられる国が多い。

＊　小学校訪問後はチーズ工場を見学。牧畜が盛んなスウェーデンではチーズの製造も盛んで欧州向けに大量に輸出している、朝晩チーズを食べる習慣は日本の沢庵《たくあん》に似ていると報

告する。夕方、汽車でストックホルムを出発、翌三十日朝、入国地マルメに戻り、再び船でコペンハーゲンへ。

第七十〜七十二巻　北ドイツ後記、南ドイツ

（五月一日〜七日）

＊五月一日朝、コペンハーゲン経由でリューベックに到着。ハンブルグ同様の自由都市で、元老院と市民院によって運営される共和制をとっている。バルト海に面した港町でロシア、デンマーク、スウェーデンなどとの交易地として賑《にぎ》わっているが、滞在の余裕なくハンブルグに向かう。

〈政体、民族、風俗の連関〉

このあたり、細かく国や都市が分かれて接している地域を通っていくとそれぞれ別々の風俗を保持していること、政体と民族の関わりを感じさせられると久米《くめ》は印象深く記す。ハンブルグ近くで人々の顔つきがイギリス人に似ているように思って聞いてみると、もともとこの辺りからアングロサクソン人種は出ているのだと聞かされ納得して人種というも

のの根の深さを実感するのである。

デンマークとドイツに挟まれるようにしてユトランド半島の根元に点在するシュレスヴィヒ、ホルシュタイン、オルデンブルグの三公国についても簡単に紹介する。

二日、ハンブルグに滞在、ようやく春たけなわの気分を味わいながら公園や住宅地などを散歩する。野菜や花を売り歩く近郊の農婦が独特の風変わりな装束をしているのに目を留め、民族それぞれの伝統習俗に関わる長文の考察を記す。

〈伝統習俗の維持尊重〉

欧州ではどこでも様々な人々がそれぞれの種族に分かれて郡や村を形作り、その顔つきや言葉がそれぞれ異なるように風俗も異なっており、一般的にそれぞれの慣習を改めようとはしない。日々新た、進歩などと言っても多くは利益を求めて競争するに過ぎずとして、伝統に従い、それを磨いて新味を研ぎ出すことを尊ぶのである。いきなり旧を捨てて新に代えるようなことは人々にとってはなはだ不快であるばかりでなく、どの国でもそれまでの法律や法典を堅持して旧習を廃棄することを望まないものである。国の版図を確かめ、互いに区別し、一郡一村と言えどもむやみに他と合併することを欲せず、それぞれの風習を守り、互いに切磋《せっさ》琢磨《たくま》して競い合い、着実に進歩するというものなのだ。

ハンブルグの珍しい鉄橋

ハンブルグの近くでは七、八ヶ国の領地が入り乱れ、あたかもレース模様を見るような塩梅《あんばい》であるが、プロイセンは強大国でありながらこれらを合併して一つにしようとはせず、旧来のままに扱っている。それまでの慣習を捨てるように人々に強制しても得る利益は極めて少なく、逆に、伝統を維持しようとする気持ちを傷つけて不安を与えることによる不利益は非常に大きいからである。

西洋の田舎の村々で風俗がまちまちであることは枚挙にいとまがない。今回の巡覧では常に都会を通って村里に滞在することが少なかったので各地の特異な風俗を見ることも滅多《めった》になかったが、それでも記録すべきことは一、二にとどまらない。

スコットランドの兵隊の服装はイングランドとは全く違う。古めかしい奇異なスタイルで足まで届くほど長く、足には脚絆《きやはん》のような長靴下に革靴を履いて膝《ひざ》のあたり六、七寸はむき出しになっている。ハイランドの山中でこれに似た服を着て猟をする者を見かけるが、これはスコットランドのケルト人種の古代からの服装であると言う。スコットランドは寒帯に近く、膝を裸にするのは健康に害があるだろうに文明が進んだ今日に至っても頑として、これを使い続けているのはひたすら旧来の習慣に従っているのである。欧州では一般に婦人の盛装は胸より上をむき出しにすると言うのも習慣によるのであり、耳に孔《あな》をあけ、腰を締めつけるのも習慣による。脚の細いのが美しく、靴で足首を締めつけるのもまた習慣による。健康面から見れば、いずれも良いことではない。

オランダのゼーランド州の婦人は真鍮《しんちゆう》製の兜《かぶと》をかぶる。先のパリ博覧会で誇らしげにこの兜をかぶって茶店で茶菓を供していたとか、古臭いから帽子に代えるよう勧めたところ、これこそはゼーランドのゼーランドたる由縁なのだと代えなかったとかいう。ロシア人は革を身につける。スウェーデン人の衣服も古めかしい。ノルウェーはまたスウェーデンと違う。デンマーク女性は白い丸帽子をかぶって尼のようだ。オーストリアの田舎では婦人は白衣の上に袖《そで》なしの黒衣を重ね、腰には襞《ひだ》が入っていて、これまた我が国の尼を見るようだ。ハンガリーに至っては全く衣服の様式が違う。イタリアの婦人は白布を折って頭に載せる。スイスのベルンの婦人は風変わりな服を着て胸から銀または白銅製の長い鎖を垂らしており、何のためか尋ねてみると、この地方の習俗である、スイス二十二郡で婦人の装束は一つとして同じものはないとのことであった。

大統領より岩倉《いわくら》大使に写真が贈られたが、どれも全く異なったところがあった。これに限らず、各国の郡や村それぞれの風俗、人種、言語、習慣が異なり、衣服、容貌《ようぼう》、装飾が異なるのは、ちょうど声の響きが異なり、言葉に訛《なま》りがあるようなものだ。以前オランダの貴婦人たちが集まっていた宴席で我々一行がそろって髪も目も黒く、同じような顔つきをしているのを見て、オランダ公使に向かい、日本では国中の人ことごとく大使一行のような人相であるのかと怪しそうに尋ねた者がいた。それに対して国中みなこのようだと答えると、オランダの十倍もの人口がありながら皆同種であるとは世にも珍しい国だと嘆賞された。大陸の国民は種族が雑多であるのは当たり前で、日本に近い中国でも各地方民は皆、風俗言語が別々だと言う。

それゆえ、わずかな人相や風俗の差に着目して同じでないことをあれこれ言うのは視野の狭いことから生じる偏見であって、およそ見識ある者が問題にするようなことではない。政治が務めるべきこと、教育が勧めるべきことはこんなつまらぬことではない。「富強」の二字こそ目指すものなのだ。国中の国民が皆その生業に励み、自主を貫き、礼と信をもって交際し、多くの需要に応《こた》えて利益をあげ、外国に対しては国威を屈することなく、国内においては安寧を保って天下泰平の境地に進もうとすることこそ努めるべき本領である。

＊　ついで中国の文人政治家として知られる太公望《たいこうぼう》が民衆の習俗に従うことによって国を治めたという故事を踏まえて以下のように述べる。

西洋の政治は自主を中心とする。それ故、国力がしだいに強大となっても、貴族が勢力をもち、豪紳が分かちあずかって政権はしばしば民権に屈するに至る。ドイツ皇帝ウィルヘルムと宰相ビスマルクの不世出の英邁《えいまい》さをもってすればドイツ連邦諸国を統一するのは易々たるものであろうにもかかわらず依然として旧来のあり方に従っているのは思慮深いものがある。

＊　伝統民衆風俗の話から古代中国政治の故事に転じた挙句いきなりドイツの中央集権が遅れている事情に飛ぶのはいささか唐突だが、あるいはこの時、久米は日本にも各地に残る旧習と近代的中央集権化の齟齬《そご》などに思いを馳《は》せていたのだろうか。

続いてハンブルグと並ぶ重要な自由都市であり、港湾都市であるブレーメンについてアメリカへの移民、貿易が盛んであることを述べる。

三日早朝ハンブルグを立ち、ハノーヴァー、カッセルなどを経て鉄路五六〇キロを十四時間あまりかけて走破、夜フランクフルトに到着する。

〈小国分立〉

＊　五月四日、フランクフルトを中心として周辺に割拠するかつてのザクセン王国から枝分かれした数々の王国、公国、侯国について、それぞれ国の規模は大きくないが、由緒も財力もあり連邦内での位置を確保していると紹介する。欧州内でも先行して近代的中央集権化を進めたフランスなどとは対照的に、これまで長く中世以来の封建的地方分権制を維持してきたドイツ国家のあり方が浮かび上がる。

五月五日、日本の紙幣印刷を委託している印刷工場を訪問。

＊　プロイセンが地盤とする北ドイツおよび東方のオーストリアと鼎立《ていりつ》するドイツ南西部諸国から構成される旧ライン同盟の紹介がされる。ここではナポレオンなどフランスによる侵略、文化的影響が大きく作用したと言う。

五月五日、フランクフルトから春景色の中を汽車で南下、やがて山岳地帯に入ると深い森が広がっているのを見て森林保護が行き届いていることを感じさせられる。南ドイツの

ハルツ山中プランキン城

ザクセン山中の自然橋

バイエルン王国、ミュンヘン市の王宮と劇場

ミュンヘン市郊外の風景

バイエルン地方に近づくにつれて教会の様式がそれまでのプロテスタントからカトリックへと変わってくるのに注意する。貴族が教会と結託して既得特権を保持するために教会の権威を誇示するように伝統的な様式を維持したのだと久米は指摘する。そしてバイエルン王国を紹介して、特に隣接するオーストリアと近い関係にあり、人々の気風も北ドイツ人よりはオーストリア人に似ているとする。

ニュールンベルグを経てドナウ川を渡り、バイエルンの首都ミュンヘンに夜九時半到着。フランクフルトから三〇〇キロ弱の行程を十一時間ほどかけて走破したことになる。

六日、市内見物。バイエルン王の宮殿はまだ新しく、純白壮麗である。美術館、博物館、凱旋門などを巡る。人々の気風は素朴な様子である。

七日、夜ミュンヘンを汽車で離れ、オーストリアを経てイタリアに向かう。

第七十三〜七十四巻　イタリア概説、フィレンツェ

（五月八日〜十日）

＊

五月八日、夜明け方、チロル山中を走る車中で久米《くめ》は、ナポレオンがオーストリアと戦うべくこの険しい山中の隘路《あいろ》をたどった故事などに思いを馳《は》せては移り変わっていく山の

イタリア、ヴェローナのコロッセウム

景観を追った。やがて昼前にオーストリアからイタリアへの国境を通過、しだいに高度を下げていくが、見渡すとオーストリアからドイツに近いあたりの山々は松などの木々が多かったのに対し、イタリアのこのあたりは草も生えていない禿《はげ》山《やま》が多いのに気づいて次のような感想を記す。

〈土地資源の活用〉

欧州を旅して行くと、山岳地帯でも、いくらかなり土壌のある所には開墾の手が入っている。多くは牧場だが、岩や石の多い所にも樹木を植え、草が生えている所では放牧が行われている。草も生えていない所でも湖や川などで船が入れるならば利益を出そうとする。全く不毛の土地と見放されるのは岩だらけの禿山で、もともと草木が生えず、人も入らない所だけである。

日本人は草の生える山野を無為に捨てておいて牧畜で利益を上げようとすることもなく、岩山もほったらかしで鉱業で利益を出そうなどとはしない。森林の資源も往々にして荒地と見なし、利益を出すことを考えない。こうした有様こそは国益が振るわない原因であるが、欧州でも山林の資源に目を向け始めたのは近年のことで、一時は田畑耕作の利益のみに走って森林をほしいままに伐採し、田畑としたこともある。その結果、大いに国益を損ない、様々な弊害を招いたことから今は山林法を設けて厳しく保護するようになったのは欧州経済にとって著しい進歩の一つであると言う。

天から与えられた土壌はそれぞれの地質に応じて産物を生み出し、人々に喜ばしい暮らしをもたらす。それ故、土地を開発しようとする者は、適正な工夫を施して利益をあげることに努め、旧習にとらわれることなく知恵を働かせるようにすべきである。日本人は漁業と稲作で暮らしを立ててきたせいで常にこの二業に頼る習慣があり、乾燥した土地に稲田を開こうとしたり、山中に魚を求めようとしたりして、麦や黍《きび》、牧畜を活用することで土地を生かすことを知らない。それで国内に活用されていない土地が多い。欧州各国では国土の四分の三が耕地となっているのに比べ、日本ではまだ十分の三にも達していない。耕作に励むにもかかわらず収穫高はいつも劣っている。

これは土地が悪いせいではなく乾燥した土地で利益を上げることに気づかないためなのである。欧州では山野を耕さないまま放置していると言うのは全く開墾不可能といった土地だけである。日本の荒地とは実情が違う。土地利用を論じる者はこの実態を見過ごしてはならない。

＊　やがて山地が終わって平野に入ると一面麦畑に赤いポピー（ひなげし）の花が美しい風景が広がり、間も無くヴェローナに到着する。名高い古都で、見るべきものが少なくないとされているが時間がなく、ここで西のミラノ方面から来る汽車に乗り換え、パドヴァ、ヴェネチアを経て夜中の三時にイタリア最初の訪問地フィレンツェに到着した。

　引き続きイタリア全体についての総説に入り、まずドイツ同様、一八六〇年以前は、法王座のあるローマを始めとしてナポリ、フィレンツェ、ヴェネチアなどの諸国に分かれていたのがナポレオンによる侵略、ウィーン会議、普仏戦争などを経て統合された歴史が紹介される。風土面では、北方辺でアルプスなどの山岳地帯に囲まれ、山と湖の織りなす風景は魅惑的である、アフリカからの熱風を受けて暑いが、三方を囲む海からの涼風のおかげで健康的である、緑も豊かで穀物も果実もよく実る。

　一方、国民性は北欧諸国などとは異なり怠惰で、肥《ひ》沃《よく》な土地も十分に活用されておらず、大半の国民が農民であるにもかかわらず穀物を輸入している。鉱物資源なども豊富なのに

フィレンツェ、アルノー川風景

産出高は低い。工業面では機械に頼る大量生産などではなく、絹織物や工芸品など趣味の良い繊細な製品に定評がある。貿易面では国内統一以来、取引が増加しつつあり、主たる相手はフランスである。

民族的には様々な人種が雑多に混交している。全体に享楽的で特に音楽演奏など芸事が盛んである。教育面では政府が推進中で北部は就学率が半数以上だが、南部は一割に過ぎず格差がある。宗教は伝統的にカトリックであり、近年、プロテスタントやユダヤ教などの信仰も認められることになったが少数にとどまる。

以上の総説の中で、とりわけ久米が強調するのは以下に引用するように風土特質と関連した怠惰な国民性である。

〈怠惰な国民性〉

「肥沃な土地の民は怠惰である」という昔の中国の格言があるが、この言葉は世界中に通用する不変の真理と言えるだろう。アルプス山中を越えてイタリア領内に入るとガラリと様子が変わると感じた。山は高く水は清らか、空気は清々《すがすが》しく土地は肥沃で、草木は豊かに茂り、野に咲く花々は美しさを競っている。ところが道端には雑草が抜かれないままになって、町にはゴミが放置されている。農民は畑でゴロゴロ昼寝しており、あるいは、道端でうずくまっている。御者は馬車で居眠りして馬が勝手に走っていく。町ではだらしない身なりのまましゃがみこんで酒を飲んだり、ぶらぶらしている。もしくは一家揃って飲んだり喰《く》ったりして、仕事の方は総じてやる気に乏しく、北方諸国とはすこぶる気風が違うと思われるのである。

＊　五月九日。市内中心部を流れるアルノー河畔の宿から眺める市中の眺めは見事な都市美を尽くしている。とりわけおびただしい数の教会、その荘厳なまでの装飾性は圧倒的である。

〈悪い通貨事情〉

一方、市が負債を払いきれていないために、市内に出回る紙幣は他の通貨との交換率が悪く、域外では通用しないことすらある。以前の日本で藩札が他の藩では使えなかったことがあるのに似ていると久米は説明する。

まずは市の中央に位置するサンタマリア大聖堂を訪ねるが、この聖堂に対して久米は「カトリックが全欧州に蔓延《まんえん》して民衆の財産を奪い取った最盛期に造営が開始され……」と批判的な言い回しを用いて紹介する。キリスト教、特にカトリックに対する反感はアメリカ以来のものだが、その発祥の地に来て、さすがの荘厳さに圧倒されながらも抵抗の姿勢を見せるのである。

続いて訪れたウフィツィ美術館は宗教と直接の関わりもないせいか手放しでその価値の高さを強調し、さらに王宮、考古学博物館などを巡り歩いてこの日は終わった。

〈手仕事の文化〉

五月十日、まず石のモザイク細工の仕事場を見学し、その精緻《せいち》な仕事ぶりを詳しく紹介するが、日本の細やかな職人仕事と共通するような感性のあり方に共感を寄せる気配が感じられる。ついで陶器工場を見学、ここでも日本陶器との近似性が述べられ、また欧州で中国、日本の磁器が高く評価されていることが述べられる。さらに郊外で養蚕業者が桑の葉を摘んでいる様子を見て詳しく養蚕の仕事の内容を述べる。

このようにフィレンツェでは、久米の関心はイギリスなどの場合のように近代的科学技術を駆使した工業生産に向けられるのとは違って伝統的手仕事、その日本人にも共通するような細やかさに向けられるのである。

第七十五～七十六巻　ローマ　（五月十一日～十九日）

＊〈ローマの世界史的意義〉

ローマ篇に入るにあたり久米《くめ》は前置きとしてまずローマを軸とする西欧文明の起源以来の展開、ローマと中国の間に交わされた東西交流の流れを以下のように大摑《おおづか》みに提示する。

現状では英仏独などの国々が最先端の文明をリードしており、イタリアは衰え、気力を失っていて栄枯盛衰の感慨を禁じ得ないが、さかのぼれば西欧文明は南方メソポタミアやエジプトの文化がまずギリシャにもたらされ、ついでローマ文明に取って代わられて隆盛期を迎えたのだ。当時の英仏独などは蛮族の社会であり、ローマの感化を受けて文明化に踏み出したに過ぎない。その後、ゴート族などの蛮族が辺境から侵入してローマ文明は滅び、現在のイタリアのような疲れ衰えた状況となった。

一方、東西交流ということから言えば、すでに紀元前後の古代の頃からローマ文明と中国文明の間に交流があり、それがやはり中世期には途絶えがちになってしまったとしたうえで次のような感慨を述べる。

ああ東洋と西洋が互いに船で行き来し、交易を絶やすことなく今日まで続けていたなら地球全体に共通する外交ルールを確立して互いに切磋《せっさ》琢磨《たくま》し、あれこれ融通しあうことで両洋の人々は現在よりははるかに豊かな利益を得ていたことだろう。

＊　以上のようにローマが西欧文明史全体、東西交流史全体の軸として大きな働きを果たしてきたことを強調し、そうした巨視的な文明観の必要を示唆するような前置きなのである。五月十一日早朝、フィレンツェからの夜汽車でローマ到着。改めてローマの歴史を特にローマ市と法王の葛藤《かっとう》に焦点を当てて紹介する。市内に入っていくと、どこも荒れ果てた中に教会ばかりがやたらに多く、夕方、それぞれの鐘が鳴り出すとやかましいばかりである。物乞《ものご》いも多く、仏教の場合と同様、宗教の勧める悪習だろうかと述べて、これを機会にローマ・カトリックに対する集中的な批判を展開することになる。西欧社会とカトリックの関わりを歴史的にたどっていく長文の議論だが要点は以下のようになる。

〈カトリックへの批判〉

＊　古代ローマ文明が衰退した後の長い暗黒の中世期においてカトリックは神の救いという唯一の希望を掲げることによって諸王をも凌《しの》ぐ権威を勝ち得ることになった。そして、そ

の権威を笠《かさ》に着て諸王と結託して民衆から搾取し、私腹を肥やした。これに怒ったルターなどがプロテスタントを立ち上げてカトリックと対立し、激烈な宗教戦争が起こったが、その結果、ドイツ、イギリス、北欧諸国などはプロテスタントとして、フランス、オーストリア、イタリア、南欧諸国などはカトリックとして残った。その後もこの対立は続いて種々の社会的混乱、停滞を生み、中でもカトリックは劣勢ながら旧権力の牙城《がじょう》として民権や自由を抑圧してきている……。

大筋このように久米はカトリックが西欧社会に及ぼした作用を徹底して批判的に指摘するのであり、それがフィレンツェでの最初のイタリアの印象——怠惰で停滞消沈した後進国——を裏付けるものとして提示されるのである。

十二日、市内各所を見物。サンピエトロ大聖堂ではその巨大さに驚嘆し、柱やシャンデリアの数などに至るまで細々と記録している。法王が住まうヴァチカン宮についても豪壮さに目を見張るが、それが膨大な献金を吸い上げて建造された「贅沢《ぜいたく》と退廃的なまでに過剰な技巧を極めた」ものであり、イギリスの史書に当時の聖職者たちは富を貪《むさぼ》り、漁色に溺《おぼ》れたと述べられていることを見過ごすことはできないと強調する。

ついでサンタンジェロ城、フォールム、コロセウムなど古代ローマ時代の遺跡を巡っていくが、まだカトリックの権力支配が及んでいないこれらの建造物については淡々とその様子を語っていくにとどまるのである。

サンピエトロ寺院とヴァチカン宮

古代ローマ時代の議院列柱

＊　五月十三日、王宮にてヴィトリオ・エマヌエル二世に謁見。
五月十四日、ヴァチカン美術館、宮殿宝物庫などを見学。

五月十五日、カラカラ浴場、カタコンブ（地下墓地）を見学。後者では、初期キリスト教徒たちが迫害を逃れてここに籠《こも》り、信仰を貫いたと聞かされてその剛毅《ごうき》さに感服し、仏教徒の軟弱、怠惰とは比べ物にならないと記している。

その後、兵営や軍の病院を視察し、帰途には養蚕所を見学した。

五月十六日、カピトリーヌ美術館で古代石像彫刻を鑑賞後、裏手にある古代の地下牢獄《ろうごく》跡を見学する。聖ペテロが異端の罪のかどで入れられていたという牢獄で、死を決意したペテロが頭を打ちつけてできた壁のくぼみだとされる跡を説明されるが、奇怪な話だと述べたうえで久米は次のようにキリスト教の歴史についての思いを記す。


〈原初キリスト教とカトリック教会による堕落〉

バイエルン国からイタリアまで来て、ローマ教会が宣教にかこつけて民衆の財産を漁《あさ》り、寺院を荘厳に飾り立てた跡を目にする度、嫌悪の念を掻《か》き立てられたが、ローマに到《いた》り、キリスト教徒が艱難《かんなん》を排し、迫害に甘んじながらも師から教えられた道を守ってきたさまを想像するごとに悲惨な思いを禁じ得ない。ここに至って知った。これまで見てきた華麗豪奢《ごうしゃ》な楼閣はこれらキリスト者の艱難辛苦の報いであり、後世の

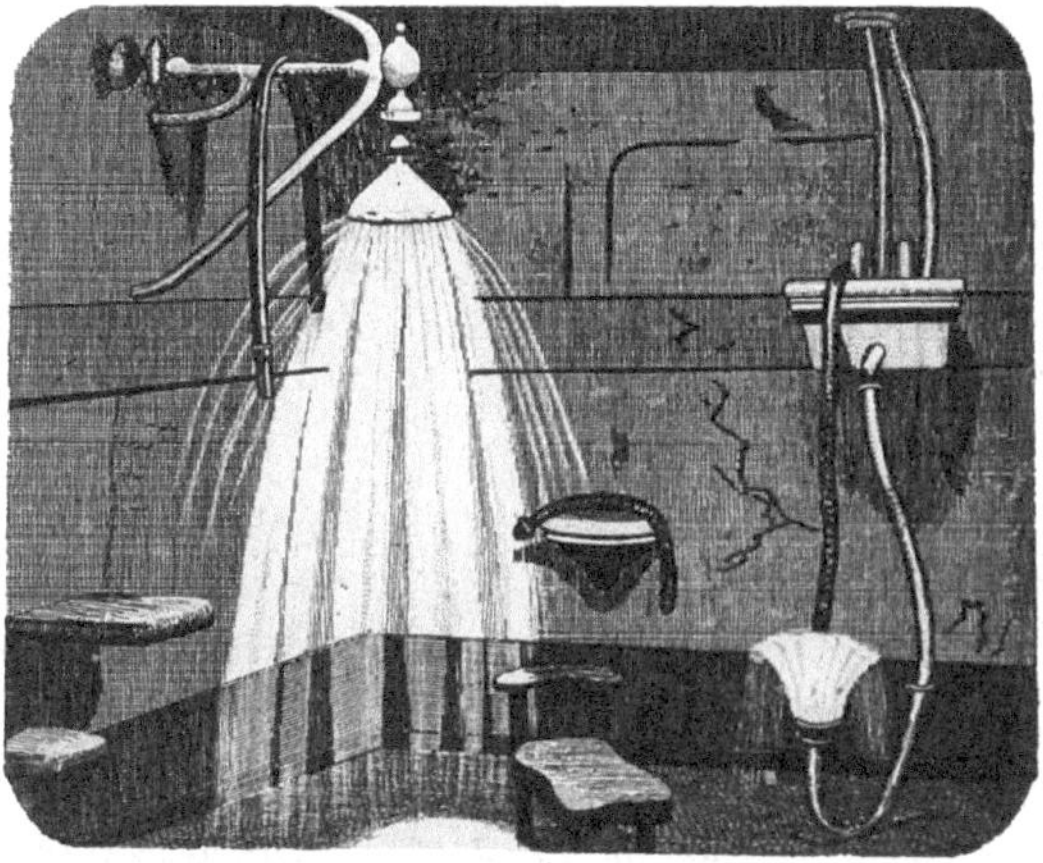

ローマ軍病院の入浴場

ローマで発掘されたカエサルの宮殿

奢《おご》り高ぶりは本来の教えが衰えた結果に過ぎないのだ。

キリスト教の教えの深い中身はなかなか究め難いが、各国を巡り、説教や礼拝に接してみると大変、仏教に似ている。遠い昔に最初に興った教えが変化していって、その根本は同じながら風土、状況に合わせて変化してきたのだろう。キリスト教はユダヤ教の一宗派から生まれた。キリストが磔刑《たっけい》に処せられたのは元々は党派を異にする信徒たちが憎み合った結果に過ぎない。残された弟子が師の教えを継承して新約聖書を奉じ、熱心に信仰してローマの頑迷な民衆に教えさとしたが、その教えはユダヤ教に数等も優れたものだった。しかるにユダヤ教徒はかえってキリスト教徒は叛逆《はんぎゃく》を企てようとしているとローマに讒訴《ざんそ》したのであり、実に甚だしく真実を欺くものだった。イエスの高弟ペテロはキリスト教会の最高指導者となってイタリアに進出し、その結果、ローマ皇帝がキリスト教を厳しく取り締まったのを受けて無残に処刑された。だが、その遺志を継いだ門徒たちは信念を曲げることなく、地下牢で生涯を終える者たちもいた。そして遂に東ローマ皇帝の許しを得てからはしだいにローマ帝国中に伝道し、ローマ法王の権威を獲得するまでに至ったのは「積善の余慶」と言っても過言ではないだろう。

以後、教会の勢力は盛大になり、フランク王ピピンがローマの地を教皇に寄進してからはしだいに他の土地も合わせて厳然たる国家となり、その権威は宗教の範囲を超えて各国の帝王の爵位や領土まで思うままにするに至ったが、すでに本来の伝道のあり方に背くものだった。各国の君民はいずれも心の中ではこうした教会のあり方を憎んだが、そればかりか真正のキリスト教徒まで非難するに至った。九世紀になるとフォティオスがコンスタンチノープルに東方キリスト教派を起こし、一五〇〇年にはルターが新教をドイツに唱えたが、これらはいずれもそれまでの弊害に鑑《かんが》みて正しいあり方に還《かえ》ろうとする試みに他ならない。しかしながら教会が国政に関与して混乱の元となるという長年の弊害の思いは民衆の脳髄に染み付いていて元に洗い戻すことはできない。その結果、宗教一切を世を惑わすものと言わせるに至ったことはキリストと門弟たちの真意から甚だしく外れた成り行きだった。

イタリアで著名なガリバルジー氏はこう述べている。イエスは昔の聖人であり、その説くところはまことに人の心を正すものだが、後世の僧侶《そうりよ》たちがその教えを歪《ゆが》め、豪華な教会に住んで国の政治に干渉するのは実に理不尽であると。そこでガリバルジーが立ち上がり、ついにはローマの法王領をイタリア政府に返させたのは偉人と言わねばならない。

＊　これまで一貫してキリスト教ないし宗教全般に対して冷ややかな立場を取ってきた久米だが、ここでの論調はかなり変化してきている。現状のキリスト教会のあり方には一貫し

て批判的だが、それはキリスト教本来のあり方から堕落した結果であって、本来のキリスト教すなわち原初キリスト教の自己犠牲的な宗教精神の真摯《しんし》さについては認めるのであり、その本来的なあり方に戻ろうとするルターなどプロテスタントの運動についても認めるのである。それ以上に深くキリスト教に共感、接近していこうとする姿勢まではないが、西欧文化の精神性の一端として受け止めるのである。新興国のアメリカから旧大陸の欧州に渡り、様々なキリスト教のあり方に接してきてついにキリスト教の本丸であるローマに至ってそうした理解に達するのである。

この日は、その後、有名な水道橋の仕組みについて簡単に説明した上で、こうした巨大な建造物が古代においてなぜ建造されたのかと言えば権力者がその権力の誇示のために奴隷を酷使して作らせたのであり、エジプトのピラミッドや中国の万里の長城も同様だと冷笑的な見方を記している。壮麗な教会建築をカトリック権力者の奢りの産物として批判的に見なすのと同様の発想だろうか。

十七、十八日はほとんど記述がなく、十九日夜、ローマを夜行列車で立ってナポリに向かうが、最後にローマ見聞の締めくくりの感想を次のように記す。

〈東西文明の交流〉

ローマの古都をめぐっていくと西洋の文明開化と言われるものがいずれもここに源

があり、長い歴史を経てきたことがわかる。それぞれの国民の知識の一端なりともここに深く根ざしているのであり、長く続いて、遮られても再び蘇《よみがえ》って途絶えることがないと悟るべきである。

西洋人は水の知識に詳しい。東洋では話を聞いても漠然としたままにとどまるのに対し、西洋では古代ローマから都市には必ず噴水があった。ローマ人は風習として噴水を大変好み、何十里という水道を三千年も前から建造したが、それが今や西洋各都市の給水管となっている。これこそ水利の学の始まりに他ならない。ローマ人は石について選択眼があり、水にも空気にも侵されない石で建築をおこなった。そのおかげで二千年前の橋が今でも往来可能であり、古代の壁や柱、石像や石棺が今まで完璧《かんぺき》な状態のままであるのは鉱物学の源である。ローマ人はレンガを焼き、積み重ねて壁や建物を造り、アーチ型に支え、梁《はり》をつって今に至るまで崩れずにいる。これこそ力学の源である。絵を描くにあたって明暗をくっきりとさせて真に迫るように描き、石像を彫るにあたって生身の肉体に酷似するように努める鑿《のみ》さばきの精妙なること今なお及ばないほどであるという。これこそ美術の源である。東洋の劇場は四角形で見たり聞いたりする焦点が集約されず、四隅は常に役立たずであるが、ローマの劇場は早くも円形の建物を造り、視聴の焦点を一点に絞り、遠近の差を無くしてしまう。その他、建物の構造が長く壊れることなく、いよいよしっかりしたものになっていくのは建築学の源である。

　これらの例から類推してあらゆる事柄はこの時代に起源があるのだ。『後漢書《ごかんじょ》』の「西域伝」に書かれたことを読むと、すでに二千年前から東西両洋の文明開化のあり方は異なっており、当時のローマの様子を伝える調子は今現在の西洋を見るようである。

　東西の文明が相異なるというのはこの数百年に限ったことではないのだ。中国人は巧みに石瓦垣《いしかわらがき》を作る。秦《しん》の皇帝の長城もすでに堅固を極めていた。今に至っても石瓦や磁器が得意である。古代から玉に彫刻を施すのが得意だが、宝石は知らない。今に至るまで玉器を愛《め》でることでは世界に冠たるものだが、宝石は無縁である。中国人は道路の代わりに河を使う。禹《う》の昔からそうで、今に至るまで運河に熱心で閩《びん》や越《えつ》の人々は舟を操るのに長じている。呉《ご》越の時代からそうで、今に至るまで海外で活躍するのは越東の人だ。天は土地に応じて住民に長所を授ける。互いにやりとりし、得失がある。何と久しい時間をかけてそれぞれの風習を育《はぐく》むことか。

　我が国は昔から発明に乏しい。そこで他国の知識をよく学びとる。建築、製鉄、陶磁、裁縫織物など全て朝鮮、中国から受け取って今はこれらの先主国を超えるまでになっている。今や東洋に歴史の古い国は多いといえども唯一文明開化の進んだ国は我が邦である。まことに伝統に従って長所を発揮し、取り入れた成果を推し進めてまだ到達していないところにまで到ったなら今までは見るべきところもないような分野でもやがては必ず面目を一新するような域に達することがあるだろう。東西の知識や技術の差は一足飛びに合致させることは難しいとは言え、その進歩や退歩は天から宿命づけられたものであろうか、世界が有無通じ合い、長短補い合い、互いに努め励ます精神を失わなければ必ずや識者の見るべきところがあるだろう。

第七十七～七十八巻　ナポリ、ロンバルディア及びヴェネチア

（五月二十日～六月二日）

〈貧しい南イタリア〉

＊　前夜ローマを夜行列車で立った一行は一路南下して翌二十日早朝、ナポリ近郊のカセルタに到着、国王の離宮を訪問後、夕刻ナポリに入った。海辺のホテルに宿をとって散歩していると舟に乗った漁師が網で魚を獲《と》っている。夕食には鯛が出た。これまで欧米では肉食が主で、鯛料理など初めてのことだった。イタリア側接待係の日本人への配慮である。

二十一日、市内を散歩。イタリア統一によって廃されたナポリ王国の白亜の宮殿が市の中心にそびえている他にめぼしい建物は見当たらず、市街は雑然としている。フィレンツ

エ、ローマ以上に雑然として不潔な印象であり、今回の歴訪諸都市の中でも帰途の上海《シャンハイ》と並んで最悪であると久米《くめ》は記す。

そしてナポリ王国の歴史を紹介し、王政による圧政、宗教の弊害、封建制の災いが集約された結果として、オーストリアと並び欧州における革命、近代化の流れに最も遅れてこうした状況に立ち至ったと断じて、ここから再び活性化に向かうのは民衆の精神が疲弊しているので難しいだろうと述べるのである。

一方、ナポリの名物としてはヴェスヴィオ山の絵のような眺め、ポンペイの遺跡、サンゴ細工を紹介する。

二十二日、ポンペイ遺跡見物。古代ローマ人の暮らしがそっくりそのまま保存されているような跡を巡り、今日と大差ないと記している。また娼家《しょうか》の壁に描かれた春画を見て、今の春画と同じようだと記し、その銅版画を発掘死体の銅版画と並べて挿絵に掲げている。

二十三日、ナポリを立ち、田園地帯を走ってローマに戻る。

二十五日、国王に別れの挨拶《あいさつ》。

二十六日、ロシア皇后のローマ来遊の様子を見物する。夜、汽車に乗り込みローマを離れる。

ポンペイで発掘された古い絵画

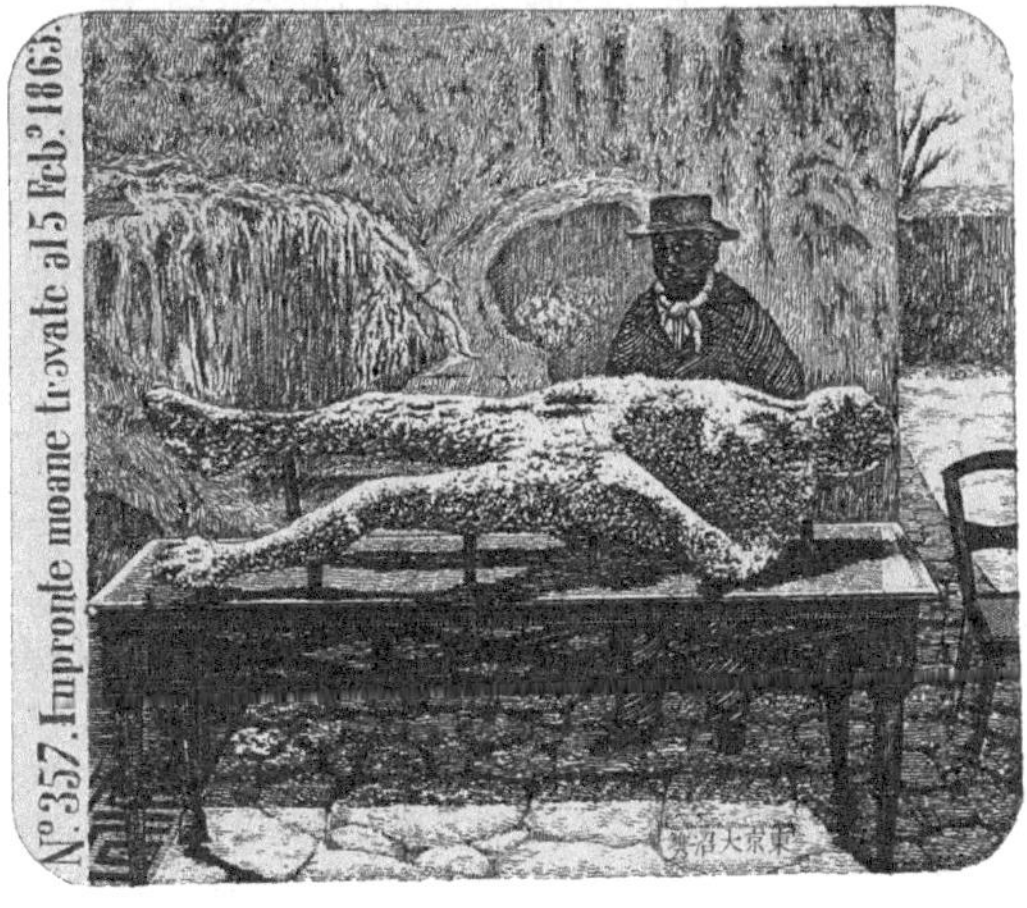

ポンペイで発掘された古い死体

〈肥沃なロンバルディア〉

＊　夜明け方フィレンツェに到着。ここからボローニャへ北上する道筋は山岳地帯で次々にトンネルを抜けるなど険しい難所が続き鉄道建設の費用も膨大なものになったと述べたうえでイタリアの鉄道事業の仕組みについて、国が資金面、時には建設まで受け持って民間が運営する、北部に比べて南部は利益率が三分の一にも満たないなどと紹介する。

ボローニャからは平坦《へいたん》なロンバルディア平野が広がり、豊穣《ほうじょう》な土地柄をうかがわせる。南とはがらりと様子が変わり、文明国らしい趣きが感じられると久米は記して、この地方の歴史的背景――中世においてそれぞれの都市が独立した共和政治をおこない、貿易を盛んにして繁栄した、その後、貴族と教会の搾取を受けて萎縮《いしゆく》することもあったが、市民の権利意識は高く、自主性を回復して繁栄を遂げている――を説明する。

パドヴァでは、最近イタリア政府がここに設立した養蚕学校に触れて日本と関わる次のような事情を紹介する――イタリアはヨーロッパにおける養蚕発祥の地だったが、一時期、国の乱れなどから衰退してしまっていたところ、日本との交易が始まって蚕種を輸入し、生糸産業が復活した、しかし、その後、政府は自前で蚕種を生産すべく養蚕学校を設立し、日本からの輸入を禁止する措置を取ったために日本の蚕種は値が下がり、途絶しかかっている云々《うんぬん》。

ヴェネチア旧政庁側面とサンマルコ寺院鐘楼

ヴェネチア運河

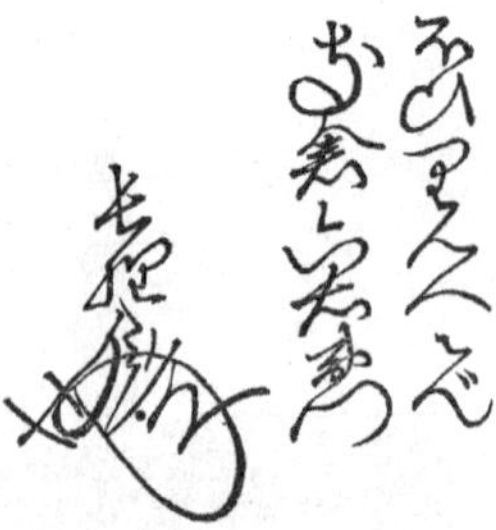

日本人使節の書簡に記されていた署名

〈ヴェネチアの魅惑〉

やがて夜もふける頃、汽車はヴェネチアに到着、一行はゴンドラに乗り換えて運河づたいに宿に向かった。その気分を久米は、まるで川遊びの絵巻の中の人物になったような、風に舞って天にでも昇っていくような心持ちであり、帰ることも忘れそうだと恍惚《こうこつ》とした調子で記している。さすがヴェネチアの魅惑である。

二十八日、元の共和国政庁（パラッツォ・ドゥカーレ）、サンマルコ寺院などを見学。狭い路地が入り組んでいるさまは東京にそっくりで、海の向こうはるかにアルプスが眺められる光景は芝浦《しばうら》を思わせると感想を記している。

〈古文書の重要性〉

二十九日、古文書館を見学。八世紀以来の各種帳簿など百三十万点を所蔵しているという大規模なもので、その感想として久米は、時代が進むにつれてこうした古文書は散逸してしまいがちだが、何事でも過去の幼稚素朴と思われるような工夫のうちにその後の進歩の原型があるのであり、それを応用発展させることで後世の進歩が可能になる、市井の商取引の帳簿が商法や民法の元となり、ひいては国の秩序に関わってくる、このことをおろそかにすれば国の法すら典拠を失うと述べてこうした設備の重要性を力説する。

さらにここでは日本関係の古文書が収蔵されているというので閲覧させてもらうとキリシタン大名として知られる大友《おおとも》氏が欧州に遣わした使節のラテン語書簡で、日本では大友氏が滅びて失われてしまった記録がイタリアで保存されていたことによって当時の日欧関係を知る手がかりになると久米はあれこれ推理をめぐらすのである。

その後、サンタマリア教会を訪ねると、そこにも回廊の壁に日本からの使節を記念する石板がはめ込まれている。このイタリアの古都で思いがけず遠い昔の同胞の足跡に巡り会う訳である。

三十日、ムラーノ島のガラス細工工房を見学。これまでガラス製造についてはイギリスなどで近代的な機械製法を見てきたが、ここでは逆に伝統的な手仕事が多種多様な工夫を凝らして生き続けているのである。

翌三十一日は絵画館（アカデミア）見学、六月一日はサンマルコ広場を遊覧、二日夜、ヴェネチアを汽車で立ってオーストリアに向かった。

第七十九～八十一巻　オーストリア、ウィーン、ハンガリー

（六月三日～十八日）

＊オーストリア概説。ドイツ民族（十一州）とスラヴなど他民族（二州）から構成され、州と国の二重構造というドイツ連邦に似た仕組みになっている。神聖ローマ帝国以来の複雑な歴史、とりわけ隣接他国との葛藤《かっとう》はドイツなどと同様である。封建制の名残から貴族階級が強い。山がちの地形だが、肥沃《ひよく》な地質と温和な気候のおかげで農業は豊かである。牧畜も盛んで、ビール、ワイン、乳製品などの生産も多い。鉄、石炭、岩塩などの鉱物資源も豊富で製鉄など工業も発達している。貿易はドイツ、トルコとの取り引きが主である。財政面では一七六〇年代のプロイセンなどとの戦いで負債がかさみ、貿易を促進することで改善しようとしている。社会的には複数の民族が複雑に入り混じって暮らしていることで統一がとれず連邦制に困難をきたしている。教育は国家の指導で普及している。宗教はローマ・カトリックあるいはギリシャ正教が主である。

＊六月三日早朝、イタリア領からオーストリア領に入り、間もなくトリエステに到着する。ヴェネチアと競うように紅海《こうかい》、地中海《ちちゅうかい》方面の貿易船が寄港する商業都市として繁栄しており、ここでオーストリア政府からの出迎えを受ける（当時トリエステはオーストリア領、

第一次大戦後、曲折を経て現在はイタリア領）。少憩後、再び汽車に乗り込んでウィーンを目指すが、このあたりはアルプス山塊がアドリア海に向かってなだれ落ちるような険路であり、ロッキー山中にも劣らない難所の連続を汽車は喘《あえ》ぐように登っていく。その中でも白眉《はくび》と言えるセメリング越えを久米は次のように描写する。

〈アルプス越え〉

もともと、この辺りの地勢はどこも奇岩怪石からできているのだ。山塊が折り重なり、山上から眺めると谷底に一筋の草地がくねっているのが鮮やかに見える。と思う間もなくトンネルに突入し、暗闇を疾走すること八分、抜け出てみると出口に駅が、あたりには人家が六、七軒あって、村人が旅客に花を売りに来る。セメリング駅という。ここに五分停車して出発すると、ここから有名な難所となる。険しい峰が重なり合い、岩は様々に奇怪な姿を示す。その岩の間にはまばらに樹々が生えている。山の姿はどれも秀抜という訳ではないが、その奇怪さによって抜きん出ている。静まりかえって鉄路の前後にそそり立ち、それぞれの峰の切っ先は一つとして危うくないものはない。岩山の有様は竹の子を束にしたようで天に向かって屹立《きつりつ》し、抜き払われた剣のようにいきり立って見る者の眼を射る。岩の間に茂みがあるかと思うと、茂みから岩が突き立つ。

セメリング山中沿線風景

同上

並び立つ壁のようかと思えば崩れ落ちてぐしゃぐしゃになっている。あるいはごつごつとそびえている。山塊が道をふさいでいればトンネルを掘って向こう側に出る。うずくまる竜の顎《あご》を探るかのようだ。と思う間もなく二匹の虎が睨《にら》み合うように岩壁が向かい合う谷間に突き当たれば高架橋を架けて足元を抜けていく。立ちふさがる岩壁が開け、鉄路はその間を飛ぶように走る。時には円を描くように回り、あるいは弓のように弧を描き、下を見れば底なしの谷、上を仰げば果てしない峰々が連なり、時には折れ曲がりながら山を登り、時にはまっすぐに野を抜ける。谷間が落ち込んでいるところにはアーチ型の柱を三段も四段も重ねて支える石橋を架け、雲間の通路を走るようだ。突然トンネルに入ればたちまち闇となり、再び明るくなり、三つのトンネルが連続するところでは隙間に天から光が透けて霊妙な犀《さい》が燃えたっているのかと怪しんだ。見上げる彼方《かなた》に古城がそびえ立っている様子は天の柱が折れたかのようで、時に千尺の高みを走れば谷底の大道も糸を引くようで、豆粒のような人や馬が行き来しているのが見える。汽車が疾走するに従い、湧き出るように次から次へと絶景が目の前に現れ、記す暇もないような有様である。

＊　この難所を越えると後はなだらかな平野が続き、夜更け近くウィーンに到着した。

〈古都ウィーン〉

続いてウィーンの紹介に入り、まず、ドナウ河西岸に位置してベルリンに匹敵する繁華、パリに次ぐ壮麗を誇る古都であること、古くからの城壁を近年になって取り壊し、大通りに再生する都市計画が進行中であること、貴族や金持ちを相手にした洗練された装飾品などの生産が盛んであること、同じドイツ民族であってもプロイセン人は寒冷で厳しい風土の影響で忍耐強く、武勇に優れる反面、粗暴なところがあるのに対し、オーストリア人は温暖で肥沃な風土に恵まれて雅《みやび》で芸術的な感性に富む反面、華美に流れるところがあるという差がある。現状はプロイセンが軍事力によって興隆し、オーストリアは衰え気味で、プロイセンの世評が高いが、オーストリアは芸術、医学などの文化面で活発な成果をあげていると久米は強調する。

政治的には貴族の勢力が強いことから君主専制支配が続き、官僚や聖職者が権力を振って旧体制による民衆の抑圧が続いてきたが、一八四八年のフランス二月革命の余波が及んで以来、国内は分裂混乱し、プロイセンなど周辺諸国から圧迫され、ハンガリーの独立などに至った。

四日、軍隊の連合演習を見学。ウィーンで開催中の万国博覧会を見に滞在中だったロシア皇帝を接待するために行われた演習で貴族など上流階級のみが入場見学を許され、一般市民は柵《さく》外から覗《のぞ》くことしかできない。こうした階級差別は明治以前の日本と同様だ。ま

ウィーン市内、広場のマーケット

たオーストリアの陸軍は騎兵が優秀で花形とされてきたが、プロイセンとの戦いでは敵の戦略によって無力化され通用しなかった。そう考えると、現代の戦争状況では、欧州一美麗とうたわれたその軍装も華やか過ぎるのではないかと皮肉めいた口吻《こうふん》で久米はこの見学を締めくくる。

六日、万国博覧会を見学。

〈兵器より軍服〉

＊ 六月七日、兵器博物館、兵器廠《しょう》を見学。ドイツなど周辺諸国との戦闘をしのばせる各時代の甲冑《かっちゅう》、武器などが展示されているが、異色なのはウィーンにまで攻め込んできたトルコの武器で西欧とは異なるオリエンタルな様式が目をひく。アメリカの銃や日本から贈られた大砲なども

展示されている。大砲工場を訪ねると、他国では鋼鉄製にとって代わられた青銅あるいは鋳鉄製のものを製造している。これを見て驚いた久米は、ここでは立憲制度と同様に兵器製造技術も四十年は遅れている、せっかく万博が開かれていて各国の最新兵器も展示されているのだから見学して進歩ということを考えてみたらどうだろうかと珍しく皮肉めいた口調で感想を述べている。さらに軍服工場を見学した際には、常備軍に毎年新しい軍服が支給されると聞いて、この国では兵器よりも軍服の方がずっと関心の的なのだ、お国ぶりだろうとあきれるのである。

八日、宮殿にて皇帝皇后に謁見。

九日、万国博覧会見学。

十日、帝室宝物庫、皇帝廐舎《きゅうしゃ》など見学。

十二日、皇帝、貴顕一同のステファン聖堂礼拝儀礼に列席。

〈ハンガリー紹介〉

十五日、ハンガリー王国の首都ペスト訪問の予定だったが都合により中止となった。この機会に大略以下のようなハンガリーについての紹介を行う。

・もともと民族的には古代中国で匈奴《きょうど》と呼ばれた北方中央アジア遊牧民族が東部欧州に侵入して定着した国家であり、隣接するオーストリアと軋轢《あつれき》、併合、分離などを経てきた。

・風俗慣習は西欧諸国とは異質で、文明程度は半開程度にとどまってきたが、近年になって急激に文明開化に目覚めてきたところは日本と似ている。しかし、工業機械が未発達で道路が整備されていないなど準備不足で基礎が欠けているために空回りしていることが多い。

十六、十七日、万国博覧会見学。

十八日、夕刻に汽車に乗り込み、ドイツとの国境近くの町、ザルツブルクに向かう。

第五編　欧州大陸の部（下）

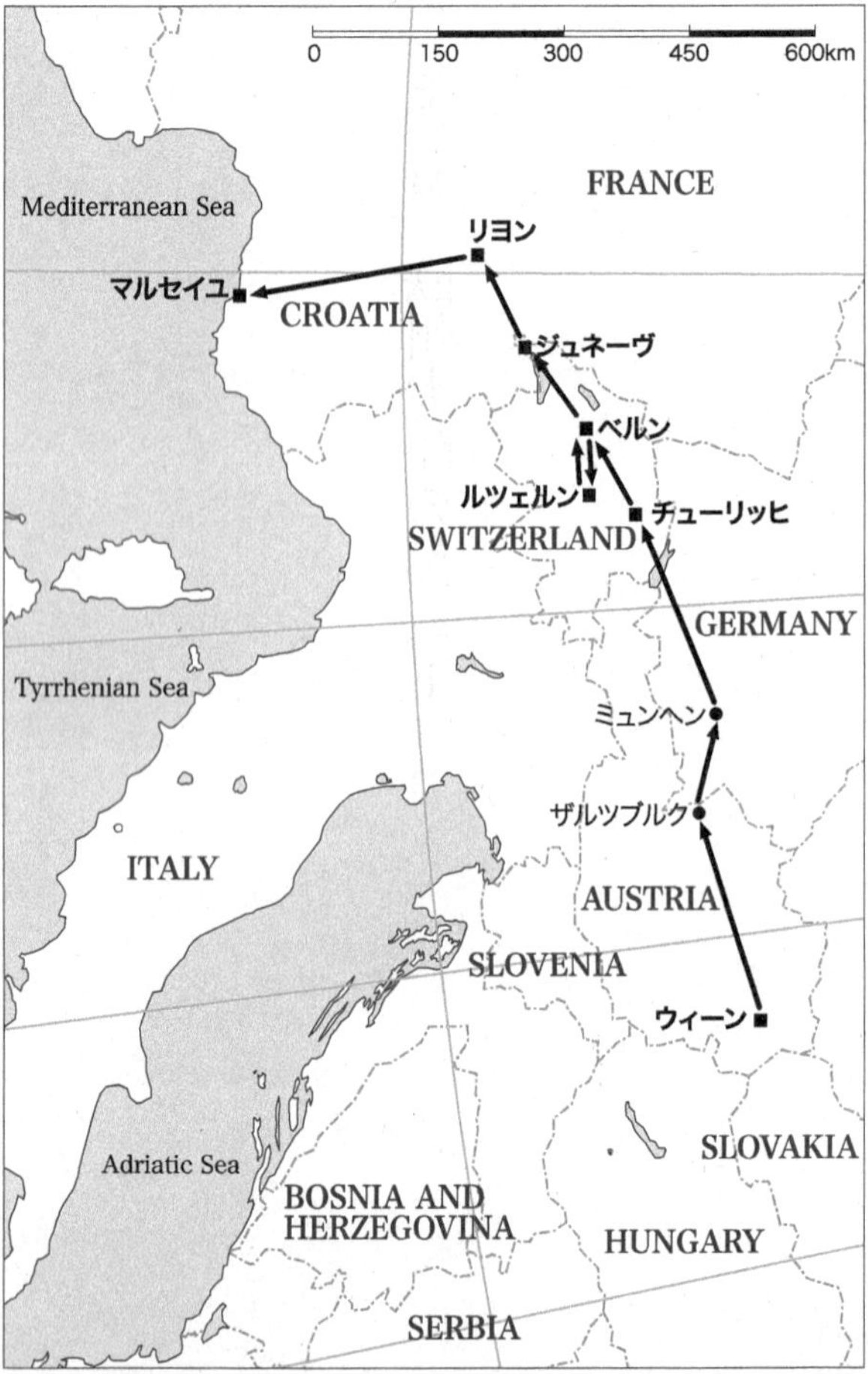
0
150
300
450
600km
Mediterranean Sea
FRANCE
リヨン
マルセイユ
CROATIA
ジュネーヴ
ベルン
ルツェルン
チューリッヒ
SWITZERLAND
GERMANY
Tyrrhenian Sea
ミュンヘン
ザルツブルク
ITALY
AUSTRIA
SLOVENIA
ウィーン
SLOVAKIA
Adriatic Sea
BOSNIA AND
HERZEGOVINA
HUNGARY
SERBIA

第八十二〜八十三巻　万国博覧会見聞記

＊　第八十二、三巻ではウィーンで見学する機会を得た万国博覧会について、その由来、意義、各国出展概要などを詳しく報告する。ここではその要点に絞って引用あるいは要約して紹介する。

〈博覧会の由来、意義〉

欧州諸国がフランス革命の影響によって自由、立憲政治に目覚めて以来八十年ほどになるが、その中でオーストリアもこの二十年ほどで皇帝専制から立憲政体に移行し、ロシアも民衆に少しずつ自由を与えるようになってきた。こうした変革の進み具合によって進歩の度合いの差が現れてくるが、中でもその端的な成果は工業生産に示される。我々使節団は各国でその状況の一端を見てきたが、とてもその全容を実見する余裕はなかったところ、幸い、この博覧会を見る機会に恵まれ、これまで見てきたことを確認し、見てこなかったものを実見することができたのはこの使節団報告の結論を述べるにあたって大いに力となった。

欧州諸国には大国もあれば小国もあるが、国民ひとりひとりの自立した暮らしぶりという点では大国といえども恐れるに足らず、小国といえども侮れない。イギリスやフランスのような大国はいずれも文明が盛んで商工業のいずれも優れているが、ベルギーやスイスの展示品を見れば国民がそれぞれ自立して優れた製品を開発していることに大国も感動させられるだろう。プロイセンは大国でザクセンは小国だが、工芸においては相譲らない。またロシアは大国といえどもこれらの国に及ばない。オーストリアの展列品を見ると、先進国の跡を勉強して文明国に追いついたに過ぎない。何故そうなのかと言えば、他でもない、国民に自主の精神が乏しいからである。こうした競争は平時における戦いなのであって、文明開化の時勢に最も大切なことであり、深く注意しなければならない。

博覧会とは各国から物産品を持ち寄って屋内に陳列し、人々に見せることによって各地の人々の暮らし向き、農産、工芸、嗜好《しこう》、風習などを知ってもらい、一つには出展者が自分の出展した物品を人々に見てもらうことで商品価値を広めて利益を上げる役に立て、他方では、他人が持ち寄った物品を見ることによって自分が及ばないところを知り、これから工夫すべき要点を考え、人々の好みに従い、一層生産意欲を高める機会とし、さらには識者から批評してもらい、その注意を受けることで一層の進歩

ウィーン市プラター公園

万国博覧会中央会場

を果たす手がかりとするのであり、それ故、貿易を盛んにし、生産を奨励し、知見を人々に広めるには不可欠の場であり、国民の治安、富強の助けとなる催しなのだ。

〈博覧会の発展〉

西洋各国で近年、工芸技術がめざましい実績をあげているのを見ると、こうした技量は数百年もの努力のおかげでこのような隆盛に達したのだろうかと思われるが、実はそれほど昔からのことではないということが万国博覧会が盛んに催されることによってわかる。欧州におけるこうした博覧会の始まりは、一七〇〇年代の初め、ルイ十四世がフランスはパリでこれに似た会を催したが、全面的に整備された会は今まで五回あっただけで、今から二十三年前、一八五一年に今のイギリス女王の夫君アルバート公の発案によりロンドンのハイドパーク内に巨大なガラス張り観覧場を建て、五月一日より百四十一日間興行したのが第一回である。この時、内外から来観した者は六百余万人に上り、観覧料二一〇万余ドルの収益があった。この時までイギリスの工業技術はただ技術に頼るばかりでデザインは全く拙劣であったのが、この博覧会によってイギリス人も初めてそれまでの田舎臭さを自覚し、見た目や趣き、各国の好みに沿うような改良を行って驚くほどの発展を成し遂げた。同時に他の国々も同様に目覚めの効験著しかったことから国内にこの博覧会場をそのまま保存維持することが発案されて南ケンジントンの常設博覧会が設立され、アルバート公の偉業はこの博覧会場と共に不朽の功績として称揚されることになった。

　それから四年を経て一八五五年にはフランスのパリで二百日に及ぶ博覧会が興行されたが、当時までフランスの工人は欧州一般の水準を劣ったものと蔑視《べっし》していたところ、イギリスの工芸が前回の博覧会で受けた感銘からフランス風を脱して別種のスタイルを生み出したものが多く現れ、フランス人もさらに努力せざるを得ないことを自《おの》ずと心得たのである。その後、六二年にはロンドンで再度興行し、六七年にはパリでまた二百十七日間行った。この時は最も盛大な会で来場者は八百余万人、入場券収入一九〇万ドルをあげた。日本では慶応《けいおう》三年にあたり、我が国からも旧幕府、鹿児島、佐賀の諸藩が物産品を持参して陳列した。この第二回パリ博覧会まで雌雄を争っていたのはイギリスとフランスの両国で、イギリスは進歩を進め、フランスは名声を落とさないよう励んだが、イギリスの方は年々工業生産が増加するのに対し、フランスの方は減少傾向であったためにフランス人は大いに発奮し、一時の勝ち負けにこだわらず、技術博覧館を創設し、工芸諸学を振興した。パリのコンコルド広場の常設博覧会、コンセルヴァトワールの機械博物館などがそれである。その後、各国もしだいにイギリス、フランスの後を追うようにこうした施設を設けて近年に至り、ますます整備されるに従って欧州の工芸貿易は誰もの意欲を掻《か》き立て、年を追うごとに隆盛となってきたが、これはほんの十五ないし二十年ほどのことに過ぎない。

二度目のパリ博覧会当時からオーストリアの国情はようやく落ち着いてきて人々は自由の精神を発揮し、暮らしに心遣いする機会もあるようになったことで、今度はオーストリアの国民が英仏の後を追って博覧会を開催しようと企てたところ、皇帝も深くその気持ちを嘉《よみ》せられ、大いに援助されて、去る七〇年五月に政府より免許が下り、シュワルツ・センボルヒ男爵を総裁に選出して、欧州諸国は言うに及ばず、アジア、アフリカ、アメリカ諸国にも通知して博覧会に出品するよう求めた。我々一行がまだ日本から出発する以前から日本国内でも出展品の用意に取り掛かり、本年五月一日、皇帝の臨幸をいただいて開会式を挙行、各国がそれぞれ場所を分けあって様々な物品を陳列し、今月になって大体整ったのである。

〈各国の出展内容〉

＊　続いて開設された博覧会場の施設、出展各国の割り振り、目についた陳列物や特徴が列挙されていく。まず各国別物産部門の紹介論評が行われる。

・アメリカ――南部から綿花、煙草、麻など。繭《まゆ》や生糸も出ているところから養蚕も始めているようだ。今後、大量生産すれば絹の市場が溢《あふ》れかねないが、アメリカは労賃が高いので利益が上がるだろうか。東洋の養蚕諸国は注意すべきである。

・ブラジル——欧州の技術スタイルを踏襲しているが高い水準ではない。広大な森林地帯から産出される各種木材見本、熱帯特有の鳥や蝶《ちょう》の羽などを出品。
・イギリス——各種鋼鉄製品、多様な用途に考案された刃物などが機能に優れ、高い評価を受ける。
・オーストラリア——金塊、岩塩など。
・フランス——陶器、織物、鋳物など工芸品は技巧に優れ、繊細、華麗で博覧会の華である。金銀メッキ、中国や日本の七宝《しつぽう》、象嵌《ぞうがん》などを巧みに取り込んでいる。人造石製の義歯・義眼、人工宝石などは本物かと見紛《みまが》うほどであり、すべての細部にわたってデザインに優れ、顧客の嗜好を考慮している。英国製は品質に定評があり、値段は張るが耐久性があり、フランス製は見た目が良く、安い。
・スイス——平地が少ない山国の産業として精密技術に力を入れ、懐中時計を名産とした。欧州では時計の需要が多いが、中でも柱時計などと違って精密さが要求される懐中時計において欧州市場を席巻《せつけん》している。オルゴールや繊細なクレープ綿布なども好評である。
・イタリア——陶器、織物、ガラス工芸、貝や石の細工など。新奇、華麗なスタイルのフランス工芸に比べて伝統的で素朴な様式を継承している。
・ベルギー——鉱業立国であり、地質図、掘削機械、安全灯などを出品。レースなど繊維工芸品も定評がある。技術力に定評があるが、華美に走らず、着実な国民性を反映している。

・オランダ――ダイヤの研磨、織物や蝋《ろう》の漂白など独特な技術に定評のある国だが、今回出展された薬瓶や酒瓶などの陶器類はかんばしく思われない。日本の漆細工を模倣した漆器類などは好評だった。

・ドイツ――連邦各国の物産を展示するのでおびただしい分量だが、とりわけベルリンは豪華であり、絹織物など華やかだが、フランスやイタリアには及ばない。アルザス地方の綿織物は高い評判だが、アルザスは近年フランスから割譲された地域だからドイツの名声とは言えない。ガラスと金属を組み合わせた望遠鏡やメガネなどはドイツの得意分野である。家庭用の器械、薬品、化学製品なども多い。

・オーストリア――ドイツ風の織物技術を生かした多彩な敷物などが美しい。象牙《ぞうげ》細工、ガラス細工、革のモザイク製品、人工宝石、海泡石《かいほうせき》のパイプ等々。基本的にドイツと同系統だが、より華やかである。伝統的貴族文化の反映だろう。

・ハンガリー――家庭用実用品が主だが品質は良い。鉱産物も良い。

・ロシア――農業、鉱業関連の展示が主な他、人体解剖図、人体模型、写真技術、地図など学術的なものが目立つ。鉄製品が多い。ロシアの展示には漠然としたエネルギーの気配が感じられ、これからの興隆を予感させる。欧州の文化はすでに満開となっているが、ロシアのみは勃興《ぼっこう》の気配を感じさせながらも未《いま》だ花開くまでに至っていないような気配であ

会場内に建てられた日本およびエジプト家屋建築

る。将来、長く世界に恐れられることになるだろう大国である。
・北欧諸国——あまり出品は多くない。遠方で交流が多くないからだろうか。
・ギリシャ——工業製品は乏しく、古代彫刻を多く出品する。西欧人の観客に人気が高いのは異文化への関心だろうか。
・エジプト、ルーマニア、トルコ、中国など非西欧諸国の展示は質が悪く、見るべきものが少ない。
・その中で日本からの出品は例外的に好評である。その理由は西欧とは全く異質のエキゾチックな魅力があること、他の非西欧諸国からの出品が低レベルであること、日本への関心が高まってきていることによる。その中でも評判が良かったのは陶器、漆器、象嵌《ぞうがん》細工、染革、和紙などである。

＊　続いて美術部門の紹介、論評が行われる。この部門は大きくは絵画と石像彫刻にわかれる。西洋における絵画には鉛筆画、鋼筆画（ペン画）、石板画・鋼板画（リトグラフ）、油絵という種類があるが、油絵が最も重視される。その基本は写生であり、あくまで個々実在の風景なり人物なりを観察再現するよう努めたうえで、そこに自ずと画家の精神が反映されて完成されるのである。風景画と言っても日本の伝統的山水画とは全く違うと久米《くめ》は強調する。

各国別では、オーストリアとドイツは細部まで緻密《ちみつ》なこと、逆にフランスは省筆や構図などに才気が見られること、イタリアは熟練した味わいがあること、オランダは光線の投影が巧みであることなどが指摘される。石像彫刻については絵画同様、写実が基本でイタリアが秀でているとだけ述べられる。

美術部門から機械部門に移動すると、農業機械、機関車、印刷機、大砲など様々な製品が展示されているが、それらの基礎として久米は冶金《やきん》技術によって鉄製の工作機械を作り出すことを重視強調する。

以上で展示の紹介を終えた後、最後に庭園で各国それぞれの民族衣装をまとった店員が応対するなどお国ぶりを売り物にした茶屋や土産物店の様子が報告されるが、中でも日本は神社風の建物に石橋などを配した庭や池といった設営で絹の小切れ、扇子などを並べたのが大人気でウィーン中の評判になったと報告して締めくくりとする。

第八十四〜八十六巻　スイス、ベルン及びジュネーヴ

（六月十九日〜七月十五日）

〈質実堅固な小国〉

＊　まず国の成り立ちについて紹介する――古くはローマ帝国に属していたが、帝国の衰亡につれてゲルマン、ゴート、フランクなど種々の民族が侵入し、それぞれの地域に分かれて統治するようになった。それで使用言語も地域によってドイツ語、フランス語、イタリア語となった。一時期はオーストリアやフランスの支配を受けたこともあったが、やがてそれを跳ね返し、またカトリックとプロテスタントの対立などもあったが、現在まで結束して共和制を維持している。外国からの侵略を許さず、外国を侵略することもしないという永世中立の立場を堅持して、その備えのために国民全員が編入される民兵制度をとっている。アルプスを背負った山国で湖水も多く、その風光明媚《めいび》が賞されて諸外国から観光客が集まる。産業としては精密工業、牧畜、紡織、観光が主であり、国民は富裕の差があまりなく、安定した暮らしをして質実素朴、教育は行き届いている。宗教はカトリックとプ

ロテスタントがほぼ半々である。

＊

六月十九日、前夜オーストリアを出た列車は国境を越えてドイツに入り、ミュンヘンからドイツ最南部を下ってスイスとの国境近く、ボーデン湖に面したリンダウに昼頃、到着した。そこから船で湖を渡ってスイス領に入り、再び汽車でチューリッヒに向かった。車窓から見える農村風景は良く手入れされていて清潔である。

二〇日、チューリッヒの概要を紹介する。工業が盛んで教育面でも有名である。小学校では貧富にかかわらず全ての子供に市民としての基本的な教養を与えることを目的とし、宗教教育（これは宗教機関と連絡し、許可をとる）と礼儀作法（しつけ）から一般学芸科目、女子には手芸まで教える。それ以上を希望する者は高等小学校、中学校、職業学校などがあり、さらにチューリッヒ大学や医学校には欧州各国からの留学生もいる。

チューリッヒでは訪問などの記述はなく、昼過ぎには列車を仕立ててベルンに向け出発する。変化の多い風景を楽しみながら進んで夕方早くベルン着。はるかに四〇〇〇メートル級の山並みが連なっているのが見える。

翌朝、大統領に謁見。夕方、市街を回る。道路は良く整備され、清潔である。郊外で建設中の綿織物の工場では川から水を引いて強力な水車を回し動力とするという。これを聞いて久米《くめ》は水力、風力などの自然エネルギー活用に思いを巡らす。

また公園のレストランで休憩していると教練中の小学生の鼓笛隊がやってきて演奏を聴

かせてくれた。この歓迎に感激したのか、久米は珍しく次のように感傷的な思いを吐露する。

〈小学生の歓迎〉

子供の心は純粋そのものであり、ひたすら教えられたことを守って業に励むうちに自《おの》ずから〈内を平和に保ち、外からの侵略を防いで国権を全うし、他国と礼を守って交際する〉というスイスの国是に導かれ、遠く海外の異国からやって来た使節に向かい妙なる調べを奏する。この一致協力して国に尽くそうとする姿はまことに感動に堪えない。スイスの男子は十一歳より短銃を与えられ、学校で軍事教練を受けて国を守る心構えをこのようにしっかりと身につける。スイスが文武両道の国である所以《ゆえん》である。

〈山岳美の国〉

＊　使節団一行はベルンで大統領に謁見した際、接待係からこんな風な申し出を受けた――スイス政府は節約に努めており、使節団をもてなすにあたっても無駄な費用は慎み、他国のような贅沢《ぜいたく》はできない代わり、我が国の素晴らしい風光でおもてなししたい。また南の地方に新たに山岳鉄道が設けられた落成の祝いを使節と共にしたいと土地の人々が希望し

トーン湖から流れ出るアーレ川

インターラーケン村

ている。二日間、お時間をいただきたい。

この申し出を受けて六月二十二日、一行はベルンを朝の汽車で出発した。半時間ほど走ったところで祭りの祝いらしい村に着いて、その賑《にぎ》やかな様子に何事か尋ねるとレスリングの試合が行われるのだと聞いて久米はこんな感想を記す――「強兵の国の民衆は遊びに、おいても力技を好む。ベルギーやスイス人は相撲や射的を好む。それでその国の兵隊を見ると極めて強健である」。

さらにしばらく走ってトーン駅で下車、湖を渡る観光船に乗り込む。初夏、快晴の空の下、雪解け水をたたえた湖水は深い緑色で、湖を囲みユングフラウを始めとする鋭い峰々がそびえている。

一時間ほどでデルリンゲンの波止場《はとば》に着くと今度は特別仕様の観光列車に乗り換え、湖岸からトンネルを抜け、桟橋を走ってインターラーケンに到着した。ここまで来るとベルンの暑さが嘘だったように涼風が吹き抜ける。

ここで昼食休憩後、再び湖上に出てしばらく行くとギースバッハの滝という名勝の前に出た。落差六〇メートルというこの滝の近くまで寄って見上げると「飛流直下三千尺、疑うはこれ銀河の九天より落つるかと」という李白《りはく》の句そのものかと感慨を禁じ得ない。

湖からまた上がって馬車で山道を走って行くと、眼下の平野に流れる川に沿って引き馬用の道が見える。荷を運ぶ船を川岸から馬に引かせるのである。山間《やまあい》の僻地《へきち》でありながら

ブリュニッヒ村

ルンゲルン湖畔の村

このように水運の便が整備されていることに久米は感心する。丸太を積んだ壁に木の枝で葺《ふ》いた屋根をのせ、石の重しを置いた素朴な家々は木曽《きそ》の山家のようである。

〈愛国の精神〉

さらに一層険しい山地を抜けてサルネンという湖畔の村に一泊、民家に掲げられたスイス独立の英雄ウィリアム・テルの絵の説明を受けて次のような感想を記す。

欧州ではどこもこのように自主を尊び、郷土の歴史を記憶して、その志を受け継ぐのに熱心なのだ。ルツェルンには獅子《しし》の洞窟《どうくつ》があり、これもその武烈と愛国心を示すものであって、女子供まで誰もが記憶して雄弁に人々に語り、世界一優れた国であることを力説する。これこそ自主独立を遂げる源なのだ。小学校で歴史をすべての者に教える趣旨も先人の志を継いでしだいに国が立派になってきた次第を脳髄に染み込ませて愛国心を養うことにある。東洋の歴史のあり方とは大いに違うところだ。

＊　六月二十三日、夜明け方、村の教会から鐘の音が聞こえて来る。使節団一行歓迎の鐘だという。出発して間もなく平地になる。貧しい村民が花を売りつけに来るのを見てカトリックの悪習だと久米は記す。カトリックに対する悪印象は変わらないのである。

ヴィッツナウ湖岸の登山鉄道駅

ヴィッツナウ山頂風景とホテル

谷を越える山岳鉄道

ルツェルン到着。湖畔の美しい町である。大統領ら連邦政府の要人と遊覧船に乗り、湖を囲む山々の眺めを賞するうちに対岸の波止場に着いて下船すると登山鉄道の出発駅に向かう。標高差一三〇〇メートルを超えるリギ山頂まで登る鉄道の落成式に出席するためである。七キロの距離を一時間半かけてたどり着いた山頂からはるか下界を見下ろす絶景は言葉にならない。山頂のホテルで祝賀会が催され、そのまま一行は宿泊する。

二十四日、下山してルツェルン市街を散歩。夕方、汽車に乗り込みベルンに戻る。

＊　二十五日、大統領の招宴。各国公使、領事と歓談。

〈学校教育と実用文化〉

二十七日、市内小学校を訪問。四、五歳の幼児も入って習字や数を教わっているが、通例では七、八歳から十三、四歳まで受け入れて、読み、書き、語学、図画、算数、歴史、地理、物理の八科目と唱歌を教えている。体育では女子にも行進、操練などを習わせている。教師は婦人が多い。歴史はスイス史のみを、語学はフランス語を教える。地理もスイスを重視し、外国は関係のある国々を主として遠方の国々は軽視されている。

これに続いて久米は以下のような教育論を述べる。

八つの科目は国民としてひとつも欠けてはならないものである。また唱歌は人の心の思いを発して和ませる糧であり、喩《たと》えれば小鳥が自然にさえずることで慰めとするように、声ある者ならば欠かすことのできないものであって欧米各国ではどこでも学校で唱歌を教えない所はない。ことに女性の心情をやわらげるには唱歌が効果あることから、この科目に最も励ませる。教育に深く関わるからである。古代中国で礼楽を重んじたのもそのためだ。東洋でも西洋でも人情に大きな違いはない。

小学校教育では、男女、貴賤《きせん》、貧富、職業などを問わず、これを知らなければ人となったとは言えない、国民とは言えないというような必須《ひっす》、適切な内容を学ばせるのであり、それでスウェーデンでは、小学校教育は努めて平易で実際的でなければならない、難しかったり専門的にすぎると学童が勉強嫌いになってしまうと言っていた。そしてスイスでは、強制したりしないでも人は誰でも教えてもらうことを望むものであり、平易で必須の内容を選んで教え、無学を恐れるように仕向けるのが普通教育の要諦《ようてい》であろうと言うのである。

そこから振り返ってみると、東洋の学問は道徳に基づいて政治をおこなうという道徳政治の考え方に基づいてもっぱら修身の一科目に重点を置き、抽象的な理念や高尚な文芸などを弄《もてあそ》ぶものだった。日常生活の事柄については卑俗であるとして取り上げてこなかった。その結果、修身が説く美風善行なども一般世間の人々にまでは行き渡らず、女性は家の奥に幽閉されて人生の楽しみを味わうこともなく、農工商などに従事する庶民は俗事に追われて暇なしという有様で道徳の教えを聞く暇などない。全国民そろって文盲に近いような有様で、ただ士君子ばかり志は高くても差し迫った財産や暮らしのことには疎い結果、貧窮に追われて本来の志を失う者が続出する。

西洋はこれとは違う。その学問というものはいずれも人々が財産や暮らしに困らず、支障なく国民の義務を尽くせるように学び、知ることを根本として具体的な科学に励み、生活経済の実際を講じるのである。それで道徳上の事柄は僧侶《そうりょ》に任せてしまう。国中に文化が行き渡ってもさらに将来の幸福を追求して暮らしのあり方を考えることから礼節を知り、野蛮な行いから脱するようになるのだ。ここが東洋と西洋それぞれの学問が異なるところだ。

＊　この東西学術の対比はこれまでも述べられてきたことだが、ここではそれが初等教育のあり方にまで及んで指摘されるのである。

この公立学校訪問に続いて私立学校をも訪問、有産階級の子弟が多く、教育内容もいささか高度であると報告する。

ついで博物館を視察。鉱物標本が目立つ。付設図書室には外国地理関係の蔵書が多く、西洋人の外国への関心の高さを感じさせられる。

二十九日、ベルンから汽車で一時間ほど走りフライブルクへ、さらに山中を抜けてレマン湖畔、ヴェヴェイの町を過ぎ、傾斜地に栽培されたぶどう畑を眺めながら走り続け、昼過ぎ、ローザンヌに到着した。昼食後、湖を渡る定期船に乗り込んでモンブランを眺めながら進み、夕刻ジュネーヴに到着した。

六月三十日、市中を散策。モンブランを背景として広がる湖水の風景は目を見張るばかりの絶景、道は清潔で整備され人々は愛想が良い。帰途、水力と圧縮空気を生かした新発明の揚水施設を見学、市民生活の向上に努力を惜しまない西欧社会のあり方に感銘を受ける。

レマン湖畔ヴェヴェイ

レマン湖畔エヴィアン

七月一日、パテックフィリップ社の時計工場を見学する。精密な分業体制が組まれて整然と作業が進められ、工場内では政治と宗教に関する談義が禁じられていると言う。喧嘩《けんか》、口論のもととなるからだと言う。

その後、一週間ほどは近郊の村を訪ねたり、ハイキングをしたりという簡単な記述しかなく、保養の日々を過ごしていた様子がうかがわれる。

八日、ジュネーヴ州政庁を訪問し州政の説明を受ける。名誉職的な七人の評議員によって運営される合議制で、欧州の共和制をとっている都市の一般的形態である。

九日、本国政府から帰国を急ぐよう電信があり、予定していたポルトガル訪問は取りやめて帰り仕度に取り掛かる。

十日、市の招待でレマン湖遊覧。風光明媚、楽の音が流れ、土地の名士たちとの歓談に花が咲き、夕暮れ近くになると盛んに花火が上がるなど心からの歓待を受けた感激を久米は特記する。

十二、十四日、それぞれローザンヌとジュネーヴでの招宴。

十五日、夕方、汽車でジュネーヴを出発、ローヌ川に沿うようにフランスとの国境に向かう。

第八十七〜八十八巻　リヨンとマルセイユ、イスパニア、ポルトガル略記

（七月十五日〜十九日）

＊十五日、間も無く国境を越えてフランス領に入り、やがて日がくれた後、リヨンに到着した。

十六日、リヨンについて紹介する。パリに次ぐ大都会であり、絹織物の名産地として知られる。この技術は元々イタリアで発達したのが十六世紀初めにフランスにもたらされて発展した。十九世紀半ばに病害で打撃を受けた際には日本から蚕種を輸入するなどして回復した。

市内の生糸検査所、工房、染糸工場を順に見学する。

十七日、夜リヨンを立ちマルセイユに向かう。

十八日、マルセイユ着。フランス第三の都会であり、地中海《ちちゅうかい》に面してアジア、アフリカへの玄関口になっているが、入ってくる荷はそのまま素通りしてパリに送られてしまう。大都市であり、博物館、学校、図書館、常備軍駐屯地など一通り揃っているが、見学は省略する。

十九日、港を見て回る。対岸のアフリカをはじめ、地中海諸国の産物が入ってきて、こ

マルセイユ港

こからフランス国内各地に送られ、加工されて、今度は輸出される。その第一は絹織物である。また、ここから東洋航路の汽船が旅立つ。

〈イスパニア、ポルトガル訪問見送りと紹介〉

＊　イスパニア（スペイン）およびポルトガルについては、相手国の政治的事情や日本からの早期帰国要請などの事情から訪問予定を取りやめ、聞き取り調査などによる報告に代える。

イベリア半島を占めるこの両国は古代末期、ローマ帝国が衰退した後、侵入してきた北方異民族やアフリカ対岸から渡ってきたイスラム民族などが葛《かっ》藤《とう》、割拠して生まれてきた。やがて十五世紀から十七世紀にかけて盛んに海外に進出し、新大陸を発見領有して繁栄を極めたが、その一方、イスパニアは厳格なカトリック信仰を強制して異端排除した結果、オランダやイギリスと対立して戦争に敗れ、これを契機に近世以降、急速に衰退し、国内は混乱、頽《たい》廃《はい》して王室も乱れ、まさにこの年（一八七三年）、国王が退位するに至った。

イスパニアは地勢的には全体に山がちで、それにより各地方が分断されている。首都マドリッドは街並みが整えられ、荘厳華麗で巨大な教会がある。学校も多く、整っている。陶器、装飾品など軽工業が盛んである。第二の都市バルセロナは地中海に面して温暖肥《ひ》沃《よく》な土地であり、物産は豊か、マルセイユと競う良港もある。その他、セビリア、カディス、バレンシア、マラガなどの都市がある。河川を利用した水運、道路など交通の便は発達しておらず、鉄道は外国人に頼って建設されたものが多い。

気候的には南部はアフリカに近く、夏は炎暑である。熱風と寒風で激変することがあり、健康には良くない。地中海沿岸は温暖な気候で果物などの生育に適しているが、人々は怠惰で旧弊であり、宗教の束縛もあって経済は停滞している。海に囲まれ、かつては盛んに海外へ出て行ったのに、近年では眠ったようになっている。

小学校の就学率は低い。宗教面ではイスラム教を駆逐してカトリックが厳しい専制を続けてきたが、近年それも崩れることになった。かつての植民地との関係も縮小し、貿易も衰えた。教育は遅れている。

ポルトガルはイベリア半島の西側六分の一の面積を占めている。人口はイスパニアの五分の一ほど。十五世紀末から盛んに海外へ進出し、植民地を開いたりした。長くイスパニアと合併したり、分離独立したりと錯綜した関係を続けた。植民地の独立により貿易が衰え、産業は盛んとは言えない。教育なども遅れている。人口五万以上の都市としては首都リスボンとポルトの二つしかない小国だが気候は全体に温暖でリスボンは美しい町である。

第八十九巻　欧州政治・社会総論

＊　前巻までで欧州各国についての個別報告を終え、この巻からは五部門に分けて欧州全般についての総括的報告が行われる。そのうち、この巻ではまず西欧文明と東洋とりわけ中国・日本を主とする東アジア文明の総合的比較考察が行われる。一年半余りにわたって米欧各国を実地に巡覧観察したうえでの総括であり、以下に紹介するように幅広い視野からの比較文明論が展開される。

この巻では総論としてまず欧州と（東）アジアが異質、対照的な文明であることを述べ、欧州を構成する諸国を分類したうえで、両文明の民族性、政治制度がどれほど対照的なものであるか論じていく。

〈欧州人と東洋人の対照的国民性〉

欧州と東アジアが昔からほとんど行き来のない別世界であったことは、その人種や風俗習慣によって察せられる。風俗習慣は国がそれぞれ分かれて成立する根本であり、政治の違いもここから生じるのである。我々の道徳政治という慣習からすると西欧の人民保護という政治のあり方は、根本は同じかもしれないが、国民性のあり方において大きく異なってくる。今や蒸気機関の発明によって遠く離れた国々も行き来、交流する便宜が得られるようになったことで両者の政治風俗を比較考察するにあたっては一層深く進めていかねばならない。

（中略）

欧州の人種を総称して白人種またはコーカサス人種と言い、アジアの人種を黄色人種またはモンゴリアン人種と言う。この両人種の性情を考察するに、白人種は情欲が盛んで宗教に熱中し、自制心に乏しい、要するに欲深い人種である。黄色人種は情欲が薄く、自制心が強い、要するに欲に淡白な人種である。それ故、政治の目指すところも相反し、西洋では人々の権利保護の政治を行うのに対し、東洋では道徳を基本とする政治を行う。おおよそこのように対照的であるため、物事ことごとく様子が違って来る。

欧州の人種論ではこんな風に言われている。曰《いわ》く、東アジア（すなわち中国、日本地域）の人種は匈奴《きょうど》（トルコ及び近隣）人種よりは高等で、早くから政治理念を考究し、道徳を重んじ、野蛮な状態からいち早く脱して農業に励み、工業にも進んで文明水準は高く、君主は仁慈に富んだ政治を行う慣習があった。ただし、法理論と道徳を混同するゆえに家族内の対人関係のあり方を君民の関係の基本とするようになって民衆に廉恥の気風が乏しく、自主の権利が起こることが絶えてない云々《うんぬん》。この廉恥心に乏しいと言うのは、すなわち中国（日本も含まれるとする）の上層階級は高尚な道義に励むものの、下層民は貧しくて、ただ上に頼り、怠け暮らして恥じることがなく、自主独立の気風が一般に乏しいことを言っているのである。欧州人は、これとは反対に、上下ともに自分の欲望を遂げ、快い暮らしを送ることを願う念が甚だ盛んであることからそれぞれの自主の権利を主張し、あらゆる物事がそこから発するので、財産や欲望に執着して追い求めることを止めようとはしない。これまた我々から見れば廉恥の気風に乏しいと指摘すべき点が少なくない。西洋の政治はこうした人種に適応した法理であれば、人種の団結、婚姻の忌避事項、言語風俗の違い、信仰の自由などは最も政府の尊重するところであって、少数民族に対してもあえてこれを矯正させようとしないことを仁政とし、自由の原理とする。東洋で野蛮な風習を矯正し変更させるなどとすることは西洋では苛酷《かこく》な暴力政治とされるのであり、この他の場合などでも同様である。

＊　ついでコーカサス人種をゲルマン民族、ラテン民族、スラヴ民族に分類したうえでこう論じる。

〈民族権の尊重〉

人種がそれぞれ同族の繁栄に努力し、風俗慣習の規範を守ろうとするのを民族権と言い、欧州政治、自由の原則において大変尊重される原則である。各国において州や郡に分かれるのも多くはそのためである。民族によっては、その中でもいくつかに分かれる。イギリスにイングランド、ウェールズ、スコットランド、アイルランドが分かれてあり、オーストリアの州にはそれぞれ別の民族が住んでいることからも察せられるだろう。このうちで王侯一族に連なる種族は概して重要な位置を占める。ただし、ポルトガル王家がチュートン人に渡り、ロシアの貴族にゲルマン系が多いような例は一般国民に比べれば少数であって多くの国民には該当しない。オーストリア、プロイセンにはスラヴ民族がいて二級の地位に甘んじながら国家統一に協力している。

つまるところ、白人種は気性烈しく、なだめ懐柔する力が乏しいため、それに適した政治を行わなければ平安を維持し難い。

＊　さらに人種によって結婚、言語、宗教のあり方が異なり、それが一国の政治や国際関係を左右する重要な要素となることを欧州各国の歴史上の事例などをあげながら強調する。
　そして結論としては次のように述べる。

〈共同体としての政治〉

　欧州の政治を全体として見れば、全く東洋の政治とは別種である。欧州人の性質として共同体の団結に尽くそうと言う気風がある。これは東洋人には全くないものである。それゆえ、欧州の政治や暮らしを詳しく分析してみると大は国の政体から州、県、郡と分れていって小は村落に至るまで全て共同体の組織として成り立っている。ここからさらに進めて言うなら、家族が生計を立てるのもこの共同体のあり方をとるのである。それは欧州人が徹頭徹尾、踏襲するやり方であり、首長を公選すれば共和制となり、世襲するなら君主制となるのである。この二つは表面的には異なっていても、共同体としては大同小異なのだ。首長を定めて行政権限を託し、共同体の中から議員を公選して議会を開き、立法権限を付与すると言うのが上下を問わず一般的なやり方である。力量ある首長ならば共同体全体の運営を委《ゆだ》ね、議会側に有力者があれば首長を抑制する力も強くなる。その加減によって専制となり、分権となり、共和制となる。

その見かけは随分異なるが、中身は大同小異にすぎない。これらの違いはつまるところ住民の慣習から生じるのであり、その慣習に沿って治め、無理に矯正したり抑制したりしないというのが欧州における政治の大筋である。……

〈権利保護の政治〉

＊さらに東洋の道徳政治に対し西洋は個人の権利保護の政治であることを指摘する。

欧州の政治の根本は国民の生命と財産を保護することに帰着する。東洋でも殺人を犯した者は死刑、他人を傷つけ、あるいは他人から盗んだ者は罪とするという漢《かん》の高《こう》祖《そ》が定めた法三章《ほうさんしょう》が後世の法律の元となったということはあるが、政治の本質はそこにはなく、道徳教化ということがまず先で、刑罰は後回しとし、君主はもっぱら節約と仁政、施恩に努め、人民は寡欲と報恩に努めて君臣互いに相手を思いやることで天下泰平を保ってきたのである。それ故に利欲のことなどは人として最も恥じることであって、それを廉恥のふるまいと名付けた。

欧州はそうではない。身分の上下を問わず快楽を追求することを根本として互いに暮らしを立て、その努力の成果として十分な成果を上げることを栄誉とするのであり、無気力に他人に依存して暮らすのを恥じ、これを廉恥と言うのである。日欧で国民の気風がまるで逆なのはこの通りである。

（中略）

欧州全般、このようにことごとく己の利益追求の競争に明け暮れているのである。政治にせよ民事にせよ、その根本精神は『論語《ろんご》』に戒められている「意必固我」すなわち私意にこだわり、我欲に固執することに帰着する。いわゆる自主の精神とは私益を追求することであり、この意志を貫いて仕事に励み、目標を達成しようとする。こうした生き方に固執し、ひるまない者ほど高尚な人間なのである。それゆえに議会を開くにせよ、会社を設立するにせよ、国を立ち上げて政治を行うにせよ、全てこの「意必固我」を成就することに他ならないのであり、東洋の風習とは逆なのである。欧州で政治の要諦《ようてい》を論じる場合には必ず「正義」と「社会」ということが言われるが、「正義」とは権利義務を明確にするということであり、「社会」とは社会と協調すると言うことであり、つまるところ義と仁の二字に帰着するが、仁義とは本来、道徳上の言葉であり、一方欧州において「正義」と「社会」とは財産を確保することに他ならず、その意味はかえって逆なのである。欧州の政治、社会を観察するにあたっては常にこの観点を見失わないことが肝心である。

第九十巻　欧州地理・運輸総論

＊　まず欧州全体の地勢概要としてアルプスを主軸とし種々の山脈が錯綜《さくそう》するように走り、国々を輪郭づけているが、その間には広々とした平野も開けているとしたうえで次のように言う。

〈多様な地勢に即した開発努力〉

国に平野が多いからと言って必ずしも尊ぶには及ばない。山岳が多いからと言って必ずしも蔑《さげす》んではならない。ロシアの平野は大半が不毛の地だし、フィンランド、スウェーデン、ノルウェーの山地は石ころだらけだが材木や鉱石に富んでいる。オランダの湿地では逆に木材の欠乏に苦労し、ドイツの平野は生気に乏しい。ザクセン、ボヘミヤ、スイスなどは山中にありながら他所《よそ》よりもよほど富んでいる。フランスなどは山、海、田畑、山林すべて備わりながら、実際に足を踏み入れてみると北方の平野は痩《や》せていて、南方の平原も干上がっている。中央部の諸州は山岳と平地が入り混じっているが、かえって肥沃《ひよく》なようだ。そそり立つ山で木材が育ち、鉱物が掘り出される。渓流は流れて河に入り、常にその肥沃な残土を海に注ぐ。天然の富が山にあるのだ。海辺や河口には船舶が集まり、旅人がやってくる。その運んできたものの余りを山野に漕《こ》ぎ上げる。人為の富が海にあるのだ。

こうして天然自然を利用し、人智《じんち》を働かせるべきことは限りない。人が多くを為《な》せば天に勝つ。それ故、国土が瘦せていても国民が努力すれば富み、豊穣《ほうじょう》の地であっても怠ければ貧しいのだ。海沿いの人々は貿易を重視し、山中の人々は工芸に励む。いずれも天然の利を生かすのである。文明が開けるにつれ工芸は海沿いの地にもおよび、山国の工芸も一層盛んになる。すなわち人力は自然条件に打ち勝つと言うことであり、世の利益の源は混沌《こんとん》として無尽蔵であると言えよう。

＊　ついでヴォルガ、ドナウ、ライン、セーヌなどの代表的河川を列挙して、それぞれ水運に役立っていること、一方カスピ海やアルプス山中の湖などでは水源あるいは観光資源として利用されていることを紹介する。

そして陸上交通と海上交通の連動によって欧州産業が発達したことを次のように指摘する。

〈陸路と海路の連携〉

欧州各国の文明が進んだのは国民の利益を図ろうと競って励んだ積み重ねの結果で

あり、その中でも自然条件の利用に努力してきたことの成果は今回の視察において最も注目すべき点の多いところだった。沿岸部では海から利益を得る。山間部では陸から利益を得る。陸路で運ばれた物産を海路で送り、それを陸路で運ぶ。この陸路と海路は欧州貿易を論じるにあたっての二大要素であり、両者が相まって繁栄をもたらすのである。イギリス、フランス、オランダなどは海上貿易に有利な国であり、その利点を生かして世界各地に航路を開き、最も知られているが、そうして運ばれる物品は陸路貿易の拠点に送ることを目指しているのである。また、そうして輸出される物品はどれも陸路を通じて港に集められたものでないものはない。

＊　これに続いて欧州大陸内主要都市間の流通経路を紹介したうえで次のように今一度、この貿易、流通の重要性を強調する。

〈地域間貿易、流通の重要性〉

欧州各国はどこでも国内においては工業生産を競い、対外的には貿易を拡大しようとして、陸上では車両、河川では船を用い、大洋上には大型船を派遣して西はアメリカ、東はアジアまで回って四方を見比べ利益を追求する。我が日本も遠いとは言いながら、その産物は数ヶ月を経ずに欧州の市場に出るだろう。その主要港はと問えば、ロンドン、マルセイユ、あるいはアムステルダム、ハンブルグで、その他はほとんど聞いたことがない。今、各国を実際に巡ってみて、それらの貨物がどこに落ち着くのか尋ねてみると、各港は一時的な拠点に過ぎなくて、すべて陸上流通の要所に分別されて送られ、山奥の僻地《へきち》でも東西各地の物産を享受し、大いに活気を呈するのである。こうして世界の物産が流通する様を言えば、海路を経て大きな港に陸揚げされ、遡《さかのぼ》るように陸上各地の工場に運ばれて、その製品は再び陸上各地から海港に運ばれるというものである。（中略）これから経済活動を進め、国益を興そうとするにあたっては世界の地理状況をしっかり観察しなければならない。ここで挙げた各地は、その最も重要な拠点なのである。

＊　そして欧州の各主要港を、それぞれの地政的状況と合わせて列挙し、ついで陸上交通運輸の経路である道路及び河川などの水路について論じる。

〈道路と河川の利用〉

道路は元来、人が行き来する便に供する為だけのものではない。地上に産出される百貨全般を価値あるものとする場所に移動させる為のものでもあるのだ。運搬は必ずしも叡智《えいち》ある人が全力を尽くす必要があるようなことではない。いやしくも自分で動かす力を発揮できる者ならば誰でも当たることができる。わかりやすい理屈である。それ故、野蛮人であっても馬、牛、らくだに道筋を課して運搬させることを知っているが、知恵が進むにつれて労力を省き、仕事を重くするように努めないわけにはいかなくなる。欧州人は荷を担がず、欧州の馬は負わない。それでいて様々な物を運搬すること十倍、百倍である。なぜか理由を知らないで済ます訳にはいかない。欧州人は荷を担ぐ力を道路の修繕にあて、馬に負わせる代わりに車輪の力を利用するからである。平らで滑らかな通路に車輪を走らせるなら一の力で十の重さを運ぶことができ、さらに省力の手立てを考えて鉄製の軌道を敷いて路線を堅牢《けんろう》円滑にし、方向をまっすぐにすれば、蒸気の力も運搬の用に使える。すなわち蒸気機関車である。また運搬費用を少なくしたいと思えば低い方へ流れる水の力を利用し、船を作って重さを減らし、風力を使って重い物でも運搬できる。河川運送である。

道路が産業にとって大切なことは人に動脈、静脈があるのに喩《たと》えられよう。血管が全身に緊密に張り巡らされ、滋養を運ぶことによって身体は壮健を保つのであり、少しでも渋滞するところがあれば必ず痛みを生じ、ついには全身の健康を損なうものなのだ。それ故、欧州各国はどこも道路の建設修理に力を尽くし、その積み重ねにより国中の物産ことごとく流通して、利益が取り残されたり物資に値がつかないなどということなく、今日のような繁栄にしだいに達したのである。一国をまわって道路の維持状態を見れば、国政の盛衰と民間産業の景気不景気はすぐに知れるものだ。

＊　ついで道路建設にあたっての手順――役所に建設部門と監督部門を設け、工事計画と予算を立てて請負業者に設計と見積もりを出させ、工事を委任する、あるいは特定工事用の企業を設立し、株式を募集して資金を集める、その利益保証を政府が約束する場合もある等々を紹介し、国道、州道、町村道、私道の種類によって異なる建設主体を説明する。

また欧州ではロシアとスウェーデンを除き、どこでも道路が整備されて平坦《へいたん》であること目を見張るばかりであり、農民なども馬車や荷車を使用して、荷を担いでいる者などいない、車が省力となることは誰でも知っていて、さらに時間の節約のために鉄道建設が進み、他方では川や運河を利用して船舶輸送にも力を入れていると述べる。

そしてこうした種々の工夫の組み合わせについて次のように述べる。

〈産業エネルギーの組み合わせ〉

車に馬をつなぎ、船を水や風に委《ゆだ》ねるのは工夫による省力の始まりである。さらに蒸気や電気のエネルギーを利用する工夫が発明されたが、時間やエネルギーを節約できるとしても費用を省くことができなければ役に立たない。それ故に機械の力を借りるにあたっては、その使い方に応じてそれぞれ適不適がある。馬車や舟と汽車を場合によって使い分けるようなものである。それで蒸気機関が発明されても水力や風力は並行して盛んに使用されている。蒸気船が海に走るようになっても帆船もますます増加している。アメリカは石炭が豊富だが工場では努めて川の水を利用して水車を回している。高低差のある所では縦型を設置し、平地であれば水平型にして、その力がまだ不十分な場合には蒸気力で水力を補う。イギリスでは蒸気機関が多く使われているが、風力の利用もまだ廃れていない。風車の羽根が方々にまわっている。ベルギー、オランダ、ドイツ、デンマークの平野では至る所、村々の木々の間に風車がキラキラ光りながら水を汲《く》み上げ、粉を挽《ひ》いている。スイスのような国では努めて水車を使用しているが、これは地形に高低差が多く、水力を生み出しやすいからである。蒸気機関は、石炭の価格が安く、また水力が不足するか、もしくは大出力を要する工業などの場合に限ってのみ使用するのである（ロシアでは石炭が不足していることから水車を利用して軍艦の資材を製造していた）。これも欧米人の水力利用の重要な点である。

〈水田批判〉

＊　こうした水力利用の状況を紹介したのに続いて久米《くめ》は次のように欧州農業における水の扱い方を日本の場合と比較して論じる。

欧州ではイタリアなど一部に水田があるだけで多くは畑から土中に水分を浸透させて麦

など作物に吸収させる。他方、東アジアや日本では水田に水を貯めて米を栽培するが、これには様々な弊害がある——雨が降ると氾濫《はんらん》しやすい、湿気が発散して不健康である、川から水を引いたりすると川の水量が減って工業用水や水上運輸に支障が生じる、田地を細かく畦《あぜ》で仕切るため耕作機械が使用しにくい、水田に向いていないような土地が無駄に放置されがちである等々。

このように水田米作のあり方を批判し、畑作への転換を説くのである。いささかとっぴとも感じられる水田米作批判論だが、水澤周氏によれば、明治初期の頃にはこうした論が他にも青木周蔵《あおきしゅうぞう》、松方正義《まつかたまさよし》などによって唱えられたという。当時の近代化、欧化推進論の一面だろうか。

第九十一巻　欧州気候・農業総論

＊　ここではまず欧州全般の気候特質と、その要因となった条件を列挙していく。要約すれば全体としては温和であるとしたうえで七つの要素をあげる。

一　中程度の緯度。

二　大西洋からの西風ないし西南風。

三　大西洋をめぐる暖流。
四　南欧諸国は地中海《ちちゅうかい》を間に挟むことでアフリカからの熱風を緩和される。
五　オーストリア、ドイツ、スイスなどはチロル、アルプス山脈によってアフリカ、中東からの熱風にさらされず、影響が少ない。
六　スイスなどの高地は空気が薄く、また夏でも清涼である。
七　地形の傾斜方向。プロイセンやスウェーデンはロシアの雪解けによって冷やされた大気にさらされると寒冷化する。逆にアルプスの南斜面では陽光を浴びて暖かい。

〈農業、牧畜、林業活動の多様性〉

以下、久米《くめ》の見解のうちでめぼしいものを列挙すると、

・気候風土と農業生産の関係について、日本に比べれば全体として緯度が高く、寒冷で条件が悪いが、イギリスなどは厳しい気候環境でも技術努力によって高い収穫量をあげている。

・日本では農業生産の目安として米麦などの穀物ばかりを重視するが、これは商工業などが未発達で経済活動が不十分だからであり、欧州ではその他にトウモロコシ、馬鈴薯《ばれいしょ》などにも力を入れ、また麦をパンに加工するような技術も発達している。砂糖、茶、コーヒー、煙草など交易によって外国から入ってきたものも多い。ビール、ワインなど醸造技術や、

綿、麻などの加工技術も発達している。
・染料や媒染剤、機械油、ソーダなど工業補助剤として活用する。
・牧畜が盛んである。特に牛は肉を食用に、乳を飲料やバター、チーズなどに、皮は衣服や靴に加工して利用するほか、馬や牛は馬車や荷車を引かせる。
・農耕、林業・牧畜の三業は相互連携することによって利益が上がる。特に家畜の敷き藁《わら》や糞《ふん》、落ち葉、野菜屑《くず》などからできる堆肥《たいひ》は農業に不可欠である。日本ではまだ肥料が人の屎尿《しにょう》などばかりに頼っていて不足している。今後、農業生産を上げるには十分な肥料が必要である。
・欧州で近年、農業の発展に寄与したのは農業振興会社（組合）である。百年ほど前からできてきたこの組織によって農業振興のための様々な方策——農耕・牧畜の技術、種子の交配、機器の利用など——が実施され、農民を励ました。この分野でドイツは最も進んでおり、農業学校の教育などとも連携が図られている。フランスやイギリスでもそれぞれの国情に応じて進められている。
・欧州でも農業は昔から卑しい職業として蔑《さげす》まれ、まともに研究されることなどなかった。貴族が土地を領有して農民に働かせ、利益のために勝手な経営をして農民を苦しめたりしていた。日本の場合と同様である。
・この百年ほど前からフランスで農業の重要性が言われるようになり、農学校が開かれ、ついで農業振興会社（組合）が設立されて活動し始めた。農業は自然の働きを利用して作物を育てるのだから広く科学技術と関わっており、研究すべき内容は深いが、その動きはまだ緒に就いたばかりである。

・以下、ドイツ、フランス、オーストリア各国における農業学校の現状を紹介し、また農業試験所、農業博覧会の研究、啓蒙効果が高いことを述べてこの巻を終える。

第九十二巻　欧州鉱・工業総論

＊この巻は冒頭、以下のように欧州における鉱工業、商業発展の必然性を説くことから始まる。

〈恵まれない自然条件を克服する手立てとしての活動〉

欧州は自然条件に恵まれない土地であり、人々が農耕だけに暮らしを頼らず、必ず牧畜で補うようにしてきたのも地表から得られる動植物だけでは十分な暮らしを立てることがかなわないからであり、それで貪欲《どんよく》な人種となって地中の物産を探し求め、鉱業による利益を開発するようになったのである。そして、ますます多種多様な産物を手に入れ、その利用、活用の手立てを開発して労働の補助とし、資源を余すところなく享受するようになったが、それというのも、元はと言えば、天然の恵みが乏しかったからである。およそ天然の資源は必ず人の手を経て実益をもたらすものであり、自然の産物に人の手を加えて作り変えることを工業と言うのであり、物産を生産地から消費地に移動させるのを商業と言う。この二つの営みを結びつけるのに最も必要不可欠なのが地下の鉱物資源である。

＊　以上の前置きを踏まえて欧州における鉱工業、商業発展の特質が順に論じられていく。

〈基礎資源としての石炭と鉄〉

まず鉱物資源の中でも最も利益にかかわるものとして石炭が挙げられる。従来の薪《まき》などに比べて安価で、効率の良い燃料として工業生産の原動力となるのであり、その最大の産出、消費国がイギリスで豊かな富を生み出している。

石炭に次いで重要なのは鉄で、石炭と組み合わされて大きな利益を生み出し、国家の開明度の指標となっているほどだが、その先頭に立つのはイギリスであり、全欧州の生産量の半分以上を占めている。百年前に比べると三十倍にまで生産量は伸びており、市場価格は二倍以上に高騰している。

石炭、鉄を土台として発達した産業のうちで最も利益を生むのは紡織であり、それは衣服や布地の消費額が増大して穀物に次ぐほどだからである。その中でも稼ぎ頭は綿製品であり、イギリスは世界各地から綿花を買って製品化し、それを世界中に輸出して利益を得ている。

鉄以外の金属では銅、亜鉛などがあり、貴金属として金銀がある。東洋人は金銀を他の金属とは違う特別に貴重な宝物として珍重するが、欧州ではそうした特別扱いはしない。他の金属と同様に日常生活の中に組み込まれている。鉱工業の有用性は特殊な贅沢品《ぜいたくひん》を作ることにあるのではなく、身分、境遇などを問わず万人が日々の暮らしに必要とする製品を大量、安価に製造供給して日常生活を豊かにすることにあるのだ。

〈市民生活のための生産活動〉

繊維産業では、中層階級までの市民は街中の店で既製服を買っており、専門の縫製業が盛んである。加工食品、家屋建築などについても工業化が進んでいる。これまで庶民が甘んじていたような最低限の衣食住条件を脱して近代的市民らしい文化的な生活条件を満たすような様々な必需品——家具、食器、身支度道具、文具など——は膨大な量になり、その製造が大きな利益を生むようになるのだ。このことは、先頃アメリカで歳入不足を補うためにマッチへの課税が行われたことなどでもわかる。

工業の発達は、その原料となる農産物や鉱物の需要増大をもたらす。こうした原料を化学的に処理するなどして製品化するのである。

鉱業の大きな分野のひとつは石材製造である。欧州では家屋、橋梁《きょうりょう》、道路舗装、各種都市設備などに大量の石材が使用される。

また工業化が進んでいくと製品のデザインが洗練されるようになる。これは単なる贅沢、趣味ということではない。製造、使用の両面にわたっての機能性、効率性の向上を目指すのであり、東洋におけるような単なる美的嗜好《しこう》の追求とは違う。東洋ではとかくこうした嗜好に走って実用性をないがしろにする傾向があるが本末転倒である。

西洋各国では工業技術の進歩につれて美術も発展してきた。美術も画材や石材を原料として加工する技術であり、それが各国各人の個性に従って発揮されるのであって、欧州諸国の間でもそれぞれの個性がある。近年、ロシアの工芸技術が西欧風でもアジア風でもない独自のスタイルを評価されるようになったが、東洋の工芸品が注目されてきているのも同様であり、この点をしっかり意識することが大切である。

〈発明の保護〉

その一方、世界共通の事情として、需要が増大するにつれ人気のある発明を模倣して利益を上げようとする傾向が生じてくる。天然物と違い、人工的な発明は模倣できるからである。そこで、こうした傾向に歯止めをかけて発明技術を保護するための規制が必要になるのであり、西洋では一般的な法律とは別に特別の法律が設けられる。昔ながらの農村とは違い近代的都市には商工会議所が設けられて事業の規制や保護が協議され、役所や裁判所がその実施を請け負う。

〈企業家と労働者〉

工業に従事している者は二つに分類される。事業を起こし、経営している企業家と雇われて作業に従事し、労賃を支払われる労働者である。この両者が契約を結んだ上で協調しながらそれぞれの役割を果たして利益を上げなければならない。

この両者が協力して企業は運営されていくが、その協力関係が破綻《はたん》する場合がある。それは労働者の賃金をめぐって起こる。使節団がロンドン滞在中にガス会社でこうした紛糾が起こってストライキに入り、街中のガス燈《とう》が消えたことがあったが、このような争議が解決しない場合には工業裁判所に訴えが起こされ、そこで労働者の待遇についての審判が下される。

一方、企業家が労働者の福利厚生に配慮して手立てすることもある。工業の発達につれて様々な生活補償のための制度が整備されてきている。

また産業が進歩するためには新しい発明が必要であり、こうした発明を育成保護するための制度として専売特許すなわちパテントというものができた。

以上のように欧州鉱工業、とりわけ工業の状況を久米《くめ》は概略的に紹介解説するが、これらの記述とりわけ後半の社会制度的な仕組みについての記述はもっぱらこの時期の産業革命牽引《けんいん》役に当たったイギリスの状況を踏まえたものと言える。そして、それは、これから本格的に開始されるべき明治日本の近代化のモデルとして想定されていただろう。

第九十三巻　欧州商業総論

＊　工業を論じた前巻同様、商業を論じるこの巻でも、冒頭まず欧州における商業活動発展の理由を、東洋人と比して積極的、能動的に豊かな暮らしを求めて工夫、努力を惜しまない西欧人の民族性に帰することから始める。

〈積極的な物質欲〉

欧州は十分に肥沃《ひよく》な土地ではない。その住民も機敏な才覚に富んでいるというわけではない。欧州人は日本人に接するたびにその怜悧《れいり》さを讃《たた》え、機敏さに驚く。日本人は劣悪な機械に頼って欧州の工業を学んでいるが、欧州人はこれを見て日本人の学習能力が非常に高いのに嘆賞することしばしばであるという。だから個人として見れば欧州人は日本人に遠く及ばないのにもかかわらず、欧州が工業技術を積み重ね、富を殖やして実益を得るようになったのは何故か。

欧州人は資質が不十分で頼りにならず、国土も痩《や》せていて頼れないことから、しっかり研究、努力し、力を合わせて人事を尽くし、天命に打ち勝つ道を求めたのであり、その結果として研究心は学術の進歩を生み、努力は機械の発明をもたらし、協力は貿易を盛んにし、これらが積み重なって今日のような文明隆盛に至ったのである。

欧州の実態をよくよく見てみると、東洋人は自然の働きにまかせて農工の仕事も体験に従っているのに対し、西欧人は人智《じんち》を尽くして農工についても理論を基にし、作業は機械を頼らずにはいない。こうした仕事のやり方も真に恐れるほどではないが、最も恐るべきは人々が力を合わせて貿易に緻密《ちみつ》な関心を注ぎ、国産品を十分価値あるものとすることである。商業は軍隊の派遣のようなものだ。天も頼むに足らず、ただ人々が力を合わせることが基本なのだ。欧州で最も世の範となるのは商業をおいて他にない。

〈物産の移動〉

商業について、欧州の経済専門家は物産を移動させる仕事と述べている。これだけでも東洋人の意表を突くに十分であろう。何を指して移動と言うかというと産物を供給する地から運搬して需要がある地へ輸送するということであり、それはすなわち価値が低い所から高い所に移動させるということである。産物は場所を変えなければ価値が生じないのであり、この目的を達成するためには水上、陸上にわたる運送の便が基本となる。

河川や道路を整備し、船や車を製造するのは、この基本を手厚くするためである。欧州各国では車道、運河、鉄道、船ドックを整備して、大小の船舶は川や海を、車両は陸上をそれぞれ走り、また馬の飼育、利用も盛んなので人力で荷を運ぶ負担はもっと価値のある仕事に振り向けられるだろう。道は整備されているので渋滞に費やされる時間を有為な時間に振り替えることができるだろう。

欧州各国における土木事業と鉄鋼業については前巻でおおよそ述べた。これを見れば貿易の基礎がしっかりと固められていることが十分に察せられただろう。だが、道路と船や車はそれだけでは死物に過ぎない。それらをどう利用するかという機微についてはなかなか説明しがたいところがある。孟子《もうし》は「時の運は地の利にかなわず、地の利は人の和にかなわない」と言ったが、商業とは平時の戦いであって、時の運も地の利も頼れず、ただ人々の心が一致協力することが肝心で、それによって荒涼とした里も、不毛の野も富み栄えることになるのだ。

欧州列国の商業にも一長一短があるが、概して言えば、東洋人が豊作を望むように国中の人々がひたすら貿易の隆盛を待望するのである。我が使節団が各国から招きを受けたのも、他でもない、我が国との親睦《しんぼく》が深まり、貿易が盛んになることをもっぱら願うからに他ならない。（中略）欧州の人々は身にしみて商業を大切にしているのであり、東洋人とは全く意識が違うことがわかるだろう。

〈欲望の追求〉

どこであっても富を欲さない者はいないが、富追求の意志を起こす原点が違うのである。富を求める目的が日々の暮らしを立てることにあるのと、快楽の暮らしを極めることにあるのとでは人々の暮らしぶりに大きな差が出てくる。

東洋ではつつがなく暮らすのが目的であり、いわゆる「暮らしが立ち、悔いなく父祖を見送る」に始まり「老人は絹をまとって肉を食べることができ、人々は飢えも凍えもしない」に終わることを政治経済の要《かなめ》として二千年このかた変わることがないのに対し西洋は違う。財産を殖やし、つとめて快楽に溢《あふ》れた暮らしを送るのを目的とするのである。それで人々の仕事は様々であってもことごとく物資の価格を注視し、商況の盛衰にどう影響されるか確かめて、やがては富を蓄積するに至るのだ。

こうした次第で東洋人は暮らしを立てようとする志が報われて富を手に入れても、その活用の機会がないために守銭奴となって惰眠を貪《むさぼ》るか、手近な浪費に費消してしまうしかないのである。西洋人は違う。最初に事業を起こす時から快楽を望んでいたことから豪勢な食事、絢爛《けんらん》たる衣服、金殿玉楼、玉をちりばめた器など求め、その栄華を世に誇示し、子孫にまで伝えるという志を当初から抱いているのである。このように東洋人と西洋人は暮らしの目的が元々異なり、志向がかけ離れていることから貿易の面に大きな影響が出てくるのだ。熟考しなくてはならない。

＊　こうして、西洋人の積極的な欲望追求志向により農工業などの生産拡大と並行して貿易などの商業活動が活発になったのだと述べたうえで久米《くめ》はあらためて以下のように商業活動の意義と仕組みを説く。

〈運送と仲介〉

商業の利益は二つの価値から生まれる。運送の価値と仲介の価値である。これについて論じよう。

人々の仕事は千差万別で、あるものは天然の産物をそのまま扱い、あるものは加工処理するというように生産努力を果たして富を生み出すのである。その目的はこうした産物を欲する人に供給して、その対価を得る事であって、言うまでもなく、自分の暮らしに役立てるにとどまるものではない。となれば、必ずや、生産地から需要のある別の地に運送して供給することになるのであり、これこそが場所の移動の意義なのである。陸上ならば車や馬、水上ならば船を用意して、荷造りした商品を交易路を通じ商品市場にまで運びこみ、それを求める相手に売り渡すまでは運送業者に依頼する。そうすることで供給側は日々、物産の生産に専心することができる。

ところが、もし運送の細々したことまでも必ず供給者が需要者に売り渡すまで面倒をみるとすれば生産の仕事はできなくなってしまう。ここに商業の仕事が生じる。荷主から供給すべき品を受け取って、これを需要のある所まで運送し、また、運送されてきた品を受け取り、これを求める人に市価に応じて売り渡し、その代金を供給地の荷主まで送る仲介をするのである。

商業の仕事は多岐にわたるが、この二つのことに集約される。

＊　以上のように商業の原理を説いた上で国家間の商業取引すなわち貿易の仕組みに話は発展していく。

〈貿易の仕組み〉

貿易品には二つの種類がある。原料と製品である。原料は国民の暮らしや事業の元となる物資であり、食料品と製造材料の二つに分かれる。食料品は国民の活動力の素となる原料であり、製造材料はその活動力を発揮させる原資である。欧州の国土はこの原料が不十分であるために片時も交易と在庫に注意を怠ることができない。常に不足分を外国に求める結果、貿易が盛んになり、やがては国民の需要を満たすにとどまらず、原料を輸入して半製品とし、あるいは半製品を輸入して完成品としたうえで再輸出するなど、陸に海に年々市場は盛大になってきた。

欧州通例の法律として、海陸の出入り口には税関を設け、船や車で出入りする物品を検査して、輸入品には原価に応じて課税する。これを関税と言って政府の入費にあて、輸入を制限し、また自国の製造奨励保護とするのである。それで既製品、贅沢品《ぜいたくひん》には税を重くし、必需原料には軽く、あるいは免除するのである。その加減は国益のバランスによって異なり、輸出品には関税はなく、ただし、その製造、出荷には課税される。いわゆる商工税、物産税の類《たぐい》である。

物資の輸出入は国民の活動力を示すものであり、関税官の報告によって国全体の貿易の多寡を知り、商工会議所の報告によって各都市の交易状況を知ることができる。

この報告は運送会社の送り状によって確認される。各都市の景況を推定するのにも必要な報告である。貿易の原理は物産の行き来が年々盛んになり、人々の富が増えるのが眼目である。輸入が多いからといって憂えることもなければ、輸出が多いといって喜ぶこともない。大体は輸出と輸入はほぼ釣り合うのが普通だ。

＊　以下、詳しく欧州各国における輸出入の状況を列挙して、原料、半製品、完成品の割合が、イギリスを筆頭とする先進文明国ほど、原料を輸入して完成品を輸出する傾向があることを指摘する。また世界市場において商業利益をもたらす主要な交易品は工業製品よりは原料であるとしたうえで、穀類（小麦、とうもろこしなど）、酒類（ワイン、ビールなど）、砂糖、煙草、茶・コーヒー、綿花・羊毛・麻・生糸、鉄をあげ、これらの交易品の推移に注意すべきことを説く。そして、欧米以外の諸国ではこうした取引についての競争心が薄いために欧州人に多くの利益を独占されてしまうとして次のように述べる。

〈商業活動の原理〉

欧州における商業活動の実態を端的に評するなら、厳正な規律の範囲内で活発な謀略を駆使すると言えよう。国民の利益競争は商業で決する。もともと詭《き》計《けい》謀略をめぐらすというのは商業の常だが、全体としては常にバランスを図って和合を保つようにし、徐々に利益を増大させていくような仕組みを維持しなくてはならない。先に論じたように欧州各国は輸送の仕組みを整えるのに気を配っている。水上には船、陸上には車を自在に運行させ、その要所には港や駅を設け、倉庫を用意して荷を受け取り、行政当局は常に商品を円滑に流通させる手立てを講じて当地での商取引を受け入れる態勢を整える。

＊　続いて広場などで開かれる一般向けの露天市、卸売市場、運送事業の仕組み、証券取引所、銀行、保険会社、商工会議所など様々な商業活動の場や組織を列挙する。これらはすでにイギリスの部などで詳しく説明してきた事柄だが、この総論において、改めてこうした欧州における商業活動がいかに活発に、組織だって行われているかを強調するのである。その原動力となっているのは西欧人の旺盛《おうせい》な物質欲であると久米は強調するが、さらに当時の時代的背景としては、ちょうど十九世紀後半のこの時期、

・イギリスを出発点に始まった産業革命による機械を利用した飛躍的な生産の増大、交通運輸の便の向上
・フランス革命以降の社会構造、階級の流動化と市民社会の勃興《ぼっこう》
・資本主義経済体制の整備

といった要因が働いていただろう。

そうした状況を目の当たりにして久米は決定的な社会構造の転換が始まっていることを実感するのである。それは、単なる局外者、傍観者の認識ではない。まさに今、母国日本自体が迫られている転換の先例として受け止めるのである。

帰航日程

0
1000
2000
3000
4000km
RUSSIAN FED.
MONGOLIA
NORTH KOREA
KYRGYZ
CHINA
JAPAN
SOUTH KOREA
神戸
横浜
BHUTAN
上海
NEPAL
MYANMAR
INDIA
LAOS
香港
BANGLADESH
THAILAND
VIETNAM
PHILIPPINES
サイゴン
SRI LANKA
ゴール
MALAYSIA
BRUNEI
SINGAPORE シンガポール
PAPUA
NEW
GUINEA
INDONESIA
EAST TIMOR
AUSTRALIA

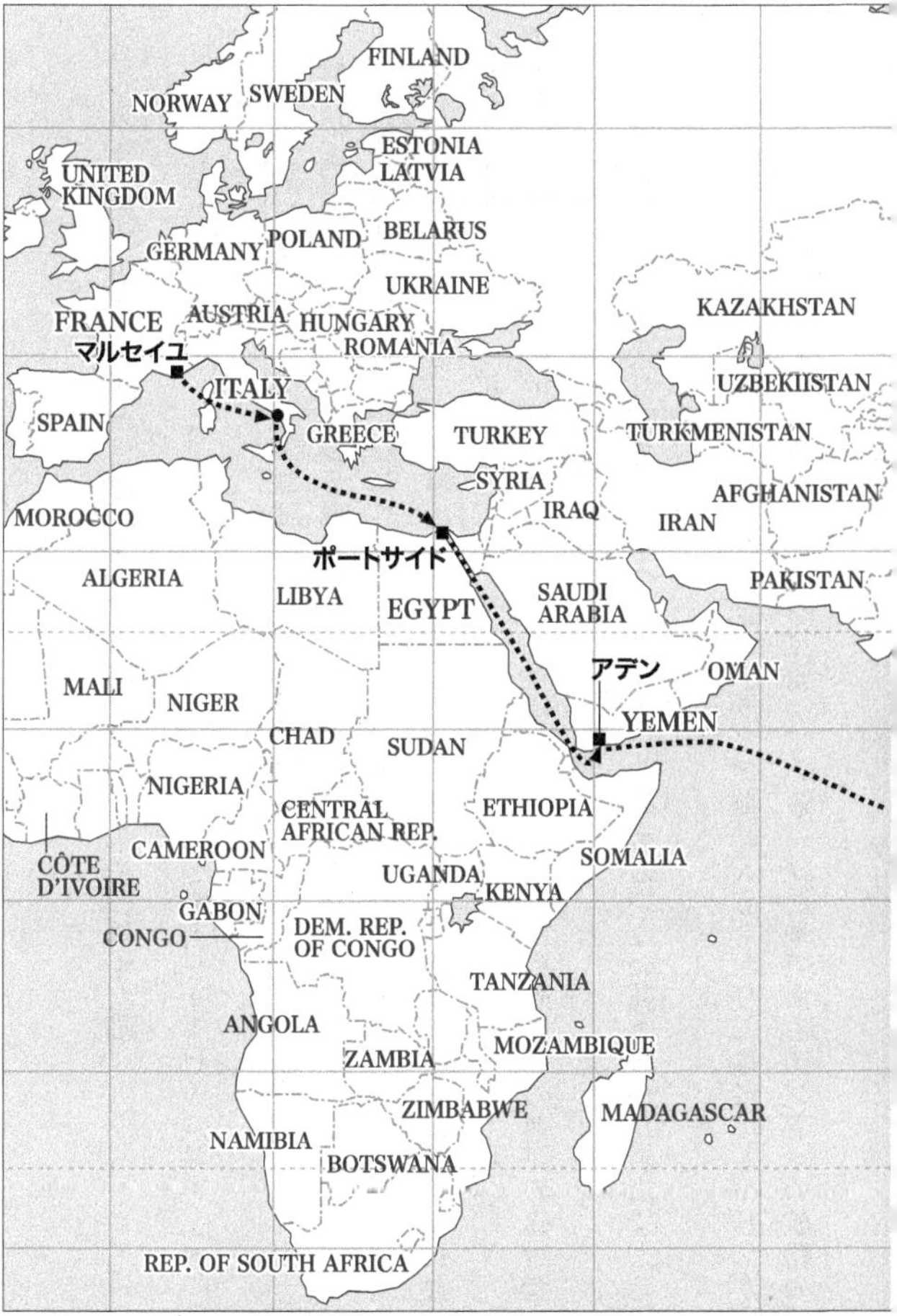
FINLAND
NORWAY
SWEDEN
ESTONIA
LATVIA
UNITED KINGDOM
BELARUS
POLAND
GERMANY
UKRAINE
KAZAKHSTAN
FRANCE
AUSTRIA
HUNGARY
ROMANIA
マルセイユ
ITALY
UZBEKIISTAN
SPAIN
GREECE
TURKEY
TURKMENISTAN
SYRIA
AFGHANISTAN
MOROCCO
IRAQ
IRAN
ポートサイド
ALGERIA
LIBYA
SAUDI ARABIA
PAKISTAN
EGYPT
アデン
OMAN
MALI
NIGER
YEMEN
CHAD
SUDAN
NIGERIA
CENTRAL AFRICAN REP.
ETHIOPIA
CAMEROON
SOMALIA
CÔTE D'IVOIRE
UGANDA
KENYA
GABON
CONGO
DEM. REP. OF CONGO
TANZANIA
ANGOLA
MOZAMBIQUE
ZAMBIA
ZIMBABWE
MADAGASCAR
NAMIBIA
BOTSWANA
REP. OF SOUTH AFRICA

第九十四～九十七巻　地中海、紅海、アラビア海、セイロン島　（七月二十日～八月十一日）

＊一八七三（明治六）年七月二十日、欧州視察任務を終えて使節団一行はマルセイユから航路帰国の途につく。コルシカ島とサルディニア島の間を抜けてナポリに寄港後、イタリア半島に沿うように走り、シシリア島とイタリア本土の間のメッシーナ海峡を抜けて地中海《ちちゅうかい》を渡り、二十六日朝、アフリカ大陸沿岸を経て、夕刻スエズ運河に入った。河口に設けられた町ポートサイドに上陸し、初めて接する現地人の土俗的な様子を珍しげに記す。

＊翌二十七日、運河を半日かけて一三〇キロほど進みスエズに到着。この運河の建設者レセップスの偉業に感嘆し、その苦労を偲《しの》ぶ。

二十八日、紅海《こうかい》に入り、焦熱の中を進む。木一つ生えていない乾ききった岩山で人の気配も皆無の様子である。

三十一日、紅海末端のペリム島を過ぎてアラビア海に入る。ペリム島にはイギリスが砲台を築き、守備兵を置いて船舶の通行を見張っている。植民地であるインドへの航路の要

ナポリ王宮広場

ナポリ全景とヴェスヴィオ火山

所だからである。それを見て久米《くめ》は次のような感慨を記す。

イギリス人はインドとオーストラリアを宝庫としている。ああ、その宝庫を守るためにこれほどの努力を払っているのだ。国民の気概が盛んでなければできないことだ。一国の盛衰は国民の気概にかかっているのだ。技術や財力は二の次である。

＊

八月一日、アラビア半島南西端のアデン港に到着。地中海から紅海を経てインド洋に出る航路の要《かなめ》となる港であり、やはりイギリスが基地を置いている。使節団一行は上陸して市街地を見物するが、現地住民の暮らしぶりに対する久米の印象は良くない。貧しく、不潔で、狡猾《こうかつ》、怠惰な人種と嫌悪感をあらわにし、次のように述べる。

〈風土の快適さに反比例する勤労意欲〉

欧州各国は現在、文明開化、国勢強弱を競い、そびえ立つ高層の楼閣がひしめく都会を立ち上げているが、その中に入って人々の暮らしぶりを見てみると、年中あくせくと作業に励み、日々、目一杯働き通しである。ところがこの熱帯地方では、暮らしを立てるといっても、寒さに備えて衣服を用意する必要もなければ、家とて雨風を防ぐのに懸命になるほどでなく、食料にするものも造作無く生え育って、蓄えたり、備えたりする必要がない。食って寝て、目が覚めれば、穀物は実り、果物も熟している。こんな具合に暮らしが容易であるので人間も草木同様にどんどん増えていく。そうであれば、わざわざ知能を働かせ、困難に耐えて事業を興そうなどという志が、どうして生まれてこようか。ただ無為に命を長らえるにとどまり、千年一日、文明の歩みを進めることもなく、乞食《こじき》のように日々を送っているにとどまるのである。昔からの言い伝えに「豊穣《ほうじょう》の地の民は怠惰である」とあるが、そうであれば、貧窮は人を磨いて富裕にする砥石《といし》のようなものであり、飽き足りれば倦怠《けんたい》のもととなると言えるだろう。

イギリスやフランスの文明というものも元々は荒涼貧寒の原野で何もかも欠乏していたところから苦労して懸命に励んだ結果として文明の光明が生まれたのだ。同じフランス国内でも北部は痩《や》せた土地ながら富裕な家が多く、肥沃《ひよく》な南部は怠惰な気味がある。これを推し進めると、スウェーデンやフィンランドの地は岩だらけで寒冷であり、国民も鈍重なところがあるが、皆勤勉で日々向上の気性が見られる。一方、イタリア、オーストリアは豊穣温暖な土地柄で文明が開けたのも早いが、奢《おご》り怠けて日に日に衰えていく兆しがうかがわれる。欧州文明諸国の中でもアルプス山脈の南北で勤勉怠惰に分れ、それに従い貧富の差がはっきりと見受けられる。さらに南のスペイン、ポルトガルの民衆はそれ以上であるという。地中海を越えてエジプトからアラビアまで来ると、その怠惰で貧窮なことは、それに比べればイタリアのような国ですら天に届くばかりの高い文明に達して崇《あが》め讃《たた》えるべきであると思われるほどだ。

こうして見ると、一国の貧富は土地が肥えているか痩せているかによらない、国民が多いか少ないかにもよらない、賢いか愚かかにもよらない、国民性としてどれほど勤勉であるか、その程度によるのである。戦争に例を取るなら、デンマークはパリ一都の人口数ながらオーストリア、プロイセン両国に抗して屈せず、その武力を世に示した。平時における貧富の争いもこれと同じで、富裕な土地に暮らす者は皆、このことを理解して自ら立ち上がる気概を奮い立たすなら富強に達することは言うまでもない。欧州からアジアの地に移動してきて土地の民衆の有様を見れば少なからぬ感慨を催すのだ。

＊　この地の見ものと言えばイギリスが占拠後に補強した溜《た》め池で、非常時にイギリス本国から兵力を増派する時のための用意だと聞かされる。

〈ボンベイ紹介〉

翌二日から九日にセイロンに入港するまで一路インド洋上を航行、船の進み具合いの記述の合間に、寄港できなかったインドのボンベイについて以下のような簡単な紹介を記す。

・イギリスの植民地で最も繁華なインドの都会であり、海陸の交通の便も発達して盛んな経済活動をおこない繁栄している。とりわけ綿花の輸出を大きな収入源としてきたが、アメリカが綿花栽培を始めてからは二番手に落ちた。その後、南北戦争がおこってアメリカの綿花が入らなくなったイギリスへの輸出が回復し利益を上げたが、インド産の綿花は質が劣っていることからイギリスの指導で材質改良を図り、輸出を伸ばそうとしている。
・その他の輸出品では中国へのアヘン、欧州への木材、コーヒー、椰子《やし》、染料などがあり、逆に輸入品では綿製品、機械類、各種鉱物などがある。
・市内は各種公共施設、教会（キリスト教、イスラム、仏教など）が揃っている。西方内陸部に向かって複数の要塞《ようさい》が近年築かれたが、これはアジアに進出しようとするロシアを警戒するイギリスが主導したものであって、イギリスはインド兵の訓練にも力を入れている。

以上のようにイギリスという欧州大国の植民地として経済的にも、政治的にも世界情勢の推移に左右される状況を強調するのである。アデンのような土地とは別種だが、否応《いやおう》無く、欧米列強の世界戦略の動きに組み込まれ、主体性を失っている点は同じであり、その動きは日本にも無縁ではないはずなのである。

＊　八月九日、セイロン（スリランカ）島ゴール港に到着、上陸。アデン同様、イギリスの植民地で、無為徒食、古代そのままかと思われるような原始的な暮らしぶりながら、緑が濃く、のどかな雰囲気で、主要民族であるハリ（シンハラ）人は仏教徒で米を主食とし、

性格は温和従順、容貌《ようぼう》や体型は日本人に似ているということから久米の印象としてはアデンとは全く違い、東洋、日本に近い、親近感を覚えさせられる土地として記される。
　とりわけ素朴ながら古代原初のあり方を思わせるような仏教寺院や僧侶、信徒たちの様子に久米は興味を覚え、詳しくその様子を記して感想を述べる。

〈衰退する仏教聖地〉

　セイロン島は釈迦《しゃか》が修行を積んだ霊場であるということで土地の人々は今に至るまで皆、仏教を信仰している。民衆の暮らしぶりからして淡白であるのだから僧侶《そうりょ》となればさらに恬淡《てんたん》なこと言うまでもない。教祖の霊場も草むすままにまかせ、荒れ放題である。そもそも仏教はインドから東アジアに広まったが、これらの諸国はいずれも遠洋航海に不慣れな人々ばかりだったので、その発祥の霊場には僧侶であっても訪れた者がない。寂れているのも無理ない。キリスト教やイスラム教の聖地には信徒たちからの浄財で数百尺の高さにおよぶ塔が建立され、精緻《せいち》な彫刻、装飾を施し、目も眩《くら》むばかりの金や玉で飾り立てられるのとは雲泥の差である。これは仏教が俗世を解脱しているからだと言ったりもするが、教えが廃れて威信を失ってきている証《あか》しであるとも言えるだろう。
　セイロン仏教の総本山は首府のコロンボにあって全国の僧侶を支配していると言う

が、今では欧州の属国となり、ゴールにキリスト教寺院も増えたのになぜ改宗しないのかとめぐり歩く間に土地の者に聞いてみると、先祖代々この教えを信心してきたのであり、それを自分たちの代になって別の教えに代えることに一体、何の益があろうかと答える。土地の者がその本来を忘れずに昔ながらの教えを守る心がけは賞すべきであろう。

彼らが仏を拝する作法はどのようであるか聞いてみると、合掌してひざまずき、念仏を唱えることもなく、ただ黙って拝するだけだという。この地で仏教寺院を見たのはただこの二つだけである。市中でも僧や尼が歩き回るのを見かけたことはなかった。西洋人は常々、インドの古い教えは日本や中国に伝わって発祥の地にはかえって伝わらなかった、僧侶は大抵、字も読めないと言っている。この地の様子を見れば、その通りのようだ。

＊一方、翌十日にシナモン・ガーデンと呼ばれる肉桂樹《につけいじゅ》を植えた観光地を訪れた際には土地の子供達が観光客につきまとって小銭をせびる様子を嫌悪し、次のような感想を記す。

この土地の原住民は生活意欲が薄い。椰子やバナナの実を取って食料にするが、これらの果実は一年中実っていて絶えることがない。土地に稲を植えればいつでも収穫でき、その米を土釜《どがま》で炊き、煮詰めた汁をかけ、手で混ぜて食べる。西洋のライスカレーの料理法のもとである。このように暮らしがたやすいことから住民は皆、怠惰で、烈しい日差しの下に寝起きし、のらくら暮らして生活の苦労など知らない。子供を育てるのでも無為にほったらかしのままで観光客につきまとって金をせびらせるまでになる。肥沃な土地柄ゆえの怠惰な風俗ここに極まれりといった具合である。

第九十八〜百巻　ベンガル湾、シナ海、香港及び上海

（八月十二日〜九月十三日）

＊ 八月十二日、ゴール港を出航、まず、しばらくセイロン島南岸に沿って走る。陸上に続く山並みを眺めながら欧州で見てきた様々な山岳風景を思い浮かべ、それぞれの特徴的な様子の違いを実感し、次のような感想を記す。

〈東西風景画の様々〉

自然の造形は様々であって、見れば見るほど巧みである。わが国の文人はいずれも中国の画法にならって日本の山を描いては雅《みや》びとしてきたが、実のところ、和風画の

方が真実を捉《とら》えているのには及ばない。日本の山は中国と形が異なるのを知らないのだ。西洋の写実画は山、川、樹木、動物から空の色合いまで土地ごとのありのままを写す。世の中が開けてくれば絵も精密になるのであり、漫然たるままにとどまっていてはならないことがわかるだろう。

＊　ここで中国風の絵（唐絵《からえ》、漢画《かんが》）と日本風の絵（大和絵）を対照させているのは写実、写生という技法的な点から言えば両者は五十歩百歩だが、描く対象を空想的な異国の自然か、実在する自国の自然かということで対比しているのであろう。その上で久米《くめ》が強調するのは西洋風景画のリアリズム、そのリアリズムによって個々の国ごとの自然の個性、多様性を描き分け、認識することの重要性に他ならない。それは風景鑑賞、風景画の次元にとどまらず、近代的リアリズムとナショナリズムの問題であるのだ。

十三、十四日と航行が続く間に、ボンベイ同様、寄港の機会はないがインドの重要都市として以下のようにカルカッタを紹介する。

〈カルカッタ紹介〉

・イギリスによる植民地支配の中枢として総督府が置かれ、総督が英国王の名代としてインドの政治を取り仕切っている。中心地はイギリス人や欧州各国人が往来し、西欧風の壮麗な建築が整然と立ち並んでいる。最大の輸出品は中国へのアヘンであり、この背徳的事業によって莫大《ばくだい》な利益を上げているが、文明国として許されることだろうか。その他、砂糖や茶、煙草などを欧州に輸出している。輸入品の多くは麻織物、酒類、繊維製品など工業製品を英国から買い入れている。

・日本と欧州を結ぶ航路上には、上海《シャンハイ》あるいは香港《ホンコン》、シンガポール、カルカッタなどの寄港地が点在し、それぞれの土地柄に応じた種々の産物の取り引きができる。日本人は取り引きの相手として欧州ばかりに注目しているが、これら中継地には多くの潜在的利益が眠っている。それを発掘して世に知らしめるために、この『米欧回覧実記』のように各地の風土や産物などを紹介すれば日本の繁栄に大いに寄与するだろう。そうした期待からカルカッタ、ボンベイについて紹介した。

〈スマトラ島〉

＊　十五日、スマトラ島沿岸からマラッカ海峡に差し掛かる。当時、スマトラ島は北部を占めるイスラム国アチェとジャワ島からスマトラ島南部を植民地支配するオランダとの間に抗争がおこっており、久米は詳しくその経過を報告する。この抗争には当事者両国ばかりでなく、オランダと競うように植民地進出を狙うイギリスやドイツ、アチェと同じイスラム国であるトルコなど諸国の動向も絡んでいる等々、久米は同船していたオランダ軍総司

令官の話やロンドンの新聞報道などを紹介し、懸命に真相を探ろうとする。そして次のように記すのである。

〈外国における態度ふるまい〉

弱肉強食。欧州人が遠洋航海に乗り出して以来、熱帯の弱国はいずれもその争奪、餌《え》食《じき》の的となり、豊穣《ほうじょう》な産物は欧州本国に輸入されることになった。最初はまずスペイン、ポルトガル、オランダの三国がまず利益を独占したが、現地人の扱いが暴虐残忍で収奪したため反乱が頻発し、得たものも失った。それでイギリス人はその轍《てつ》を踏まないよう寛容を旨とし、まず教育を先行させて懐柔方策をとることにより今日のような繁栄をもたらしたのだ。現在、郵船において欧州の乗客のふるまいを見ていると、イギリス人の異人種人に対する態度は大変親和的であるのに対し、スペイン、ポルトガル、オランダの人々は概して暴慢である。昔からのやり方が今でも習慣になって抜けないことが見て取れる。植民地の現地人たちはどれほどの暴政に圧服させられていることだろうか。思うに、マルセイユから乗船すると乗客はいずれも赤髭《あかひげ》の白人であったが、欧州国内の様子とは違い、粗野なふるまいで傲慢《ごうまん》な口ぶり、高笑いして婦人に馴《な》れ馴《な》れしく、些《さ》細《さい》なことに腹を立てて暴言を吐く者が半ば以上を占め、本国であれば卑しい者のふるまいとして恥じるところである。そうした連中の間にいると、いささかなりと品行正しい者は、欧州本国であれば当たり前に過ぎないのが船中では高貴な紳士とも思われるほどなのだ。はるばる遠方まで出かけて東洋や南洋で一儲《ひともう》けして暮らしを立てようなどという輩《やから》は大抵、本国では薄汚い連中で、無頼無粋なふるまいゆえに郷里を追われ、あるいは法に触れて世間から締め出された挙句、大抵は国を離れ、外地で儲けにありつこうと企てるのだ。

だから東洋や南洋で一旗揚げようなどという者は大方、文明国から捨てられた連中なのだ。それが同様に白人金髪だからといって文明人と思ったりしたら時には甚だしい間違いとなる。こうした連中は競うように植民地に向かい、その地の現地人を陵辱《りようじよく》する。いかに現地人が無知だとしても耐え難いであろう。特にスペインやポルトガルのような国は未《いま》だ文明寛大の気風が民衆にまで浸透していないので狡猾《こうかつ》な輩も多い。オランダ人に至っては、本国にあっては勤倹順良な市民であったのが東洋、南洋の地にやって来るとやはり暴虐侮蔑《ぶべつ》のふるまいが見られる。欧州はその文明を誇り、一視同仁を唱えながらも未だ口先だけで行いに至ってないことが見受けられるのだ。我が国はまだ外交経験が浅く、欧州の実情を知らない。大抵は渡航してきた人を見て本国の文明を察するしかない。西欧に旅する人もまず品行に注意するべきである。文明を心得た紳士であるならその挙動は自《おの》ずから端正温和であり、初対面から畏敬《いけい》すべきところがあって、先に挙げたようなふるまいは決してあってはならないのである。

＊　十八日早朝シンガポールに入港。

＊　シンガポールには、コレラが流行しているということから上陸せず、一日ほど湾内にとどまり、燃料の石炭を積み込んで翌日出港したが、以下のようにマレー及びシンガポールの簡単な紹介を記している。

〈マレーからベトナムへ〉

・マレーは半島全土にわたって山がちの間に平野が挟まれている。スマトラから移住した住民はイスラム教徒だが獰猛《どうもう》な民族性で近海で略奪などをおこない、欧米人からはひどく恐れられている。統一政府はなく、地域ごとにスルタンあるいはラジャと呼ばれる首長がいて権力的な支配を行い、互いに争いあっている。勤勉性、進歩心に乏しく、概して文明から取り残された原始的な暮らしを続けている。

・シンガポールはマレー半島の南端からわずかな海峡で隔てられた小島で十九世紀初めにイギリスがマレーのスルタンから買収して港を開いた。狭い海峡を挟んでスマトラと向かい合う位置にあって、インド洋とシナ海を結ぶ航路の要所であり、アジア各地域に定期船を送って繁栄を遂げている。年々増加する人口の半ば以上は中国人である。東洋、南洋貿易の拠点として最重視すべき場所である。

シンガポールを出ると四日間ほどかかって次の寄港地サイゴンに到着。フランスの植民地であり、フランス客船はここで二日間停泊し、旅客に金を落とさせるのだという。雑草が茂る街路に面して草葺《ぶ》きや瓦《かわら》葺きの貧弱な民家が並んでいるが、セイロンの現地人の小屋よりは増しである。しかしアヒルや豚などの家畜が雑然と同居しているような様子は不潔な印象で日本人の清潔好きを再認識する思いだった。

住民は中国系が多く、彼らが貿易や商売を営んでいる。フランスやイギリスの通貨と共に中国銭も通用するようで看板や道標が漢字で記されているのを見かけると日本に戻ったような気がすることもあった。

安南（ベトナム）は昔から中国との関わりが深く、従属していたこともあるが、朝鮮やチベット同様、実質的に支配されていた訳ではない。文化や風俗は中国の影響を受けている。また貿易も中国やシャム（タイ）との取引が中心である。

八月二十三日、サイゴン川を下ってシナ海に入り、香港に向かう。

〈香港と交易〉

＊　八月二十七日、香港に入港。以下のような印象を記す。

・イギリス人によって租借されてから建造された石造建築は美しく、清潔である。三階建ての建物の前面を通路にして往来できるようにした（アーケード）欧風と東洋風を併せた建築は日本でも京橋《きょうばし》から銀座《ぎんざ》でまねている。道標や看板など至る所に記された漢字の美しさに感嘆する。欧州人の多くは緑豊かな山手で優雅に暮らしている。

・中国では昔から外国との貿易は広東《カントン》において香港を出入り口として行い、繁栄してきたが、近年は政治的な混乱などで活動が停滞し、外国人に商権を奪われるなど衰退気味である。東洋では貿易に対する関心が薄く、閉鎖的で、国力の衰微を招くことが多い。

・広東人は外国へ出稼ぎに出る者が多い。カリフォルニア、オーストラリアなど新興開発地、またシンガポール、マニラ、安南（ベトナム）、バタビア（ジャワ）など。

・日本人は外国に出ず、交易ということを知らない。外国についての知識がなければ貿易で利益をあげるなどということができようか。今や世界中の行き来が盛んになって貿易事業は不可欠のものとなっている。各国の地理を調べ、風俗を観察し、とりわけ物産に注意を払って、その由来を尋ね、日々、新たな進歩を心がけねばならない。

＊

二十九日夕刻、出港。大陸沿岸沿いに北上する。近海に位置する台湾やルソン島に触れて、遠方の欧米諸国との貿易ばかりでなく、近隣諸国との取引にも関心を払うべきことを述べる。

九月二日、揚子《ようす》江口《こう》でランチに乗り換え上海に到着。三日、旧市街を視察。狭く、不潔な街路いっぱいに人がごった返している。旧城内の賑《にぎ》わいは浅草《あさくさ》を思わせる。俗悪な骨董《こっとう》品《ひん》や書画の類《たぐい》に嫌悪を覚えて次のような感想を記す。

〈日本人の中国崇拝〉

日本人はこれまで海外に出たことがなく、上海までは海を渡ってひと続きであるのに遥《はる》かな遠方であるように思い、中国人とあれば皆、風雅な文人であるかのように想像し、かの地からもたらされた骨董書画詩文などをやたらに貴重なものとして崇拝する習慣が今も抜けない。京、大阪の道具屋などは続々と当地にやってきて俗悪な品物を購入して持ち帰っては古物愛玩《あいがん》の士を欺き、儲けている連中が近年は大変多い。実に遺憾である。そもそも清国《しんこく》の学問、文化は久しく振るわない。名高い文人といえども、その才能、業績の必ずしもことごとく尊ぶにはあたらない。ましてや街中の俗なる詩書、骨董など言うに及ばない。世間で中国というと無闇に有難がってことごとくその産物の評判を信じ込むことは反省すべきところがあるだろう。

＊　その晩は上海市長の招宴があり、燕の巣の珍味など種々のご馳走《ちそう》が出た。その帰途、芝居小屋を覗《のぞ》く。衣装は華麗だが、演技や演奏は拙劣でやかましい。

翌四日、造船所見学。最初はイギリス人の指導を受けて開始したが、しだいに熟練していって今では中国人だけで作業していると説明を受ける。大砲や小銃の製造工場もあり、その敷地内にはイギリス、アメリカ、ドイツから招いた外国人教師が教える学校や技術関係の書籍を翻訳出版する印刷所がある。ドックでは船の建造、修理をおこなっているが、規律正しく運営され、労働者も勤勉である。

夜、アメリカ船に乗船、黄浦江《こうほこう》から揚子江を経て洋上を走り、九月六日、朝、長崎に入港。一年半あまりの海外周遊を経て目にした日本の風景の印象を久米は次のように記す。

〈美景日本〉

港の入り口に浮かぶ大小の島々はどれも秀麗な山々で、遠く近くに見える峰々もすらりとしている。船が進むにつれて島々は流れるようで、またたく間に千変万化していく。まことに瓊浦《たまのうら》の美称にそむかない。シンガポール、香港などの島々の景色も遠く及ばない。世界屈指の景勝地である。

＊　ひとまず上陸して休憩し、市中を巡ってから船に戻り、夜半すぎ出船、唐津《からつ》から下関《しものせき》を通過して瀬戸内海《せとないかい》に入り、九日午後、神戸《こうべ》着。十一日午後、神戸を発《た》って明治六年九月十三日の朝、横浜に入港、米欧回覧の旅を終えた。

〈関連年表〉

年号		日本の出来事	海外の出来事
天正一〇	一五八二	天正遣欧使節派遣	
天正一六	一五八八		イギリス、スペインの無敵艦隊を撃破、欧州の強大国となる
慶長五	一六〇〇	関ヶ原の戦い	イギリス、東インド会社を設立、植民地経営に乗り出す（一六〇二オランダ、一六〇四フランスが続く）
慶長八	一六〇三	徳川家康、江戸幕府を開く	
慶長九	一六〇四	幕府、松前氏に蝦夷地交易の権利を与える	
慶長一二	一六〇七	朝鮮通信使、江戸に到着	
慶長一四	一六〇九	幕府、オランダ人に通商を許す	
慶長一七	一六一二	幕府、キリスト教を禁止	
慶長一八	一六一三	支倉常長ら遣欧使節出発	
元和六	一六二〇		ピルグリム・ファーザーズ、アメリカに入植
元和九	一六二三	イギリス人、平戸商館を閉じて退	

		去	
寛永一	一六二四	幕府、イスパニアと断交	
寛永五	一六二八	幕府、ポルトガルと断交	
寛永一二	一六三五	日本人の海外渡航と帰国を禁じる	
元禄三	一六九〇	オランダ商館医師ケンペル来日	
元禄一六	一七〇三		ピョートル大帝、ペテルブルク建設開始
宝永六	一七〇九	新井白石、イタリア人宣教師シドチを尋問	
宝暦三	一七五三		大英博物館設立
安永二	一七七三		ボストン茶会事件
安永五	一七七六		アメリカ独立宣言
安永七	一七七八	ロシア船、蝦夷地に来航、通商を求める	
天明八	一七八八		アメリカ合衆国憲法成立
寛政一	一七八九		フランス革命　アメリカ連邦政府成立、初代大統領ワシントン
寛政三	一七九一	異国船取扱令	
寛政八	一七九六	幕府、伊豆諸島巡検を命じる	
寛政一〇	一七九八		ナポレオン、エジプトに遠征

享和一	一八〇一	志筑忠雄『鎖国論』	イギリス、アイルランドを併合
享和二	一八〇二	蝦夷奉行を新設	
享和三	一八〇三	アメリカ船、長崎に来航、通商を求める	
文化一	一八〇四	ロシア使節レザノフ長崎に来航、通商を求める	ナポレオン、皇帝に
文化二	一八〇五		トラファルガー海戦（イギリス、フランス・スペイン連合艦隊を破る）、アウステルリッツの戦い（フランス、オーストリア・ロシア連合を破る）
文化三	一八〇六		イエナ・アウエルシュタットの戦い（フランス、プロイセンを破る）
文化九	一八一二		米英戦争始まる　ナポレオンのロシア遠征と撤退
文化一一	一八一四		ナポレオン、諸国連合に敗れ、エルバ島に流される　ウィーン会議始まる　スティーヴンソン、蒸気機関車試運転
文化一二	一八一五		ナポレオン、エルバ島を脱出し、

			パリに復帰するが、ワーテルローの戦いに敗北　欧州諸国それぞれの領土配分協議
文化一三	一八一六	イギリス船、琉球に来航、通商を求める	
文政二	一八一九		アメリカ蒸気船サバンナ号、初めて大西洋横断に成功
文政八	一八二五	異国船打ち払い令	
天保八	一八三七	モリソン号事件（日本人漂流民を乗せたアメリカ船を日本が砲撃）	
天保一一	一八四〇		アヘン戦争始まる
天保一三	一八四二		南京条約（中国、イギリスに香港割譲）
弘化三	一八四六	アメリカ船、浦賀に来航	
弘化四	一八四七	幕府、江戸湾防備を命じる	
嘉永二	一八四九		イギリス、インド全土を植民地化
嘉永四	一八五一		ロンドン万国博覧会
嘉永五	一八五二		ルイ・ナポレオン（皇帝ナポレオン三世）即位
嘉永六	一八五三	ペリー浦賀来航	クリミヤ戦争始まる

安政一	一八五四	日米和親条約締結	
安政三	一八五六	アメリカ領事ハリス来日	
安政四	一八五七		最初の世界恐慌（アメリカ、欧州）　セポイの反乱
安政五	一八五八	日米修好通商条約調印	
安政六	一八五九	神奈川、長崎、箱館を開港	イタリア統一戦争
文久一	一八六一		アメリカ南北戦争始まる
文久二	一八六二	生麦事件	プロイセン宰相にビスマルク
文久三	一八六三	下関砲撃事件　薩英戦争	リンカーン、奴隷解放宣言　ロンドン地下鉄開通
慶応三	一八六七	大政奉還	
明治一	一八六八	五箇条の御誓文　江戸を東京に改める	
明治二	一八六九	版籍奉還　蝦夷地を北海道と改称　東京・横浜間電信開通	アメリカ大陸横断鉄道開通　スエズ運河開通
明治三	一八七〇		普仏戦争始まる
明治四	一八七一	郵便制度開始　廃藩置県　岩倉使節団出発	ドイツ帝国成立　パリ・コミューン
明治五	一八七二	学制発布　新橋・横浜間鉄道開業　太陽暦採用	

明治六	一八七三	徴兵令　地租改正　征韓論問題をめぐり西郷隆盛ら下野	三帝同盟（ドイツ、オーストリア、ロシア）成立
明治七	一八七四	板垣退助ら民撰議院設立建白書を提出　佐賀の乱	
明治八	一八七五	樺太・千島交換条約　新聞紙条例交布　江華島事件	
明治九	一八七六	神風連の乱　秋月の乱　萩の乱	
明治一〇	一八七七	西南戦争　第一回内国勧業博覧会	露土戦争（ロシア対トルコ）始まる
明治一一	一八七八	大久保利通暗殺	
明治一二	一八七九		エジソン、電灯を発明
明治一四	一八八一	明治一四年の政変　日本鉄道会社設立	
明治一五	一八八二	軍人勅諭発布　日本銀行開業	
明治一六	一八八三	鹿鳴館開館	
明治一七	一八八四		清仏戦争始まる
明治一八	一八八五	太政官制廃止、内閣制実施、伊藤博文内閣成立	
明治一九	一八八六	帝国大学令　第一回条約改正会議	
明治二〇	一八八七	保安条例交布	仏領インドシナ連邦成立
明治二一	一八八八	市制・町村制公布、枢密院設置	

明治二二	一八八九	大日本帝国憲法発布　皇室典範制定	
明治二三	一八九〇	第一回衆議院議員総選挙　教育勅語発布　第一議会開催	
明治二四	一八九一		露仏同盟
明治二七	一八九四	日英通商航海条約調印　日清戦争開戦	ドレフュス事件
明治二八	一八九五	下関講和条約　三国干渉	
明治三一	一八九八		米西戦争
明治三三	一九〇〇		義和団事件
明治三五	一九〇二	日英同盟	シベリア鉄道開通
明治三七	一九〇四	日露戦争開戦	英仏協商
明治三八	一九〇五	日本海海戦　ポーツマス条約締結	血の日曜日事件（ロシア革命の発端）
明治四一	一九〇八		青年トルコ革命
明治四三	一九一〇	大逆事件　韓国併合	
明治四四	一九一一	日米新通商航海条約締結　関税自主権回復	
大正三	一九一四	第一次世界大戦勃発	

挿絵銅版画・扉／久米美術館所蔵
地図作成／小林美和子

現代《げんだい》語《ご》縮訳《しゆくやく》

特命《とくめい》全権《ぜんけん》大使《たいし》 米欧《べいおう》回覧《かいらん》実記《じつき》

久米邦武《くめくにたけ》＝編著　大久保喬樹《おおくぼたかき》＝訳註

平成30年 3月25日　初版発行
令和7年 4月10日　9版発行

発行者●山下直久

発行●株式会社KADOKAWA
〒102-8177　東京都千代田区富士見2-13-3
電話　0570-002-301（ナビダイヤル）

角川文庫 20849

印刷所●株式会社KADOKAWA
製本所●株式会社KADOKAWA

表紙画●和田三造

●お問い合わせ
https://www.kadokawa.co.jp/（「お問い合わせ」へお進みください）
※内容によっては、お答えできない場合があります。
※サポートは日本国内のみとさせていただきます。
※Japanese text only

ISBN978-4-04-400123-0　C0120

◆◇◇

角川文庫発刊に際して

角川源義

第二次世界大戦の敗北は、軍事力の敗北であった以上に、私たちの若い文化力の敗退であった。私たちの文化が戦争に対して如何に無力であり、単なるあだ花に過ぎなかったかを、私たちは身を以て体験し痛感した。西洋近代文化の摂取にとって、明治以後八十年の歳月は決して短かすぎたとは言えない。にもかかわらず、近代文化の伝統を確立し、自由な批判と柔軟な良識に富む文化層として自らを形成することに私たちは失敗して来た。そしてこれは、各層への文化の普及滲透を任務とする出版人の責任でもあった。

一九四五年以来、私たちは再び振出しに戻り、第一歩から踏み出すことを余儀なくされた。これは大きな不幸ではあるが、反面、これまでの混沌・未熟・歪曲の中にあった我が国の文化に秩序と確たる基礎を齎らすためには絶好の機会でもある。角川書店は、このような祖国の文化的危機にあたり、微力をも顧みず再建の礎石たるべき抱負と決意とをもって出発したが、ここに創立以来の念願を果すべく角川文庫を発刊する。これまで刊行されたあらゆる全集叢書文庫類の長所と短所とを検討し、古今東西の不朽の典籍を、良心的編集のもとに、廉価に、そして書架にふさわしい美本として、多くのひとびとに提供しようとする。しかし私たちは徒らに百科全書的な知識のジレッタントを作ることを目的とせず、あくまで祖国の文化に秩序と再建への道を示し、この文庫を角川書店の栄ある事業として、今後永久に継続発展せしめ、学芸と教養との殿堂として大成せんことを期したい。多くの読書子の愛情ある忠言と支持とによって、この希望と抱負とを完遂せしめられんことを願う。

一九四九年五月三日